12
NEUE
LEBEN

SELBST_[VER]_**SUCHE**

12 Neue Leben: Selbst*[ver]*suche
1. Auflage Januar 2020

W-Corp Limited (Director: Sebastian Kühn)
20/F Central Tower, 28 Queens Road, Hong Kong
Companies Registry No. 2030699
E-Mail: contact@wireless-corp.com
Web: wirelesslife.de

Gestaltung: Yvonne Rundio (yvonnerundio.de)
Lektorat: Sandra Huber (prolektorat.com)

Taschenbuch-ISBN: 9-783982-149004
E-Book-ISBN: 9-783982-149011

Echte Personen: Dieses Buch beruht auf wahren Gegebenheiten, die einzig die Sicht des Autors widerspiegeln. Einige Namen von Personen wurden zum Schutz der Privatsphäre geändert.

Geschlechtergerechte Ansprache: Nach sorgfältiger Abwägung wird in diesem tendenziell eher belletristischen Werk nicht gegendert. Der Autor ist sich der Wichtigkeit einer Sichtbarmachung bewusst und setzt sich in seiner Arbeit für die Chancengleichheit zwischen den Geschlechtern ein, jedoch nicht für Gleichmacherei aus Prinzip.

Politische Korrektheit: Wenn wir das Recht auf Meinungsfreiheit ernst nehmen, dann gibt es kein Recht darauf, sich nicht angegriffen zu fühlen. In diesem Buch wird mit Ironie und Sarkasmus gearbeitet, um aufzurütteln und absurde Zustände in unserer heutigen Gesellschaft zu verdeutlichen. Der Autor beabsichtigt nicht, bestimmte Personengruppen wissentlich zu verletzten.

»Ich muss mich also nicht selbst optimieren, denn so wie ich bin, bin ich bereits optimal. Jedenfalls unter meiner Maske, im Kern meiner Persönlichkeit, die mich ausmacht. Suboptimal hingegen sind all die Denkweisen, Gewohnheiten und Pseudo-Bedürfnisse, die ich mir im Laufe des Lebens angeeignet habe. Dabei zu unterscheiden, was wirklich zu mir gehört und was nur von außen aufgeschichtet wurde, das ist Selbsterkenntnis. Und diese *fremden* Schichten wieder abzutragen, anstatt sie zu optimieren, das halte ich für erstrebenswert.«

ÜBER DIESES BUCH

Selbstverwirklichung, Reisen, Liebe, Geld. Das alles glaubte ich zu haben. Aber etwas fehlte.

Die Stimmen im Kopf gaben keine Ruhe. Ein Jahr lang machte ich mich deshalb auf den Weg. Jeden Monat schlüpfte ich in eine neue Rolle, lebte unter anderem anonym, frutarisch, altruistisch, nackt oder pilgernd. 12 Rollen in 12 Monaten. Diese 12 Selbstversuche rüttelten meine Realität auf, ließen mich langjährige Automatismen neu bewerten. Vieles ging, einiges blieb. Ruhe, Balance und Glück fand ich letztendlich nicht in den Extremen, sondern in den Details. Es waren kleine Veränderungen, die Lawinen auslösten.

Die Experimente sind Sinnbilder für das Neue – für den Schritt raus aus der Komfortzone, in der wir nur auf der Stelle treten. Auf unterhaltsame Weise möchte ich mit meinen verrückten Erlebnissen dazu ermutigen, festgefahrene Gewohnheiten zu hinterfragen, den Autopiloten auszuschalten und sich großzügig am unendlichen Buffet des Lebens zu bedienen. Neben all den Selbsterkenntnissen betrachten die Versuche auch gesellschaftliche Probleme vom Schutz der Privatsphäre bis hin zu sozialer Ungerechtigkeit sowie das Aufkommen einer vermeintlichen Sinnleere, die immer mehr Menschen verspüren.

ÜBER DEN AUTOR

Seit 2012 lebt Sebastian ein Leben, das viele Menschen als ungewöhnlich bezeichnen. Ohne festen Wohnsitz ist er als digitaler Nomade dort unterwegs, wo Palmen auf gutes WiFi treffen. Vor seinem Ausbruch aus dem bürgerlichen Leben lernte Sebastian, Jahrgang 1983, im Einzelhandel und studierte Betriebswirtschaft in Berlin. 2014 startete er mit *Wireless Life* eine der bekanntesten Websites für ortsunabhängige Unternehmer, auf der Millionen Besucher Inspiration für ein Leben mit mehr Selbstbestimmung finden. Heute verdient er seinen Lebensunterhalt als Autor, mit der Beratung von Aussteigern und als Veranstalter von Workshops und Konferenzen.

INHALT

PROLOG

07.08.2012, SHANGHAI • DER WECKRUF

Mein Blick fällt auf die einzige Pflanze im Raum. Eine verkümmerte Topfpalme, die von Neonröhren angestrahlt wird. An der Wand hängt ein gerahmtes Foto von älteren Herren in Anzügen. Es ist ein tristes Büro. Wir befinden uns in der 23. Etage eines Stahlmonsters, das direkt neben dem Jing'an-Tempel liegt. Derartige Gegensätze von Moderne und jahrtausendealter Geschichte haben mich in Shanghai von Anfang an begeistert.

Die Dame, die sich mir als Head of Marketing vorstellt, fragt nach meinen Berufserfahrungen, Sprachkenntnissen und Gehaltsvorstellungen. Das Gespräch ist zäh und bedeutungslos. Ich bedanke mich höflich, sie sagt, dass sie sich in der kommenden Woche melden wird. Beide wissen wir, dass das nicht passieren wird. Wer von uns beiden gelangweilter war, kann ich heute nicht mehr sagen. Woran ich mich aber ganz genau erinnere, ist das Versprechen, das ich mir an diesem Tag selbst gegeben habe. Dieses Vorstellungsgespräch sollte das letzte Vorsprechen dieser Art gewesen sein.

Nie wieder wollte ich in einem Umfeld arbeiten, in dem Menschen wie antriebslose Zombies herumschlurfen. Nie wieder eine Arbeit machen, die mir nicht sinnvoll erscheint. Nie wieder in einen Anzug zwängen, in dem ich mich nicht wohlfühle.

Als ich das Büro verlasse, stand meine Entscheidung fest: Ich werde die Maske ein für alle Mal abnehmen. Die Maske meines früheren Lebens. Kein Verstellen mehr, um irgendwelche Erwartungen zu erfüllen, Ablehnungen zu vermeiden oder Belohnungen zu bekommen. Viel zu lange habe ich das getan, was unsere Gesellschaft als normal ansieht. Es ist der 7. August 2012: Ab heute würde ich ein Leben führen, das sich authentisch anfühlt. Ein Leben, das mich begeistert. Mein Leben.

Zurück in meiner bescheidenen Wohnung in der Nähe des People's Square bewarb ich mich über Online-Portale als freiberuflicher Übersetzer. Ein paar Tage später hatte ich die ersten, wenn auch schlecht bezahlten Aufträge. Plötzlich war ich selbständig, ohne Businessplan und Zertifikate, die mir die schriftliche Erlaubnis für das gaben, was ich gerade tat. Mit Ende Zwanzig begann ich herauszufinden, wer ich eigentlich war und welche lange Zeit unterdrückten Sehnsüchte in mir schlummerten.

Das war mein Weckruf. Seitdem fühle ich mich dort wohl, wo tropische Temperaturen auf gute Freunde treffen. Nach einer Phase des Ausprobierens begann ich, mein Geld als Autor, Berater und Unternehmer zu verdienen. Als mir bewusst wurde, wie greifbar diese Art des selbstbestimmten, ortsunabhängigen Arbeitens für tatsächlich viele von uns ist, wurde auch *Wireless Life* geboren. Heute ist die Online-Plattform eine der bekanntesten deutschen Websites für Querdenker. Und mir wird fortwährend bestätigt, wie stark das Bedürfnis nach Selbstbestimmung immer weiter zunimmt.

Aber warum folgen dann die wenigsten diesem so großen Wunsch?

Einige verweilen gern in Tagträumen, ohne die Verantwortung für ihr Tun übernehmen zu wollen. Andere befinden sich so stark in einer Opferrolle, dass sie glauben, keine Kontrolle über ihr Leben zu haben. Aus Angst davor, dass die Alternative schlimmer ist als der Status quo, werden die verrücktesten Ausreden erfunden. Letztendlich ist es immer der Mut zur Veränderung, der fehlt.

Der Mut, der in jedem von uns steckt, aber erst durch Vorbilder und deren persönliche Geschichten zum Leben erweckt wird. Ein einziger kleiner Impuls kann dazu ermutigen, die Einbahnstraße aus Schule-Ausbildung-Arbeit-Familie-Haus-Rente in einen bunten Strauß voller weiterer Möglichkeiten zu verwandeln. So vieles, was wir für unmöglich halten, ist eigentlich nur einen Schritt entfernt.

Nachdem ich 2012 dieses Büro verlassen hatte, habe ich mich für ein Leben voller Chancen und Überfluss entschieden. Ich begann, die bestehende Realität zu hinterfragen. Dabei bekam ich ungemütliche Antworten, die mein Weltbild aufgerüttelt haben. Voller Dankbarkeit für diesen Weckruf habe ich es zu meiner Mission gemacht, auch andere Menschen aufzuwecken. Aus einem Alltag, der zu großen Teilen im Autopilot-Modus stattfindet. Aus einem Schlaf in vermeintlich passenden Strukturen. Möge dieses Buch einen großen Beitrag dazu leisten.

31.12.2017, BANGKOK • NAIVITÄT

Zehn Minuten vor Mitternacht. Noch einmal schnell zum Geldautomaten, um 10.000 Baht, umgerechnet etwa 250 Euro, abzuheben. Ich verstaue das Geld und sehe mich um. Keiner meiner Freunde ist mehr da, spurlos verschwunden in den Menschenmassen, die in Bangkok den Jahreswechsel ausgelassen auf den Straßen feiern. Ein letzter Blick auf mein Handy, bevor ich es abschalte.

Fünf vor Zwölf. Die Menschen um mich herum stimmen sich auf den Countdown ein. Ich gebe die Suche nach bekannten Gesichtern auf, verliere mich in der Partymeute und versinke in Gedanken.

Drei Monate zuvor hatte ich beschlossen, aus dem Jahr 2018 ein großes Abenteuer zu machen.

Als wenn mir jemand einen Genickschlag gegeben hätte, wurde mir in diesem Augenblick das eigentliche Ausmaß dieses Vorhabens bewusst.

War es vielleicht zu naiv? Mich jeden Monat auf einen komplett anderen Lebensstil einzulassen?

Ich wollte neue Erfahrungen machen, meine Komfortzone verlassen.

Hätte dafür nicht auch eine Woche im Schweigekloster gereicht? Oder den Jakobsweg entlang zu pilgern, so wie alle es tun?

Alles begann mit der sonderbaren Idee, ein Jahr lang jeden Monat in eine fremde Rolle zu schlüpfen. Mein Ziel war es, Gewohnheiten zu hinterfragen, mich auf komplett neue Dinge einzulassen und damit sowohl meine Vorstellungskraft als auch meinen Handlungsspielraum zu erweitern. Ich wollte herausfinden, was ich aus den unterschiedlichen Lebensmodellen für mich selbst nutzen und verwenden kann. Dieses Hirngespinst sollte in wenigen Minuten zur Realität werden.

Seit dem Beginn meiner Selbständigkeit vor über fünf Jahren, hatte ich es mir gemütlich gemacht. Finanziell lief es gut. Meine Arbeitszeit konnte ich mir genauso flexibel einteilen, wie auch meinen Arbeitsort frei wählen. Meine Motivation, ständig neue Dinge auszuprobieren, hatte hingegen rapide abgenommen. Mein Umfeld bestand aus tollen Menschen, die jedoch selten unterschiedlicher Meinung waren. Sowohl online als auch offline befand mich in einer Blase, in der mir nur meine Weltsicht widergespiegelt wurde. Ich verspürte ein starkes Bedürfnis danach, diese Komfortzone verlassen und die Welt wieder aus der Sicht von Andersdenkenden sehen zu wollen.

Vor meinem inneren Auge entsteht das Bild eines Pendels. Ein Pendel, das von links nach rechts schwingt, bis es irgendwann eine Balance in der Mitte findet und stehen bleibt. Je weiter dieses Pendel vorher auf einer Seite war, desto stärker ist der Ausschlag in die andere Richtung, nachdem es losgelassen wurde. Genau so war ich 2012 aus meinem alten Leben geflüchtet. Es war eine Weg-von-Motivation, die mich in die entgegengesetzte Richtung hin zu Freiheit und Selbstbestimmung getrieben hatte. Je stärker das Pendel ausschlug, desto größer war mein Handlungsspielraum zwischen den Extremen. Desto länger dauerte es aber auch, bis ich die Mitte fand.

Jetzt, als die Ausschläge immer ruhiger wurden, wollte ich das Pendel wieder in Schwung bringen. Das Vorhaben, das ich für 2018 geplant hatte, sollte die äußeren Begrenzungen dieses Pendels erweitern. Denn die Hin- und Herbewegungen empfand ich als wichtig, um eine neue Mitte finden zu können. Und genau dafür brauchte es diese Radikalen, die Vordenker, die uns aufzeigen, wie groß die Vielfalt an Möglichkeiten eigentlich ist und damit für eine Verschiebung der Mitte sorgen.

Die Regeln für meine geplanten Experimente waren einfach: Basierend auf 20 Ideen, die je zur Hälfte von mir und von meinen Bloglesern stammten, würde ich im Folgemonat immer in die Rolle schlüpfen, für die meine Leser die meisten Stimmen abgaben. Diese verschiedenen Rollen sollten sowohl mir selbst neue Impulse geben als auch generell gesellschaftliche Auswirkungen der unterschiedlichen Lebensstile beleuchten. Dafür nahm ich mir fest vor, in jeden Monat vorurteilsfrei zu gehen und den neuen Gewohnheiten mindestens vier Wochen lang eine Chance zu geben. Trotz all des Durchhaltevermögens, das ich mir damit selbst verordnete, sollte mein Wohlbefinden nicht unter zwanghaftem Aktionismus leiden. »Gib niemals auf!« ist einfach ein verdammt schlechter Rat, den wir uns viel zu oft gegenseitig geben. Ich möchte meine Komfortzone stark erweitern, mir dabei aber auch Verfehlungen, die einfach menschlich sind, eingestehen können. Am wichtigsten dabei ist es, gegenüber mir selbst ehrlich zu sein.

Meine Grübelei wird durch das laute Feuerwerk unterbrochen. Die Raketen schießen in den Himmel und explodieren in den prächtigsten Farben. So intensiv sollte auch mein nächstes Jahr werden. Umringt von sich umarmenden Thais fühle ich mich plötzlich ziemlich allein. Bevor ich noch tiefer in meine Gedanken abtauchen konnte, fasst mir jemand von hinten auf die Schulter. Zunächst erschrocken drehe ich mich um. Erleichtert sehe ich, dass es Jonas ist, der mir eine Flasche Chang-Bier reicht und ein frohes Neues wünscht. Im Handumdrehen finden wir den Rest unserer zehnköpfigen Truppe wieder und verlieren uns eine Stunde lang im bunten Treiben auf den Straßen. Zurück im Poolhaus, das wir für die Silvesternacht mitten im Bangkoker Szeneviertel Sukhumvit gemietet haben, begießen wir bis zum Morgengrauen unsere Freundschaft und philosophieren über das Leben.

Leicht verkatert stehe ich am Neujahrstag auf. Heute wird es ernst für mich. Meine Leser hatten abgestimmt. Im ersten Experiment soll ich als *Anonymer* einen ganzen Monat lang keine Datenspuren hinterlassen. Was bedeutet, ohne Kreditkarte, Reisepass und Handy auszukommen. Das Surfen im Internet darf ausschließlich anonym geschehen. Ob das im 21. Jahrhundert überhaupt noch möglich ist, werde ich in diesem ersten von zwölf Selbstversuchen herausfinden.

1

DER ANONYME

ÜBERWACHUNG • PARALLELEXISTENZ •
GELDWÄSCHE

•

OFFLINE-NAVIGATION • VERBINDLICHKEIT •
FREIHEIT

In bester *Jason Bourne*-Manier habe ich versucht, keinerlei Datenspuren zu hinterlassen, und dabei festgestellt, dass Privatsphäre in der Praxis schon lange kein Grundrecht mehr ist. Dieser Monat ohne konstante Verbundenheit bescherte mir viele erfreuliche Momente und Begegnungen in der Offline-Welt. Jedoch hatte ich in diesem Januar auch mehr als einmal Angst davor, den Rest des Jahres in einem thailändischen Gefängnis zu verbringen.

02.01.2018, BANGKOK · NAVIGIEREN

Nachdem ich den Neujahrstag ohne Laptop und Handy begonnen und genossen hatte, verabschiede ich mich einen Tag später von meinen Freunden, setze mich in ein nahe gelegenes Café und beginne, Pläne zu schmieden. Oberste Priorität für den Moment war es, eine Bleibe für die Nacht zu finden. Meine Vorbereitung war im besten Falle mangelhaft. Als ich die Straße auf und ab gehe, bestätigt sich meine Angst. Kein Hotel ließ mich ohne Vorlage eines Reisepasses einchecken. Da half weder die Tränendrüse noch meine Bereitschaft, einen kleinen Obolus zu berappen. Auch konnte ich meine Unterkunft nicht wie gewohnt über eine Buchungsseite im Internet reservieren, geschweige denn Google Maps zur Navigation nutzen. Wieder überkam mich mitten in der Millionenmetropole ein Gefühl von Einsamkeit. Ich atmete tief durch und hoffte, dass mir einer meiner Freunde aus der Patsche helfen konnte.

Nur wie sollte ich sie erreichen?

Alle herkömmlichen Kanäle von Facebook Messenger bis E-Mail speichern jeden meiner Tastenanschläge. Das Smartphone traute ich mich gar nicht erst einzuschalten, da viele meiner Apps sofort den aktuellen Standort übermitteln würden. Mir kommen amerikanische Agentenfilme in den Kopf, in denen die Hauptdarsteller *Wegwerf*-Telefone benutzen, um unter dem Radar zu bleiben. Mit neuem Elan gehe ich in eine Seitenstraße der berüchtigten Khao San Road, wo ich nach etwas Handeln ein *No WiFi, No GPS*-Telefon für 10 Euro erstehe. Wahrscheinlich war das Handy von irgendeinem Laster gefallen. Jetzt fehlte noch die SIM-Karte. Aufgrund von Gesetzen zur Bekämpfung von Terroristen, Geldwäsche und illegalen Einwanderern bekomme ich auch diese nicht ohne Vorlage eines Ausweises. Das Problem ließ sich aber schnell lösen. Ich bat einen jungen Thai, der lässig an seinem Motorrad lehnte, die Karte für mich zu kaufen. Ein großzügiges Trinkgeld überzeugte ihn sofort. Ich komme mir wie Jason Bourne höchstpersönlich vor, als ich voller Stolz die SIM-Karte in das Handy einlege.

Telefonieren, das machte ich mittlerweile nur noch sehr selten. Eine WhatsApp-Nachricht schreiben, skypen oder Sprachnachrichten schicken, so kommunizierte ich in den letzten Jahren. Aber die Nummern über fühlbare Tasten einzugeben, anstatt ein Touchpad zu berühren oder Siri Befehle zu diktieren, das war gewöhnungsbedürftig. Ich fühlte mich in eine Zeit zurückversetzt, die mir schon so fern erschien, obwohl sie noch gar nicht so lang zurücklag. Schon verrückt, wie schnell ich mich an die neuen Technologien gewöhnt und langsam, aber sicher davon abhängig gemacht hatte. Im Alter von 15 Jahren hatte ich mein erstes Handy bekommen. Ein Riesenapparat zum Telefonieren und SMS schreiben. Später ergab ich mich dem allgemeinen Hype und kaufte mir ein iPhone. Damals lebte ich in Shanghai, wo mir das Smartphone mit Zugang zum Internet komplett neue Welten eröffnete. Navigieren, kommunizieren, Taxifahren, einkaufen – all diese Dinge wurden mit dem mobilen Computer so viel einfacher. Aber so sehr ich die Möglichkeiten des technologischen Fortschritts heute schätze, so wehmütig denke ich manchmal an die Abenteuer zurück, die ich als Jugendlicher und später als Backpacker bei meinen Reisen um die Welt erlebte. Ein Smartphone hätte einige Begegnungen und Erlebnisse ganz sicher verhindert. Heute lasse ich mich durch Empfehlungen fremder

Internetnutzer leiten, anstatt eigene unbefangene Erfahrungen zu machen. Das sollte sich wieder ändern.

Zurück zu dem Dilemma in Bangkok. Nachdem ich die SIM-Karte in mein *90er Jahre*-Handy eingelegt habe, bin ich wieder mit der Welt verbunden. Der erste Anruf gilt Bastian, der mir sofort seinen Standort schicken will. »Sorry, kein Internet und kein Google Maps.«, entgegne ich ihm, woraufhin er mich umständlich zu dem Coworking-Space lotst, in dem er gerade arbeitete. Dort treffe ich dann auch Theresa, die sich erbarmt, mir für die Nacht das Gästesofa ihres Hotelzimmers zu überlassen.

Als wir ein paar Stunden später im Hotel ankommen, werde ich an der Rezeption gestoppt und nach einem Ausweis gefragt. Prostitution ist ein weitläufiges Problem in Thailand, weshalb sich jeder, vor allem nächtliche, Hotelbesucher registrieren muss. Die schrullige Empfangsdame zeigt sich von meiner Situation zunächst wenig berührt. Also versuche ich, Mitleid zu erregen. Ich erzähle ihr, dass mein komplettes Hab und Gut inklusive Dokumenten gestohlen wurde. Ihr Gesichtsausdruck schien kurz so etwas wie Erbarmen zu zeigen, bevor sie sich wieder fasst und die harte Miene aufsetzt. Sie klopft mit einem Kugelschreiber auf ein Formular, in dem ich meine persönlichen Daten eintragen soll.

Auf diesen Moment bin ich vorbereitet. Für das erste Experiment hatte ich mir ein Alter Ego erschaffen. Meine neue Identität hieß Michael Martin. Diese Kreation, auf die ich mächtig stolz war, ist eine Zusammensetzung aus den 20 meist genutzten Vor- und Nachnamen, die keinen Hinweis auf eine Nationalität geben. Nun kam der große Augenblick, in dem Michael Martin erstmalig in Erscheinung treten sollte. Es passiert jedoch, was passieren musste. Meine Hand schreibt aus reiner Gewohnheit, und wohl auch einer Portion Angst geschuldet, den Namen Sebastian Kühn. Erst als mich Theresa vorwurfsvoll von der Seite anschaut, wird mir bewusst, welch schlechten Doppelagenten ich abgeben würde. Gescheitert schon an Tag 2. Das ging ja gut los.

Nach einer kurzen Nacht als Couchsurfer mache ich mich am folgenden Morgen auf den Weg in Richtung Chiang Mai. Dort, im Norden Thailands, befindet sich meine temporäre Heimat für den Winter. Bereits im Vormonat hatte ich dort ein kleines Apartment gemietet, auf das ich mich jetzt riesig freute. Vor dem Sprung in das eigene Bett stand mir jedoch noch eine Odyssee bevor. Da Fliegen wegen des dafür erforderlichen Reisepasses nicht in Frage kam, war ich nur mit einem Motorroller unterwegs.

Jeder, der schon einmal im Verkehr in Bangkok gesteckt hat, kennt das wilde Durcheinander aus hupenden Tuk Tuks, stickigen Abgasen und in sich gewundenen, vierspurigen Straßen, die sich über mehrere Etagen stapeln. In diesem Großstadtdschungel sitze ich nun auf einem Motorbike mit 125 cc. Die Verkehrsführung in der thailändischen Hauptstadt ist konfus und meine in weiser Voraussicht gekaufte Landkarte viel zu ungenau. Alle paar Minuten muss ich am Straßenrand anhalten und mich bei Nudelsuppenverkäufern nach dem Weg in Richtung Norden erkundigen. Immer wenn ich Chiang Mai sagte, kam mir ein Mix aus Gelächter und Kopfschütteln entgegen. Knapp 800 Kilometer auf dem Motorroller – so blöd kann auch nur ein Farang, was im Thai-Slang so viel wie Ausländer bedeutet, sein. So dauerte es fast zwei Stunden, bis ich mich durch den verrückten Verkehr und die Abgase von Bangkok gekämpft hatte. Nachdem die Stadtgrenzen hinter mir lagen, traute ich mich, die endlich wieder frische Luft in vollen Zügen einzuatmen.

Auf dem weiteren Weg hielt ich regelmäßig an, kramte die Landkarte hervor und vergewisserte mich, noch auf dem richtigen Weg zu sein. Irgendwie ein befriedigendes Gefühl, eine echte Karte zu lesen. Viel zu oft hatte ich mich in den letzten Jahren blind auf die Streckenführung von Google Maps verlassen, wodurch ich die Umgebung nur teilweise wahrgenommen habe. Viel zu oft hatte ich nicht nur die Navigation, sondern auch den Kopf auf Autopilot gestellt. Geschuldet war das meiner Bequemlichkeit. Im Vergleich zu GPS sind physische Landkarten ja auch echt kompliziert. Das umständliche Auseinanderfalten, die Bestimmung des eigenen

Standorts und die Kompassausrichtung. Diese Sachen erspart mir ein Handy. Aber der Komfort hat seinen Preis. Ununterbrochen wird man durch Werbetreibende beeinflusst und bekommt auch nur eine eingeschränkte Sicht auf die Karte. Man sieht die Welt, die Google einem zeigen möchte.

Was mir dahingegen die analoge Karte aus Papier verspricht, ist Autonomie. Sie ist nicht manipulierbar. Nur sollte ich wissen, wie ich diese Karte richtig nutze. Ich muss den Maßstab kennen, meinen aktuellen Standort ermitteln und sie nach Norden ausrichten. Das alles dauert länger als mit einer Smartphone-App, macht mich aber unabhängiger von Netzempfang, Akkulaufzeit und den Gewinnabsichten der App-Anbieter.

Vielleicht liegt es an den vielen Abgasen, die ich auf dem Weg durch Bangkok geschnüffelt hatte, aber in diesem Moment schießt mir eine erste Erkenntnis durch den Kopf.

Steht die Karte nicht eigentlich sinnbildlich für mein Leben?

Genauso wie ich meinen Standort auf der Karte bestimmen muss, sollte ich auch wissen, wo ich gerade im Leben stehe. Wenn ich genau weiß, wer ich bin und was mir wichtig ist, dann ist es nicht mehr schwer, die Route zum Ziel zu finden. Die Karte in meiner Hand hilft mir gerade dabei, einen Überblick zu bekommen, anstatt mich im Verkehrschaos zu verlieren. Aus der Vogelperspektive lässt es sich nun mal besser navigieren. Und mit diesem Blick von oben stören dementsprechend auch nicht mehr die unwichtigen Dinge oder der Lärm des Alltags. Meine eigene Landkarte für mein Leben will ich mir also auch nicht von Google oder anderen Menschen diktieren lassen.

Es gibt so viele Ratgeber, Hacks und Tricks, die zum Glück oder Schotter führen sollen. Sie funktionieren aber nicht, da wir alle ganz unterschiedliche Lebenssituationen haben. Unsere individuellen Erfahrungen und Bedürfnisse erlauben keine Universalstrategien. Jeder hat seinen eigenen Weg, nur liegt dieser oft verborgen hinter dem dichten Nebel des fordernden Alltags. Wenn wir aber ständig nach Abkürzungen suchen und nicht bereit sind, Umwege und Anstrengungen in Kauf zu nehmen, dann bewegen wir uns nur auf den Pfaden anderer Menschen. Anders gesagt, wir können ein Leben lang Fische kaufen oder einmal das Angeln erlernen. Die Angel macht frei. Sie sorgt für Autonomie. Wer das Fischen nicht lernt, bleibt in der Abhängigkeit und wird früher oder später verhungern. Burnouts, Scheidungen und Depressionen sind der Preis, den viel zu viele zahlen, nur weil sie Angst vor Veränderung haben.

Ich nehme mir in diesem Moment meiner Landkarten-Erkenntnis fest vor, in Zukunft achtsamer zu sein. Anstatt meine Freundschaft mit Siri weiter zu vertiefen, möchte ich Menschen nach dem Weg fragen, in Sackgassen fahren, Umwege machen und die Karte immer wieder anpassen. So wird sie nämlich zu meiner eigenen Karte. Der Karte, die zu meinem Leben passt.

Kurz vor Kamphaeng Phet, bereits auf halbem Weg nach Chiang Mai, wird mein Motorbike plötzlich langsamer, bis schließlich der Motor ausgeht. Die Tanknadel steht im tiefroten Bereich. Die letzten 100 Kilometer bin ich anscheinend so in Gedanken versunken gewesen, dass ich neben dem vergessenen Tanken nicht mal mehr sagen könnte, wo ich entlanggefahren war. Ich muss den Roller ein paar hundert Meter in Richtung einer kleinen Ortschaft schieben. Wild gestikulierend kommt mir eine Frau entgegen: »Sir, Gasolina. Gasolina, Sir.« Ich nicke. Sie schüttet zwei Einweckgläser gefüllt mit gestrecktem Benzin in meinen Tank, währenddessen sie verschmitzt grinst. Wahrscheinlich wartet sie tagtäglich auf Leute wie mich, die hier mit einem leeren Tank anrollen.

Bevor ich weiterfahre, fällt mir ein junger Mann auf, der am Straßenrand entlangläuft. Unter dem Arm hält er ein Pappschild. In großen, krakeligen Buchstaben steht darauf B A N G K O K geschrieben. Per Anhalter zu fahren, ist in Thailand recht ungewöhnlich. Ich spreche ihn an, aber mit meinen wenigen Brocken Thai komme ich nicht weit. Wahrscheinlich ist er Burmese, illegal in

Thailand und auf der Suche nach Arbeit im Süden. Ich falte die Karte auseinander. Er zeigt mir mit dem Finger, wo er herkommt und wo er hinwill. Ein paar Kilometer fahren wir zusammen auf dem Motorbike, bevor ich ihn mit etwas Geld an einer Bushaltestelle absetze. Unsere Verabschiedung ist herzzerreißend. Die Verständigung mit meinem neuen Freund ist nur mit Händen und Füßen möglich, allerdings sind in solchen Situationen Worte sowieso überflüssig. Mit einem breiten Lächeln im Gesicht steige ich wieder auf den Roller. Hätte ich in meinem anderen Leben ununterbrochen nach unten auf den Bildschirm meines Smartphones gestarrt, wäre mir dieser schöne Moment von Google verwehrt gewesen.

Noch gut 350 Kilometer bis nach Chiang Mai. Die Dämmerung setzt bereits ein. Den Rest der Strecke fahre ich ohne Pause und verfalle auf den leeren Straßen trotz 100 Stundenkilometern in einen fast meditativen Zustand. Meine Gedanken schweifen immer wieder ab. Ich erinnere mich an einen Satz, den eine Freundin in der Silvesternacht sagte: »Wir müssen aufbrechen, um anzukommen.« Mit ein paar Bieren intus hatte ich das als Floskel abgetan. Erst jetzt wurde mir bewusst, was sie damit gemeint hatte. Wir alle begeben uns auf kleinere und größere Reisen. Manchmal führen sie uns um den Globus, manchmal zu unserem Innersten. Auf diesen Reisen flüstert uns das Leben immer wieder Botschaften zu. Wenn wir aufmerksam genug sind, verstehen wir diese Nachrichten. Geben wir uns dann noch die Erlaubnis, uns auf das Geflüster einzulassen, entwickeln wir uns weiter.

Wer einmal aufgebrochen ist, kann nicht mehr zum Ursprungsort zurückkehren. Genauso wie das gleiche Wasser nie zweimal durch einen Fluss fließt. Irgendwann schließt sich der Kreis – das verdunstete Wasser gelangt als Regen wieder auf die Erde und auch wir kehren von einer Reise wieder nach Hause zurück – aber durch die gemachten Erfahrungen ist der Ursprungsort nicht mehr der Gleiche. Jedoch eben nur, wenn man in der Ferne war, kann man sich selbst wirklich nah sein und kann das sehen, was einem in der Heimat verborgen geblieben wäre.

Mit diesen Gedanken im Kopf komme ich kurz vor Mitternacht mit schmerzendem Hinterteil, verbranntem Nacken und staubbedecktem Gesicht in meiner Wohnung in Chiang Mai an. Erschöpft falle ich ins Bett. Diese ersten beiden emotionalen Tage waren wohl nur ein Vorgeschmack auf das, was mich an den weiteren 363 dieses Jahres 2018 noch erwartet.

03.01.2018, CHIANG MAI • DIE DUNKLE SEITE

Wie gerädert wache ich am nächsten Tag erst gegen Mittag auf. Meine Augen sind von der langen Fahrt auf den staubigen Straßen blutunterlaufen. Es fühlt sich so an, als wenn ich die Welt durch ein Milchglas betrachten würde. Nach einem starken Kaffee packe ich mir ein Kissen unter das angeschlagene Sitzfleisch und mache mich an die Arbeit. Mein kleines Asus Netbook hatte ich für diese Zwecke bereits Ende des vergangenen Jahres für ca. 250 Euro in bar gekauft. Ich musste mich jetzt nur noch darum kümmern, dass keinerlei Verbindung zu meiner echten Identität hergestellt werden konnte.

Hier kam mein Alter Ego Michael Martin wieder ins Spiel. Dieser generische Name tritt sowohl im europäischen als auch im angelsächsischen Sprachraum auf. Eine kurze Google-Suche ergab, dass Michael Martins bekannte Philosophen, Politiker, Fotografen oder Investoren sind bzw. waren. Damit sollte Michael also für wenig Aufsehen sorgen. Geboren ist meine zweite Identität am weltweit häufigsten Geburtstag, dem 16.09.1986. Zur optischen Identifikation hat ein Designer ein Foto von mir und ein zufällig ausgesuchtes Passbild aus dem Internet übereinandergelegt. Heraus kam ein völlig neues Profilbild, was mir wichtig war, denn ich wollte die neue Identität nur fingieren, nicht stehlen.

Als erste Amtshandlung versuche ich, gemäß Anleitungen aus dem Netz das Betriebssystem *Tails* auf meinem Netbook zu installieren.

Diese von Hackern entwickelte Software mit vorinstallierten Programmen zur Verschlüsselung der Kommunikation erschien mir perfekt für meine Bedürfnisse. Leider aber nicht für mein Verständnis von Computercode. Auch wenn ich mich als technikaffin bezeichnen würde, musste ich nach einiger Zeit frustriert aufgeben. Mit Software, die von Programmierern für Programmierer entwickelt wurde, würde ich den Kampf gegen die Datensammler wohl nicht gewinnen können.

Also doch zurück zum guten alten Windows. Nach einer Stunde steht mein Setup. Das Betriebssystem konnte ich unter meinem Alias so einrichten, dass keinerlei private Daten übermittelt werden. Zum Surfen im Netz benutze ich eine VPN-Verbindung, die meine IP-Adresse verschleiert. Zudem installiere ich den Firefox-Browser mit diversen Add-ons zum Blocken von Tracking-Technologien. Zum Versenden verschlüsselter Nachrichten entschied ich mich letztendlich für den benutzerfreundlichen Service von Protonmail. Keines dieser Programme ist illegal und dennoch überkommt mich das Gefühl, hier etwas zu tun, das nicht richtig ist. Den Gedanken schob ich jedoch erst einmal beiseite, denn schließlich ist es doch mein gutes Recht, meine Privatsphäre zu schützen. Oder?

Beim Blick aus dem Fenster merke ich, dass es bereits dunkel wird. Ich ziehe die Vorhänge zu, setze mir eine Kanne Tee auf und freue mich auf den Moment, den ich voller Spannung herbeigesehnt hatte: das Stöbern im Darknet. Da ich über diesen mysteriösen Teil des Internets schon diverse Filme gesehen und einige Bücher gelesen hatte, wollte ich meine Neugier endlich stillen. Seitdem ich zum ersten Mal von der Existenz des Darknets gehört habe, hatte es eine große Anziehungskraft auf mich.

Warum war das so? Lag es an diesem düsteren Namen? Vielleicht war es die Sehnsucht nach den verbotenen Früchten, die mich antrieb?

Das Darknet ist gewissermaßen ein anonymes Netz. In Foren, Chaträumen und Onlineshops werden ohne Zensur und Überwachung menschliche Bedürfnisse wie Neugierde, unausgesprochene Bedürfnisse, perverse Leidenschaften und extreme Ideen ausgedrückt und befriedigt. Das negative Image beruht auf den vielen kriminellen Aktivitäten, die sich hier abspielen, vom Waffenhandel bis zur Kinderpornografie. Obwohl der Besuch nicht per se verboten ist, handeln nach Schätzungen um die fünfzehn Prozent der Seiten mit illegalen Produkten.

Über den frei zugänglichen Tor-Browser, der meine IP-Adresse nahezu nicht zurückverfolgbar verschlüsselt, gelingt mir der Einstieg in die verborgenen Räume des World Wide Web. Während ich in der Dunkelheit meines kleinen Apartments sitze, klicke ich mich durch Seiten, auf denen mir Reisepässe, verschiedenste Drogen, Handgranaten und Anleitungen zum Bau biologischer Waffen angeboten werden. Alles gut beschrieben, durch Kunden bewertet und in Online-Shops sortiert. Bezahlt wird mit digitalen Währungen. In meiner Magengegend stellt sich ein merkwürdiges Gefühl ein, das sich irgendwo zwischen Verachtung und Faszination einpendelt. Etwa so, wie bei einem schrecklichen Verkehrsunfall, bei dem das Wegschauen schwerfällt. Wieder ein paar Klicks weiter finde ich Foren rund um Themen wie Bulimie, Magersucht und Selbstmord. Es ist befremdlich, dass diese Themen in den Diskussionen nicht wie Krankheiten, sondern als bewusste Wahl für einen Lifestyle behandelt werden. Betroffene scheinen hier vorurteilsfreie und sogar empathische Ratschläge zu bekommen, die für Zugehörigkeit sorgen. Ein Gefühl, das ihnen ihre Familien oder Mediziner wohl nicht geben können.

Eine Bulimiekranke schreibt etwa darüber, wie sie ihre Essstörungen im Alltag versteckt. Sie schämt sich für ihre Essanfälle, kann sich aber niemandem anvertrauen. Die Kommentare, die sie im Darknet-Forum bekommt, sind positiv und einfühlsam. Sie helfen zwar nicht bei der Heilung, lindern jedoch den Schmerz. Anders als bei Ärzten und Therapeuten fühlt sich die Betroffene hier verstanden.

Es ist egal, dass es sich um wildfremde Menschen handelt, die hier komplett anonym unterwegs sind.

In einem Selbstmordforum tauschen sich Suizidgefährdete über Methoden, sich das Leben zu nehmen, aus. Es gibt ein Unterforum, in dem sogar Pakte geschlossen werden, um gemeinsam mit einem Partner zu sterben. Begrüßt werde ich auf dieser Seite mit dem Slogan »Sorry you're here.« Ist das Ironie oder ehrliches Mitgefühl?

Ich frage mich, ob solche Orte noch existieren müssten, wenn wir offener mit Tabuthemen umgehen würden. Betroffene sehen in den verborgenen Foren anscheinend ihren einzigen Ausweg, da ihre Ausprägungen in der *normalen* Welt als *unnormal* verurteilt werden. Dieser Flucht in eine Parallelrealität könnte mehr Verständnis sicher entgegenwirken.

Es ist schon fast Mitternacht. Ohne Pause springe ich im Darknet von einem Link zum nächsten. Wie in einem Kaninchenbau, in dem ich mich immer weiter nach unten verirre. Plötzlich bin ich auf einer Seite gelandet, auf der sich chinesische Menschenrechtsaktivisten mit Journalisten austauschen. Dort haben sie die Möglichkeit, sensible Daten zur Aufdeckung von Missständen zu teilen. Aber hier scheinen nicht nur Whistleblower und Revolutionäre unterwegs zu sein, sondern auch Durchschnittsbürger, die beispielsweise über Finanzthemen schreiben. Sie wollen anscheinend die Online-Konversationen einfach nur ohne die ständige Überwachung fortsetzen.

Als ich danach auf einer Seite lande, bei der es sich wohl um den berühmt berüchtigten *Assassination Market* handelt, erhöht sich mein Puls. Auf diesem Marktplatz für Auftragskiller kann auf das Todesdatum von Politikern, Schauspielern und anderen öffentlichen Personen Geld gesetzt werden. Ob auch danach gehandelt wird, liegt im eigenen Ermessen. Mir gefriert das Blut in den Adern. Schon allein mein Besuch auf dieser Seite sorgt für Schuldgefühle. Ich vergewissere mich, dass die Vorhänge auch wirklich zugezogen sind, bevor ich weiterlese. Was im ersten Moment furchtbar klingt, wird hier als ein Weg dafür verstanden, das Verhalten von sehr mächtigen Menschen zu bewerten. Das Ganze erinnert mehr an einen Hollywood-Film, ist im Darknet aber Realität.

Trotz der einsetzenden Müdigkeit werden meine Augen mit jedem Klick durch diesen sonderbaren Teil des Internets größer. Schon verrückt, dass es eine solche Parallelwelt gibt, von der ich bisher nicht wirklich etwas wusste. Was mich am meisten beunruhigt, ist, dass ich meine Gefühle dazu nicht klar einordnen kann. Der Kopf sagt mir, dass Drogen, Waffen und Selbstmord-Foren schlecht sind. Zeitgleich empfinde ich aber eine gewisse Bewunderung für die Offenheit zu all diesen Themen, über die im *normalen* Alltag nur wenig geredet wird.

Ich erinnere mich an einen Artikel, der thematisierte, dass beim Kauf von Kokain auf der Straße Preis und Qualität deutlich variieren. Hier sei auch die Gefahr, erwischt zu werden, größer als im Netz. Auf Handelsplätzen im Darknet hingegen bewerten die Käufer die Reinheit der Droge, die Liefergeschwindigkeit und den Kundenservice. Der Verkaufspreis orientiert sich an Angebot und Nachfrage, wodurch er regulierter und günstiger ist als auf der Straße. Das klang in meinen Ohren sinnvoll. Es stellt sich für mich jedoch die Frage, ob dadurch das Darknet auch für einen höheren Drogenkonsum verantwortlich sei. Zweifelsohne sorgt es zumindest dafür, dass Anwender keine unbekannten Substanzen in ihren Körper stopfen und die Gewalt um Drogen durch die verkürzte Lieferkette abnimmt.

Ein Blick auf die Uhr verrät mir, dass ich mich mittlerweile schon seit fünf Stunden durch das Darknet geklickt hatte. Ich war so gefesselt von dieser Welt, dass ich weder gegessen hatte, noch auf der Toilette war. Aber für den Moment hatte ich genug gesehen, schwanke zwischen Faszination und Verstörung. Dieser dunkle Teil des Netzes hat für mich zwei ganz unterschiedliche Seiten. Die Anonymität, die Auftragsmörder, Pädophile und erbarmungslose Trolle zum Vorschein bringt, bietet im gleichen Atemzug Whistleblowern und Menschenrechtsaktivisten einen sicheren Weg zur Kommunikation. Letztendlich liegt es also an unseren zugrunde liegenden Werten, ob Werkzeuge wie das Darknet Positives bewirken oder Schaden anrichten.

In den kommenden Tagen wartet eine ganze Menge Arbeit auf mich. Noch bin ich nicht sicher, wie ich diese ohne die herkömmlichen Kommunikationskanäle erledigen würde. Viel wichtiger aber war, dass der Geburtstermin meines ersten Neffen kurz bevorstand, und ich keine Ahnung hatte, ob die Fruchtblase meiner Schwägerin bereits geplatzt war. Mit offenen Augen liege ich im Bett und denke darüber nach, wie ich einen verschlüsselten Kontakt in die Heimat herstellen könnte.

15.01.2018, NACHTBUS NACH BANGKOK • DER PREIS FÜR BEQUEMLICHKEIT

Der Nachtbus von Chiang Mai nach Bangkok ist so voll, dass einige Passagiere auf dem Flur sitzen müssen. Es ist typisch Asien, dass man zehn Minuten vor Abfahrt noch spontan ein Ticket bekommt. Ganz anders als es in Europa oft der Fall ist, wird hier in Lösungen gedacht, nicht in Problemen. Das dadurch wiederum entstehende Chaos, das viel Luft für Abenteuer lässt, habe ich zugleich lieben und hassen gelernt.

Glücklicherweise konnte ich mir einen Sitzplatz sichern. Neben mich hatte sich eine hübsche, junge Thai gesetzt, die ununterbrochen mit ihrem Handy beschäftigt war. Die Klimaanlage lief auf Hochtouren und auch wenn mich eine zehnstündige Fahrt in dieser unterkühlten und überfüllten Klapperkiste erwartete, war ich dankbar für die Alleinzeit. Nun hatte ich endlich Gelegenheit, die letzten zwei ereignisreichen Wochen vor meinem inneren Auge Revue passieren zu lassen.

Die vergangenen Tage waren vollgepackt mit Terminen. Für die Community *Citizen Circle*, die ich als einer von vier Gründern mitbetreibe, fand unsere halbjährliche Konferenz statt. Über 150 Mitglieder kamen nach Chiang Mai, um zu netzwerken, Vorträgen zu lauschen und alte Bekannte wiederzusehen. Uns alle verbindet, dass wir gesellschaftliche Normen hinterfragen. Wir sind Querdenker und Selbständige, die ihre Arbeit an ihr Leben anpassen möchten, nicht andersherum. So eine Konferenz zu organisieren, ohne E-Mails, Google, Skype oder andere digitale Kommunikationstools zu verwenden, war eine echte Herausforderung. Anstatt mal eben eine WhatsApp zu schicken, musste ich mich auf den Roller setzen, ans andere Ende der Stadt fahren und an Türen klingeln. Das erinnerte mich daran, wie ich früher als Kind zu meinen Freunden gefahren war, ohne genau zu wissen, ob jemand zum Spielen da war. Ist das heute überhaupt noch denkbar? Einfach auf blauen Dunst vor einer Tür zu stehen, ohne angemeldet zu sein? Nicht für mich, meist will ich mir sicher sein, dass ich keine Zeit verschwende.

Schon eine einfache Verabredung zum Abendessen mit Freunden wurde von daher zu einer Herausforderung. Bereits am Vortag musste ich mit ihnen Treffpunkt und Zeit ausmachen, was sich dann dank Buschfunk verbreiten konnte. Meine gute Freundin und gleichzeitig Nachbarin in Chiang Mai, Jenny, war dabei sehr behilflich, indem sie meine Klopfzeichen auf digitalem Wege weiterleitete. Es durfte nichts dazwischenkommen, sonst saß ich allein da, ohne durch WhatsApp-Gruppen in Echtzeit über Verspätungen oder Absagen informiert werden zu können. Zu meiner Überraschung funktionierte das ganz wunderbar. Niemand konnte sich für unvorhergesehene Staus entschuldigen oder zehn Minuten vor dem Treffen noch einmal nach der Adresse des Restaurants fragen. Plötzlich waren selbst chronische Zuspätkommer pünktlich. Ohne die Möglichkeit von permanenter Verbundenheit und *Multi-Optionalität* scheinen wir also wieder besser zu planen. Ja, vielleicht sogar mehr Verantwortung zu übernehmen. Für mich trifft das auf jeden Fall zu.

Mittlerweile haben wir die Stadtgrenzen hinter uns gelassen und sind auf dem Highway nach Lampang. Die Lautstärke im Bus nimmt ab. Ich packe einen Pullover zwischen meinen Kopf und die kalte Scheibe als Puffer, starre in die Nacht und erinnere mich daran, wie ich vor zwei Wochen in umgekehrter Richtung mit dem Motorroller auf dieser Straße unterwegs gewesen bin. Damals war die Vorfreude auf die Nutzung ausschließlich verschlüsselter Technologien noch groß. Ich sah den Kampf zwischen Sebastian und den Googles der Welt als Abenteuer an. Es dauerte jedoch nur wenige Tage, bis die Frustration darüber einsetzte. Zum einen überforderten mich viele der Programme, die die für mich notwendige Anonymität versprachen. Zum anderen wurde ich wegen der verschlüsselten Verbindung von Diensten wie Facebook oder Gmail geblockt. Die Wahl, die ich noch hatte, lautete: Lass deine Hosen runter und spiele nach unseren Regeln oder bleib draußen. Dazu kam, dass sowohl mein kleines Asus Netbook als auch die ständig zwischengeschaltete VPN-Verbindung dafür sorgte, dass für meine Arbeit sehr viel mehr Geduld als sonst nötig war.

Normalerweise hätte ich spätestens nach ein paar Tagen das Handtuch geworfen und sofort wieder Bequemlichkeit gegen Privatsphäre eingetauscht. Aber das sollte jetzt keine Option sein. Bei Google, Slack, Trello und anderen Services, die ich für meine Arbeit benötigte, erstellte ich einfach neue Konten über meine sichere Protonmail-Adresse. Mittlerweile hatte ich auch die wichtigsten Telefonnummern in meinem Offline-Handy gespeichert, so dass ein schneller Anruf die sonst üblichen langwierigen Chats und E-Mail-Konversationen ersetzen konnte. In der zweiten Januarwoche hatte ich mich auch daran gewöhnt, dass am Laptop alles etwas länger dauerte. Vielleicht wurde ich auch einfach entspannter und nahm mich weniger wichtig, wenn ich nicht jede E-Mail und Kurznachricht innerhalb eines Tages beantwortete. Nach vielen fehlgeschlagenen Versuchen fand ich sogar heraus, wie ich meine E-Mails außerhalb von Protonmail verschlüsseln konnte. Leider wusste aber keiner der Empfänger, wie diese durch Entschlüsselung wieder lesbar gemacht werden. Das gleiche Dilemma hatte ich mit anderen Kommunikationskanälen. Es gibt ausgezeichnete Alternativen zu Skype, WhatsApp und Facebook. Aber solange ich diese Nachrichtendienste als Einziger nutze, habe ich nur wenig davon. Einige Freunde konnte ich schon zur Nutzung von Signal und

Telegram überreden, von der kritischen Masse waren diese Dienste jedoch noch weit entfernt.

Aber nicht nur online war es schwer, anonym zu bleiben. Ich muss dabei an die Polizeikontrolle mit meinem Motorroller von vor zwei Tagen denken. Selbst wenn ich einen internationalen Führerschein gehabt hätte, hätte ich wohl ein Bußgeld für irgendeinen anderen Verstoß zahlen müssen. Die Geldstrafe betrug umgerechnet etwa zehn Euro, war aber verhandelbar. Da stand ich nun am provisorisch eingerichteten Polizeistand, hinter dem schon eine Schlange mit mutmaßlichen Verkehrsrowdys darauf wartete, ihre Personalien in eine Liste einzutragen. Ich wägte ab, ob ich mich ordnungsgemäß ausweisen oder meinen Alias Michael Martin angeben sollte. Je länger ich darüber nachdachte, desto bedrohlicher wirkte die Vorstellung, deswegen ein paar Nächte in einem thailändischen Gefängnis verbringen zu müssen. Obwohl die Polizisten sich nicht für meine Ausweisdokumente interessierten, schrieb ich zwei Minuten später meinen echten Namen auf die Liste. Irgendwie brachte ich es nicht fertig, die Polizei anzulügen. Wo ich meine Identität online bisher geschickt verbergen konnte, beging ich also nach dem Hoteldesaster in Bangkok den zweiten Anonymitätsbruch. Wobei ich die Wahrscheinlichkeit, dass diese Namensliste jemals eine Polizeistation erreichen würde, bei der Korruption vor Ort als gering einschätzte.

Etwas abgeklärter war ich bei der Buchung des Bustickets vor ein paar Stunden. Die Ausrede des verlorenen Reisepasses funktionierte, so dass mir die Dame des Tour-Operators nach kurzer Diskussion auch ohne Personalien ein Ticket ausstellte. Nicht das erste Mal in diesem Monat fühlte ich mich wie ein Schwerverbrecher, obwohl ich nichts getan hatte, außer meine wahre Identität zu verschweigen.

In der Realität erscheint das Recht auf Privatsphäre nicht mehr als Grundrecht, selbst wenn das immer wieder propagiert wird und in Verordnungen verankert ist. Ohne von großen Teilen der Gesellschaft ausgeschlossen zu werden und gegen Gesetze zu verstoßen, kann ich also nicht unerkannt durch die Lande ziehen. Und solange mit Schlagzeilen zu Terrorismus, Massenimmigration und Cyberkriminalität weiter Angst geschürt wird, nimmt der Trend zur grundsätzlichen Überwachung auch nicht ab. Angst, das war schon immer die Rechtfertigung für Überwachungsmaßnahmen, die Regierungen und Unternehmen mehr Kontrolle geben. Egal, wie irrational es ist, wird die Massenüberwachung mit der vermeintlichen Bedrohung durch Terroristen gerechtfertigt. Diese scheinbare Lösung für eine unsichtbare Gefahr gibt Menschen ein Gefühl von Sicherheit, auch wenn die teuren Investitionen in Präventivmaßnahmen keine nennenswerten Erfolge mit sich bringen. Die Illusion, der Unsicherheit nicht machtlos ausgeliefert zu sein, entsteht, obwohl die Antwort auf das Problem völlig falsch ist. Die Kosten für den vermeintlichen Zugewinn an Sicherheit bezahlen wir letztendlich mit der Aufgabe unserer Freiheit.

Als ich die Augen wieder aufmache, sehe ich bereits die Lichter der thailändischen Hauptstadt. Es ist kurz nach fünf Uhr am Morgen, als der Bus an der Khao San Road stoppt. Schlaftrunken steige ich aus. Fast stolpere ich über das Schlachtfeld der gestrigen Partynacht. Überall Müll auf der Straße, in der Luft ein Geruch aus Urin und Erbrochenem. Die letzten Überlebenden torkeln noch zurück in ihr Hostel. Kein Wunder, dass nur wenige Taxifahrer zu dieser Zeit hier sind. Es dauert eine Weile, bis ich einen Fahrer finde, der mich nicht komplett über den Tisch ziehen will. Es ist ein Typ, der mit seinem privaten Auto auf verzweifelte Fahrgäste wie mich wartet. Für die zweistündige Fahrt zum *U-Tapao Rayong*-Airport in der Nähe von Pattaya einigen wir uns auf einen Fahrpreis von dreißig Euro. Der Fahrer stellt keine Fragen, will weder wissen, wie ich heiße, noch was ich vorhabe. Ein Vorteil, wenn man zu Fremden ins Auto steigt.

Ein Blick auf die Uhr verrät mir, dass wir noch vier Stunden haben, bevor meine Freunde am Flughafen ankommen. Anstatt einer nächtlichen Odyssee im Nachtbus haben sie sich für den Flieger von Chiang Mai entschieden, der für die gleiche Strecke nur eine Stunde braucht. Bequemlichkeit versus Privatsphäre. Diese Gegensätze spielen Pingpong in meinem Kopf, als wir durch die leeren Straßen der Metropole fahren und ich mich auf die kommende Woche auf der Insel Ko Samet freue.

21.01.2018, KHAO SAM ROI YOT •
ABGETAUCHT IM LIEBESNEST

In den wahnsinnig entspannenden Tagen der letzten Woche auf den wunderschönen Inseln im Golf von Thailand, war mir das Versteckspiel nicht schwergefallen. Zurück in der Zivilisation sah ich mich jedoch wieder den Gefahren ausgesetzt, die wohl jeder Undercover-Agent kennt. Begleitet von beunruhigenden Geräuschen aus der Motorgegend unseres Scooters verlasse ich mit Melanie zwei Stunden südlich von Hua Hin den Highway. Die letzten Kilometer führen auf weniger befahrenen Straßen am *Khao Sam Roi Yot*-Nationalpark vorbei, bevor wir an unserer Destination irgendwo im Nirgendwo ankommen. Ein paar Makaken schauen interessiert zu, als wir unseren Rundgang beginnen. Es ist selten, dass die eigentliche Unterkunft besser aussieht als auf den Fotos der Buchungsseite. Bei unserer riesigen Villa mit Pool direkt am Strand war das jedoch genau der Fall. Es ist ein wahres Paradies, in dem wir fernab der Zivilisation eine Woche gemeinsam verbringen würden.

Ich hatte Melanie am Vormittag vom Flughafen in Bangkok abgeholt. Eine halbe Stunde später saßen wir im Taxi in Richtung Hua Hin. Dort bekamen wir nach kurzen Verhandlungen den klapprigsten Motorroller, den ich je gesehen hatte. Aber all das war egal, nachdem wir uns im Pool den Staub abwaschen und uns endlich in den Armen liegen konnten. Diese Zweisamkeit hatten wir beide seit Anfang des Jahres ungeduldig herbeigesehnt.

Im vergangenen Jahr drehte ich nach einer Trennung und einer kurzen aber intensiven Liebesbeziehung ein paar Runden auf der Gefühlsachterbahn, weshalb ich mir fest vorgenommen hatte, mich erst einmal auf keine weitere ernste Beziehung einzulassen. Als ich jedoch vor einem Monat in Chiang Mai Melanie traf, war es mit diesen guten Vorsätzen relativ schnell vorbei. Nach einem ersten gemeinsamen Abendessen mit Freunden saßen wir allein auf den typischen roten Thai-Plastikstühlen vor einer bereits geschlossenen Bar. Selbst als ich ihr von meinen geplanten Experimenten und dem Herzschmerz aus dem vergangenen Jahr erzählte, ließ sie sich nicht in die Flucht schlagen. Mein Kopf versuchte sich noch zu wehren, aber um mein Herz war es längst geschehen. Es folgten sehr intensive Tage, in denen immer mehr von Melanies Sachen bei mir landeten, bis sie schließlich an Weihnachten aus ihrem Hotel auscheckte, ohne ein einziges Mal dort geschlafen zu haben. Nach der gemeinsamen Silvesterfeier ging es für Melanie zurück nach Deutschland. Unsere Schmetterlinge im Bauch konnten wir zwar nicht über WhatsApp-Herzchen teilen, haben dafür aber täglich über die App Signal telefoniert. Und so wusste auch weder Facebook noch die NSA von dem neuen Liebespaar.

Als meine Sehnsucht in der vergangenen Woche auf Ko Samet größer wurde, überraschte mich Melanie damit, spontan noch einmal für zehn Tage nach Thailand zu kommen. Da ich noch keine anderen Pläne hatte und auch das Versteckspiel um meine Identität viel Kraft gekostet hat, wollte ich den Rest des Monats sowieso am liebsten in Abgeschiedenheit verbringen. Über Airbnb hatte ich unter meinem Alias ein neues Konto angelegt, für den ich sogar einen gefälschten Identitätsnachweis hochgeladen hatte. Einen nächsten, dritten Anonymitätsbruch gab es dann aber doch bei der Bezahlung der Unterkunft, die über mein geschäftliches PayPal-Konto erfolgte. Spätestens nach dieser Zahlung hätte die Verbindung zu meiner wahren Identität hergestellt werden können. Im Darknet wurden mir zwar, um dies zu verhindern, Fake-Konten und nicht nachverfolgbare Debitkarten angeboten, aber das war mir dann doch zu riskant. Anonymität ja, jedoch nicht um jeden Preis.

Zum Sonnenuntergang stehe ich am Strand unterhalb unserer Villa, der zwar nicht für ein Postkartenmotiv reicht, dafür aber menschenleer ist. Wie schon auf der Fahrt mit dem Motorroller nach Chiang Mai habe ich auch hier und jetzt das Gefühl, im echten Thailand zu sein. Nicht die Bilder, die Instagram zeigt, sondern die Ecken, die wirklich authentisch sind. Meine Gedanken sind komplett frei und bahnen sich ihren Weg durch die Wolken.

Viel zu oft mache ich mir den Druck, für Arbeit und Freunde ständig verfügbar zu sein. Das schlechte Gewissen plagt, sobald ich einen Tag nicht online bin. Ich nehme mich selbst zu wichtig, habe Angst davor, Chancen zu verpassen. In diesem Monat wurde mir bewusst, wie konditioniert ich darauf war, jederzeit neue Impulse über mein Smartphone oder E-Mail-Postfach zu bekommen. Wenn ich ganz ehrlich bin, fehlt mir meine Arbeit. Meist arbeite ich nämlich verdammt gern. Meine Arbeit gibt mir Energie, nur selten erschöpft sie mich. Definitiv anders als in meinen früheren Jobs, die mich wie ein Vampir ausgesaugt hatten. Es ist für mich befriedigend, To-do-Listen abzuhaken und neue Projekte zu starten. Das Internet hier ist zwar gut genug, um E-Mails abzurufen, aber für mehr reicht es nicht. Das stört jedoch nicht weiter, denn seit dem ersten Anblick unserer Unterkunft hatte ich mich ergeben. Meine momentane Ersatzbefriedigung war es, mich an der absoluten Monotonie dieses Ortes zu erfreuen. Der einzige andere Mensch, der mich gerade interessiert, ist die Frau, die mir von der Terrasse zuwinkt.

Mit diesen Gedanken schaue ich auf die Wellen im Meer. Sie lassen sich von nichts aufhalten, sind ständig im Fluss mit einer unbändigen, nicht fassbaren Kraft. In diesem Moment fühle ich mich unendlich frei. Niemand weiß, wo ich bin. Keine selbstauferlegten Erwartungen lasten auf mir. Ich darf einfach nur sein. So erkenne ich die positiven Seiten meiner zuvor auferlegten, hier jedoch fast natürlichen und unausweichlichen Anonymität. Ich bin nicht erreichbar, aber mehr verbunden als je zuvor. Mit mir, der Natur und in Gedanken mit all den Menschen, die mir wirklich wichtig sind.

29.01.2018, BANGKOK • TAUSCHGESCHÄFTE

Nicht in einer dunklen Hintergasse, sondern direkt im Shopping-Center *Emporium* sollte die Übergabe stattfinden. Der Franzose, den ich unter einem kryptischen Pseudonym über eine Tauschbörse ausfindig gemacht hatte, taucht nicht auf. 13:30 Uhr war vereinbart und es ist bereits 13:45 Uhr. Langsam werde ich nervös, schaue in alle Richtungen. Ich habe weder eine Telefonnummer, noch wusste ich, wie er aussieht. Ich hatte ihm geschrieben, dass ich ein Basecap und ein orangenes T-Shirt tragen würde. Was, wenn das alles nur ein Trick war? Ist es eigentlich legal, Bitcoins gegen ein Bündel Bargeld zu tauschen, ohne dass diese Transaktion irgendwo aufgezeichnet wird?

Mir fallen die dutzenden Überwachungskameras in der nahegelegenen Metro-Station und im Einkaufszentrum auf. In Großstädten wie Bangkok werde ich ununterbrochen gefilmt. Lange wird es nicht mehr dauern, bis die Software für Gesichtserkennung so gut ist, dass sich niemand von uns mehr unbemerkt bewegen kann. In Berlin gibt es bereits 40.000 Kameras. In London kommt sogar eine Kamera auf zehn Einwohner. Was heute die stationäre Überwachung noch nicht erfasst, werden wohl bald Drohnen übernehmen.

Es dauert weitere fünfzehn Minuten bis ein junger Mann zielstrebig auf mich zukommt. Er grüßt freundlich und bittet mich, in eine ruhige Ecke mitzukommen. Als sei es das Normalste auf der Welt, verwickelt er mich in Small Talk und holt einen Briefumschlag mit Geld heraus. Er zählt die 10.000 Baht, umgerechnet rund 300 Euro, vor meinen Augen. Jetzt muss ich in der App *Local Bitcoins* nur noch bestätigen. Wenige Sekunden später nickt mir *davibst78* zu, überreicht mir den Umschlag und verabschiedet sich so schnell, wie er gekommen war. Mit verschwitzten Händen packe ich das Geld in meinen Rucksack. Durchatmen. Umdrehen. Hat uns jemand gesehen? Und wenn schon, wir taten schließlich nichts Illegales. Oder doch?

Wenn es nicht verboten ist, warum fühle ich mich dann so beobachtet?

Als sich meine Bargeldreserven dem Ende neigten, hatte ich verschiedene Wege ausprobiert, um anonym an Geld zu kommen. Kryptowährungen versprachen eine größere Privatsphäre als Banken. Aber auch die hatte ich im Vorjahr unter meinem Namen gekauft. Dazu sind jegliche Transaktionen öffentlich einsehbar und werden in der Blockchain für die Ewigkeit gespeichert. Im Darknet gibt es für dieses Problem jedoch eine Lösung, die somit auch ich nutzte: Sogenannte Tumbling-Services betreiben Geldwäsche für digitale Währungen. Durch das Mixen verschiedener Coins und Wallets kann die Verbindung zum ursprünglichen Käufer erschwert werden, so auch zu mir.

Das war der einfache Teil. Schwieriger wurde es, nun für die anonymisierten Bitcoins Bargeld zu bekommen. Es gibt einen Bitcoin-Geldautomaten in Bangkok, der allerdings nicht funktionstüchtig war. Dafür entdeckte ich im Darknet eine Seite, die im Tausch gegen Bitcoin Bargeld per Post zuschickt. Für ein paar Euro im Monat mietete ich mir unter meinem Alias ein Postfach in Bangkok und wartete leider vergeblich auf das versprochene Geld. Tja, meine Bitcoins hängen wohl immer noch bei einem Betrüger im Darknet fest, der sich die Anonymität zunutze machte. Da sind sie wieder, die zwei Seiten der Medaille.

Aber letztendlich hat zumindest das mit dem Tausch vor Ort super geklappt. Was aber, wenn mir die Bitcoins irgendwann ausgehen? An Bargeld komme ich anonym nur durch Schwarzarbeit und illegale Geschäfte, bei denen ich mit Koffern voller Scheine bezahlt werde. Das Problem blieb für den Moment ungelöst.

Als ich auf dem Rückweg in meine Unterkunft mit der Metro besonders sensibel auf die vielen Kameras achte, fällt mir ein Satz ein, den der ehemalige Google-Vorsitzende Eric Schmidt einmal in einer Pressekonferenz geäußert hatte: »Wenn man nicht will, dass bestimmte Handlungen negativ in der Öffentlichkeit präsentiert werden, dann sollte man sich überlegen, diese Handlungen gar nicht erst zu vollziehen.« Damals habe ich nicht lange darüber nachgedacht, sondern nur vorsichtig genickt. Heute denke ich anders. Ist das nicht reine Selbstdisziplinierung? Ein Fremdzwang, der zum Selbstzwang wird? Wir alle sind Menschen mit unterschiedlichen Meinungen, Gelüsten und Vorlieben. Können wir diese nicht im Rahmen des Gesetzes ausleben?

Sollten wir nicht auch Fehler machen dürfen, ohne dass sie uns für die Ewigkeit nachhängen?

Reisebuchungen, Arztbesuche, Geldbewegungen, Anrufe und Online-Aktivitäten werden immer irgendwo gespeichert. Diese bereits vergangenen Daten geben einen guten Aufschluss über unsere potenziellen zukünftigen Handlungen. Das Ganze mag solange okay sein, bis sich ein Stalker, ein Chef, eine Vollzugsbehörde oder ein werbetreibendes Unternehmen über mich informieren möchte. Die Informationen liegen für unbestimmte Zeit auf Servern, deren Eigentümer nicht wir selbst sind. Privatpersonen oder Institutionen können sich jederzeit legal oder auch illegal Zugriff auf diese Daten verschaffen. Was sie damit treiben, ist nicht vorhersehbar. Haben wir kein Recht auf Vergessen? Ein Recht dazu, Fehler zu machen?

Wir sind tatsächlich die einzigen Lebewesen, die sich für ein und denselben Ausrutscher gleich tausendmal bestrafen.

Als die Einführung eines *Sozialkredit*-Systems für alle Bürger in China bekannt wurde, gab es einen riesigen Aufschrei im Westen. Die Regierung erstellt dabei eine Online-Reputation, indem Punkte für wünschenswertes und negatives Verhalten vergeben werden. Aber ist nicht das Gleiche bei uns präsent, wenn auch etwas subtiler? Sobald Unternehmen unsere Daten haben, bekommen wir nicht nur personalisierte Werbeeinblendungen, sondern sogar unterschiedliche Preise beim Online-Shopping oder einen anderen Zinssatz für den Dispo bei der Hausbank. Wie lange wird es noch dauern, bis wir individuelle Krankenkassenbeiträge basierend auf unseren Ess- und Sportgewohnheiten bezahlen? Oder Studienplätze nach sozialem Engagement im Netz vergeben werden? Vielleicht gibt es auch bald Bonuspunkte, wenn wir die ungenügende Mülltrennung unseres Nachbarn per Webcam filmen und den zuständigen Behörden melden.

Der frühere NSA-Mitarbeiter und Whistleblower Edward Snowden hat die Gegenposition zu Eric Schmidt eingenommen, indem er erklärte: »Zu sagen, dass dich Datenschutz nichts angeht, weil du nichts zu verbergen hast, ist nichts anderes, als zu sagen, dass dich die Meinungsfreiheit nichts angeht, weil du nichts zu sagen hast.« Beim Datenschutz geht es also nicht nur um uns selbst. Es geht auch nicht darum, jeden zu verfolgen, der anderer Meinung ist als wir selbst. Vielmehr geht es darum, dass Meinungen geäußert werden dürfen, auch wenn wir sie verabscheuen. Es geht um die Frage, ob wir Privatsphäre zukünftig weiterhin als gesellschaftliches Grundrecht verstehen oder es leichtfertig abtreten wollen. Das Versprechen des Internets, für mehr soziale Gerechtigkeit und faire Machtverhältnisse zwischen Bürgern und Institutionen zu sorgen, müssen wir dahingehend neu bewerten. Regierungen und große Unternehmen haben durch Tracking von Nutzern und das Aufkaufen unabhängiger Start-ups die Gewalt über Informationen, die anfangs noch ausschließlich bei den Nutzern lag. Was ursprünglich der globalen Demokratisierung galt, ist heute auf dem besten Weg dahin, die gefährlichste Waffe für Unterdrückung zu werden, die wir je gesehen haben.

Als Snowden aufdeckte, dass Schröder und Merkel systematisch abgehört wurden, waren die News darüber nach ein paar Tagen aus den Medien verschwunden. Auch das umfangreiche PRISM-Programm, das die NSA mit Hilfe von Skype, Facebook und Co zur globalen Überwachung nutzt, führte kaum zu anhaltenden Diskussionen. Wäre das zu Zeiten des Kalten Kriegs auch so gewesen? Gibt es überhaupt einen Unterschied zur Stasi, die knapp 30 Jahre nach ihrer Auflösung immer noch verteufelt wird? Die Methoden haben sich geändert. Sie sind subtiler geworden, wirken weniger bedrohlich, aber das Ergebnis ist das Gleiche.

Mir ist in diesem ersten Selbstversuch bewusst geworden, dass sich durch das Internet mein Verständnis für Überwachung schleichend verschoben hat. Sie geschieht mittlerweile so unbemerkt, dass man die Eingriffe nur marginal als Verletzung seiner Grundrechte wahrnimmt. Wo Überwachung durch Eltern, Polizisten oder Journalisten noch berechtigt ist, ist hingegen der Generalverdacht, der die flächendeckende und ungezielte Massenüberwachung aller Bürger rechtfertigt, für mich völlig unangemessen. Je mehr wir uns durch Terror und Gewalt verängstigen lassen, desto mehr Rechtfertigung gewinnen Fürsprecher des Datennetzes. Und dann geschieht etwas, was der französische Philosoph Michel Foucault als Panoptismus bezeichnet. Das Panoptikum ist ein perfektes Gefängnis, in dem alle Zellen der Insassen in einem Kreis rund um einen Beobachtungsturm in der Mitte angeordnet sind. Der Wärter kann alle Gefangenen sehen, diese jedoch nicht den Wärter. Die Gefangenen stehen also ununterbrochen unter Beobachtung, was sie nicht ändern können, wodurch sie ihr Verhalten dementsprechend anpassen.

Wie im Panoptikum muss auch ich heute damit rechnen, ständig unter Beobachtung zu stehen. Langsam, aber sicher würde ich dann mein Verhalten an die gestellten Erwartungen anpassen, bis der

Fremdzwang zu einem Selbstzwang wird, den ich komplett internalisiert habe.

Um dies in einem realen Beispiel auszudrücken: Von vereinzelten Kirchen wird eine Software zur Gesichtserkennung, *Churchix,* eingesetzt, um zu sehen, wie regelmäßig Gemeindemitglieder an den Messen teilnehmen und Geld spenden. Die gute Absicht dahinter ist, Kirchengänger zu mehr Beteiligung zu motivieren. Kommt das aber nicht auch einer totalitären Überwachung wie der des Panoptikums verdammt nahe? Die offene Frage, wer die Wärter dieses Gefängnisses sind, bleibt. Wir als wachsame Bürger oder ein allsehendes Auge einer Institution?

In Orwells Roman *1984* heißt es, dass »die Menschheit die Wahl zwischen Freiheit und Glück hatte und dass für die Masse der Menschheit Glück besser sei.« Ich glaube nicht, dass wir uns als mündige Bürger dahingehend entscheiden müssen, sondern mit dem richtigen Maß an Selbstverantwortung unser Glück in der Freiheit finden können. Diese Freiheit, die von uns durch Verfassungen und weltweit gelebte Werte hart erkämpft wurde, sollten wir nicht für Bonusprogramme und stumpfsinnige Unterhaltung wieder hergeben.

31.01.2018, SUVARNABHUMI AIRPORT •
ALGORITHMEN

Mit einem Mix aus aufgeregter Neugier und ablehnendem Widerwillen sitze ich am letzten Tag meines ersten Experiments als *Der Anonyme* vor meinem MacBook in einem Starbucks. Einerseits bin ich gespannt, was in diesem Monat auf den sozialen Kanälen und in den nicht abgerufenen E-Mail-Postfächern so passiert war. Andererseits wollte ich es gar nicht wissen. So richtig gefehlt haben mir all diese Benachrichtigungen nämlich nicht. Die Herzen auf Instagram und Daumen auf Facebook haben sonst für sofortige Belohnung gesorgt, mir manchmal sogar das Gefühl gegeben, wichtig und beliebt zu sein. Aber das war immer nur von kurzer Dauer. Es war nicht real.

Ganz bewusst bin ich schon früher zum Bangkoker Flughafen Suvarnabhumi gefahren. Der erste Selbstversuch ist heute beendet. Bis zu meinem Flug um 13 Uhr sind noch ein paar Stunden Zeit. Als ich den Deckel des Laptops öffne und mich mit dem öffentlichen WiFi und einem VPN am Flughafen verbinde, überrollt mich eine Lawine aus Direkt-Nachrichten, E-Mails und Facebook-Kommentaren. Nein, es ist kein Glücksgefühl, das sich gerade in meiner Magengegend einstellt. Es ist vielmehr eine Abwehrhaltung.

»Sebastian, wir vermissen dich. Alles okay bei dir?«, steht in den Facebook-Nachrichten, die sich zum Monatsende hin anhäuften. Eine Sehnsucht, übermittelt durch den blauen Riesen, die jedoch sehr einseitig ist. Ich logge mich ein, scrolle durch den Newsfeed und bin schnell genervt. Hier bestimmen Algorithmen, welche

Informationen für mich relevant sein sollen. Die App bewertet aber nicht, was falsch oder richtig ist. Sie zeigt mir nur, was am häufigsten gelikt, kommentiert und geteilt wurde. Ob die Information wahr ist oder nicht, spielt dabei keine Rolle. Genauso wenig, ob die Interaktionen in diesen Beiträgen aus Angst oder Wut entstanden sind. Diese surreale Online-Landschaft erscheint mir plötzlich wie eine Parallelwelt. Eine Welt, über der ein Filter liegt, der meinen vermeintlich persönlichen Vorlieben entspricht und bestehende Ansichten verstärken soll. Facebook zeigt mir genau das, was ich scheinbar sehen möchte. Eine ziemlich eindimensionale Welt, die nur eine Facette der Realität enthält.

Die weiteren Nachrichten sind von Lesern, Kunden und Unternehmen. Es dreht sich immer darum, dass jemand etwas von mir möchte. Zeit, Wissen, Kontakte, manchmal auch Mitgefühl für Probleme. Die digitale Verbundenheit sorgt dafür, dass andere Menschen meine Zeit managen, wenn ich es denn zulasse.

In WhatsApp sehe ich dann doch Mitteilungen von Freunden, die mich etwas fröhlicher stimmen. Bilder von meinem neugeborenen Neffen, Urlaubsgrüße von einem ehemaligen Kommilitonen und einige *Hab an dich gedacht und wollte wissen, wie es dir geht*-Nachrichten. Da sind sie wieder, die zwei Seiten der Medaille. Dasselbe Werkzeug, das einerseits zu Abhängigkeit und Selbstversklavung führen kann, verspricht andererseits auch Freiheit und Verbundenheit.

Sorgt die Technologie dafür, dass wir als Menschheit mehr zusammenrücken oder uns voneinander entfernen?

Eine Stunde lang sortiere ich E-Mails, beantworte ein paar Nachrichten, lösche aber die meisten von ihnen. Dann reicht es mir für den Moment. Ich schlendere über den Flughafen und beobachte Menschen, die beim Blick auf das Handy nichts von ihrer Umgebung mitbekommen. Mein Blick ist in Bezug auf Geldautomaten, Überwachungskameras, Check-in-Schalter, Werbestände mit Rabattangeboten und WiFi-Stationen immer noch sehr sensibel. Einfach überall werden Daten gesammelt.

Der Januar hat mich auf eine Geduldsprobe gestellt. Komplett anonym sein zu wollen, war frustrierend. Es erforderte viel Disziplin und Einschränkungen. Teilweise habe ich mich an den Grenzen der Legalität bewegt. Trotz größter Vorsicht konnte ich mein Ziel einer wirklich vollständigen Anonymität nicht erreichen. Erst später fand ich heraus, dass mein Handy selbst im Flugzeugmodus über Funkmasten geortet werden konnte. Da hätte ich schon den Akku herausnehmen, es in Alufolie einwickeln oder ganz einfach zuhause lassen müssen.

Mir ist klar geworden, dass absolute Anonymität nur möglich ist, wenn ich Gesetze breche und komplett auf die herkömmliche Kommunikation, Finanztransaktionen und das grenzüberschreitende Reisen verzichte. Selbst wenn ich über gesicherte Verbindungen ins Internet gehe, reicht der geringste Bezug zu meiner echten Identität aus und das Katz-und-Maus-Spiel ist vorbei.

Genau darauf sind Datenhändler spezialisiert. Sie gleichen E-Mail- und IP-Adressen, Telefonnummern und Logindaten ab, um daraus umfangreiche Profile zu erstellen. Profile von Bürgern, Kunden und Wählern. Was jeder von uns ist. Die Daten werden für Bruchteile von Cents an Amazon, Google, Facebook und Co verkauft. Gegenwärtig sind diese Daten vor allem für Werbetreibende und Politiker interessant, die uns vom Kauf ihrer Produkte oder dem Abgeben einer Stimme überzeugen wollen. Was in der Zukunft mit all den Daten passiert, die wir heute so bereitwillig ins Netz stellen, möchte ich mir gar nicht erst ausmalen.

Selbst wenn es nicht zu einer lückenlosen Anonymität gereicht hat, war bereits dieses erste Experiment ein Augenöffner. Mit überschaubarem Aufwand konnte ich einen Großteil meiner Privatsphäre schützen. Teilweise bezahlte ich dafür, denn die Nutzung von sicheren E-Mail-Programmen oder verschlüsselten Verbindungen kostete eine Monatsgebühr. Anders als bei unentgeltlichen Services im Internet, bei denen man letztendlich mit seinen persönlichen Daten bezahlt. Hier und da musste ich auf weniger benutzerfreundliche Anwendungen umstellen, wieder mehr Bargeld dabei haben und auf Massenmedien verzichten. Das erscheint mir in der Retrospektive als ein fairer Preis dafür, nicht ununterbrochen beobachtet zu werden.

Neben einigen Frustrationen gab es im Januar auch viele positive Aha-Momente. Die Phantom-Vibrationen in der Hosentasche, in der normalerweise mein Handy steckt, und das schlechte Gewissen, nicht täglich meine Nachrichten zu checken, nahm rapide ab. Ich genoss es, in der realen Gegenwart zu sein anstatt nur bei virtuellen Freunden im Social-Media-Kosmos. Ich habe das Hinterland von Thailand gesehen und bin mit Einheimischen ins Gespräch gekommen. Mit Google Maps, Uber oder Foursquare wäre dieser Monat vielleicht bequemer, aber sicher nicht besser geworden. Manchmal sind es eben doch die ungewollten Umwege, die zu den schönsten Erlebnissen führen.

An meinem Gate wird es hektisch. Die ersten Passagiere gehen an Bord, halten ihren Reisepass über den Scanner. Als die Schlange kürzer wird, stelle auch ich mich an. Ein Piepen am Scanner und ich, Sebastian Kühn, war wieder aufgetaucht.

Ob der vergangene Monat mal bei einer Auswertung von Daten auffallen wird? Habe ich mich verdächtig gemacht? Wird mich vielleicht irgendwann einmal jemand fragen: »Herr Kühn, was haben sie im Januar 2018 getrieben? Es existieren keine registrierten Reisebewegungen, Zahlungsströme oder Internetnutzungen!«

Mit einem zufriedenen Lächeln gehe ich an Bord der Maschine, die in wenigen Minuten nach Singapur abheben wird.

2

DER FRUTARIER

VERSUCHUNGEN · FUTTERNEID · TEUFELSKREIS

·

AUFRÄUMARBEITEN · WEISSKOHLHOCH · GEWOHNHEITEN

Sich einen Monat lang nur von rohen Früchten und Nüssen zu ernähren, hielt ich vor meinem Selbstversuch für verrückt. Das lag an meiner Ernährungsweise, die ich mir mit Hilfe der Werbeindustrie seit Kindesalter antrainiert hatte. In Südostasien habe ich im Februar 2018 gelernt, zwischen körperlichen Bedürfnissen und kopfgesteuerten Gelüsten unterscheiden zu können. Nach der Rückkehr ins kalte Deutschland erwartete mich eine harte Probe bei der Fortführung des Experiments.

02.02.2018, SINGAPUR •
KÖRPER IM AUFRÄUMMODUS

Kurz vor Mitternacht sind über zehntausend Menschen außer Rand und Band. Sie springen durch die Halle, kreischen, fallen sich in die Arme. In ein paar Minuten ist es soweit. Der Moment, auf den wir den ganzen Tag gewartet haben: der Firewalk. Es geht nur langsam voran, als sich die Massen in den Außenbereich des Expo-Centers drängeln. Vor mir kann ich schon die parallel ausgelegten Bahnen mit brennenden Kohlen sehen. Gleich bin ich an der Reihe. Ich ziehe meine Schuhe aus, dann die Socken. Die Hitze ist bereits spürbar. In Gedanken noch einmal alle Instruktionen der letzten Stunden durchgehen. Runterzählen, selbstsicher und mit aufrechtem Gang loslaufen, auf keinen Fall stehen bleiben, aber auch nicht rennen. Und das Wichtigste, den Kopf davon überzeugen, dass diese 800 Grad heißen Kohlen den Fußsohlen nichts anhaben können. Mich schauen plötzlich hunderte Augenpaare an. Im Kopf zähle ich bis Null, laufe sicheren Schrittes die zehn Meter über die glühende Feuerbahn und werde am anderen Ende unter Jubel empfangen. In meinem Körper spüre ich Adrenalin und Dopamin. Meine Füße sind schwarz, aber es ist kein verbranntes Fleisch zu riechen. Das war leicht, denke ich mir. Lag das an der stundenlangen mentalen Vorbereitung oder nur daran, dass die Kohlen eigentlich gar nicht richtig heiß waren?

Auf einer weiteren Bahn neben mir hat es auch ein Freund geschafft. Wir klatschen uns euphorisch ab. Seit über 15 Stunden sind wir schon hier. Wir wollten uns die besten Plätze in der Halle sichern, um so nah wie möglich an der Bühne dran zu sein, auf der Tony Robbins die Massen seit 10 Uhr auf Hochtouren gebracht hat. Wie Groupies bei einem Konzert waren wir zum Einlass eingestürmt. Es hatte sich definitiv gelohnt, obwohl ich vor diesem Seminar noch meine Bedenken hatte. Coach und Autor Tony Robbins ist ein Fels von einem Mann mit einer unglaublichen Bühnenpräsenz. Nach dem Lesen seiner Bücher und aufgrund von Erfahrungsberichten von Freunden bewegten sich meine Vorurteile zwischen fauler Zauber und purer Inspiration. Letzteres sollte sich bewahrheiten, nachdem ich das extrem hohe Energielevel in der gefüllten Halle mit zehntausend Teilnehmern stundenlang hautnah miterleben durfte.

Als uns das Taxi kurz nach Mitternacht vor unserem Hotel absetzt, bin ich von diesem intensiven Tag noch aufgewühlt. Die Nacht ist brühwarm, wie sie es in Singapur immer ist. Ich gehe spazieren und checke auf dem Handy die Glückwünsche zu meinem Geburtstag, der seit ein paar Minuten vorbei war. Mein Magen grummelt ein bisschen, was er eigentlich schon den ganzen Tag lang getan hat. Gestern war es Hunger, jetzt eher das Gefühl, dass mein Körper im Aufräummodus ist.

Seit über 48 Stunden hatte ich nur Wasser, rohe Früchte und Nüsse zu mir genommen. Die bereits einsetzende Entgiftung machte sich durch alle Körperöffnungen bemerkbar. Schweiß, eine laufende Nase und häufige Toilettengänge. Als ich durch die verlassenen Straßen schlendere, bin ich überrascht, wie gut es mir trotz eingeschränkter Nahrungsaufnahme ging. Meine Sorge war groß, den Selbstversuch als Frutarier ausgerechnet bei einem kräftezehrenden viertägigen Seminar beginnen zu müssen, das ich allerdings bereits vor einem halben Jahr gebucht hatte. Damals hatte ich in Singapur noch eine feste Wohnung und ging davon aus, mit dem

Fahrrad zum Event fahren zu können. Aber so ist das eben, nichts ist so beständig wie Planänderungen.

Anstatt in meiner eigenen Wohnung bin ich nahe dem Changi-Airport untergekommen. Ein nettes kleines Boutique-Hotel mit Frühstücksbuffet. Leider gab es auf der fünfzehn Meter langen Tafel zum Frühstück immer nur zwei Dinge, die ich als Frutarier essen durfte. Ananas und Wassermelone. Noch nie in meinem Leben hatte ich gefastet oder war einer speziellen Diät gefolgt. Ich habe zwar immer ausgewogen gegessen, selten Fleisch und wenig Milchprodukte. Aber mich einen Monat lang nur von Früchten zu ernähren, das sollte eine echte Herausforderung werden.

Frutarier sprechen das Recht auf Leben nicht nur Tieren, sondern auch Pflanzen zu. Sie verzehren nur diejenigen Früchte, deren Seele bereits aus dem Körper entschwunden ist. Im Klartext bedeutet das, dass nur Früchte gegessen werden können, die vom Baum gefallen, also sozusagen von der Natur freigegeben sind. Kartoffeln, Rüben und was sonst noch so alles gewaltsam aus dem Boden gezogen werden müsste und dabei die Pflanze beschädigen würde, ist tabu. Glücklicherweise stehen die meisten Nüsse auf der frutarischen Speiseliste. Cashewkerne und Macadamianüsse mussten mich besonders in den letzten beiden Tagen mit Energie versorgen.

Von Anfang an hatte ich die Illusion aufgegeben, nur Fallobst zu essen. Wenn ich mich in dieser Metropole unter einen Baum gestellt und darauf gewartet hätte, dass die Natur mir irgendwann eine Frucht davon freigibt, wäre ich wohl verhungert. Aber ich nahm mir vor, den gesamten Monat ausschließlich lokales Obst auf Märkten zu kaufen, was in Singapur gar nicht so leicht war. Gestern musste ich den Lokalradius schon auf Malaysia ausweiten, um überhaupt ein paar Guaven, Passionsfrüchte, Avocados und Bananen zu bekommen. Von anderen Frutariern hatte ich mir sagen lassen, dass die Früchte unbedingt getrennt voneinander gegessen werden sollten, da die verschiedenen Säuren sonst Probleme bereiten könnten.

Auf meinem Speiseplan stand also morgens saftiges Obst wie Wassermelone oder Papaya, zum Mittag eher süße und sättigende Früchte wie Mango, Banane oder Avocado und zum Abend hin wieder leicht verdauliches Obst. Dazwischen Nüsse als Snacks, die mir schnelle Energie gaben. Das war der Grundspeiseplan, mit dem ich mich den gesamten Monat durchschlagen wollte.

Am Ende des zweiten Tages bin ich tatsächlich recht zufrieden. Die Ernährungsumstellung schien meinem Körper gutzutun. Außerdem stellte sich ein beruhigendes Gewissen dahingehend ein, durch die Vermeidung von Verpackungen und den Einkauf von lokalem Obst auch einen Beitrag für die Umwelt zu leisten. Mal schauen, wie lang diese Motivation bestehen bleibt. Wie beim Gang über die Kohlen wird dieser Monat wohl mehr eine mentale als eine körperliche Herausforderung.

08.02.2018, GEORGETOWN • DAS GEWOHNHEITSTIER

Ohne Wecker wache ich um 6:25 Uhr auf. Die ersten Sonnenstrahlen blinzeln durch das Fenster meines Hotelzimmers. Voller Tatendrang schwinge ich mich aus dem Bett. Obwohl ich gestern erst gegen Mitternacht ins Bett gegangen bin, fühle ich mich frisch. Nach der ersten Woche kulinarischer Entbehrungen konnte ich feststellen, dass mir meine Verdauung wieder wohlgesonnen war und sich mein Körper scheinbar mit ein bis zwei Stunden weniger Nachtruhe zufriedengab. Mittlerweile hat sich auch der Durchfall und die chronisch laufende Nase eingestellt. Und beim morgendlichen Gang auf die Toilette sehe ich, dass mein Urin wieder klar ist. Laut anderen Frutariern ein gutes Zeichen. Der kalte Entzug durch die Entsäuerung war überstanden, wobei ich nicht wirklich darunter gelitten habe. Einen Großteil des Giftes scheint mein Körper entsorgt zu haben. Schon verrückt, welche Selbstheilungskräfte dieses Wunderwerk der Natur haben kann, wenn ich ihn mal ein paar Tage lang in Ruhe lasse.

Nach dem Zähneputzen setze ich mich ans Fenster. Der Ausblick auf einen der Hinterhöfe Chinatowns in Georgetown auf der malaysischen Insel Penang ist unspektakulär. Zu meinen immer mal wieder wechselnden Routinen der letzten Jahre hätte es jetzt gehört, joggen zu gehen, dann einen Kaffee zu trinken und mit einem reichhaltigen Frühstück in den Tag zu starten. Danach hätte ich mich auf den Weg in ein Coworking-Space oder ein Café gemacht, um den Vormittag vor dem Laptop zu verbringen. Zum Mittagstief hätte ich einen weiteren Kaffee getrunken, um am Nachmittag fokussiert weiterarbeiten zu können. Das Essen hätte ich tagsüber meist vergessen. Und wenn ich doch etwas verdrückt hätte, wäre es ein kleiner fettiger Snack aus einer Garküche gewesen. Erst am Abend, nachdem der Laptop zugeklappt war, hätte ich mir Zeit zum Kochen genommen.

Dieser Morgen begann mit nur einem winzig kleinen Unterschied, der aber dafür sorgte, dass sich mein kompletter Tagesablauf änderte. Wie ein einziger Dominostein, der ein ganzes Gerüst an Dominobauten zum Einsturz bringen kann, wenn er angestoßen wird, und nun fehlte. Mein Dominostein war Kaffee.

Früher wurden Kaffeebohnen erst vom Boden aufgesammelt, sobald sie vollreif und getrocknet waren. Heute werden die Kaffeekirschen durch Pflücker oder Maschinen geerntet, lange bevor ihre Seele es in den Pflanzenhimmel geschafft hat. Damit gehört das braune Gold nicht auf den Speiseplan eines Frutariers, also leider auch nicht mehr auf meinen.

Als Alternative gibt es für mich nach dem Aufstehen ein großes Glas Wasser. Den kleinen Hunger bekämpfe ich mit einer Pomelo und einer halben Papaya. Ohne das sonst übliche Fresskoma begebe ich mich auf die Suche nach einem Ort, an dem ich ein paar E-Mails beantworten kann. In einer unscheinbaren Nebenstraße finde ich das Paradies eines jeden Frutariers – das *LightBulb* Café, in dem frische Fruchtsäfte in überdimensionalen Glühbirnen serviert werden. Auf die Frage, ob die Zutaten aus der Nähe kommen, nickt der junge Malay eifrig. Dieses Nicken kann in Asien zwar alles Mögliche bedeuten, beruhigt aber zumindest mein Gewissen.

An einem Tisch auf der Terrasse mache ich es mir gemütlich. Beim Lesen der Speisekarte läuft mir das Wasser im Mund zusammen. Ich bestelle einen Grapefruit-Apple-Juice. Mir fällt auf, dass ich in der Vergangenheit selten in das Menü eines Cafés geschaut habe. Automatisch habe ich sonst immer einen Cappuccino bestellt, ohne darüber nachzudenken. Das Koffein hat dann Lust auf eine Gelegenheitszigarette gemacht, woraufhin ich immer rausgegangen bin und beim Rauchen ziellos mit dem Handy gespielt habe. Zwei Stunden später habe ich entweder den nächsten Koffeinshot benötigt oder bin der Mittagsmüdigkeit verfallen. Willkommen Autopilot. Schon verrückt, wie so ein Mechanismus durch eine einzige unbewusste Handlung ausgelöst werden kann.

Das ist übrigens der Hauptgrund, warum ich diese Experimente überhaupt machen wollte. Weil ich dadurch gezwungen war, Gewohnheiten und Denkweisen neu zu bewerten. Viele Handlungsmuster haben sich nämlich ungebeten in mein Leben eingeschlichen. Und sie werden einem erst wieder bewusst, wenn man einen anderen Blickwinkel darauf bekommt. Erst dann kann man ungewollte Automatismen verändern. Gewohnheiten werden stets durch eine Schleife aus Auslöser, Routine und Belohnung geformt. Sobald dem Auslöser oft genug eine Reaktion folgt, bildet sich ein Automatismus. Was zwischen dem Auslöser und der Reaktion geschieht, unterliegt immer meinem freien Willen. Und genau dort befindet sich der Raum für Veränderungen, wenn ich mich bewusst dafür entscheide.

Mein Auslöser war früher der Besuch in einem Café. Er hat mein Gehirn auf Autopilot gesetzt. Dann ist eine Lawine aus gewohnten Abläufen erfolgt: Kaffee trinken, Arbeiten, Zigarette rauchen, Facebook, wieder Kaffee. Und das befriedigte Nikotinmonster sowie das Scrollen durch den Facebook-Newsfeed waren meine vermeintliche Belohnung, die die Bedeutung dieses Ablaufs sogar noch verstärkte.

Aber heute gab es für mich keinen Kaffee. Diese fehlende Kleinigkeit zwang mich dazu, den Autopiloten auszuschalten. Mit dem veränderten Auslöser änderte sich mein kompletter Tagesablauf. Im normalen Alltag wäre es mir schwergefallen, auf Kaffee zu verzichten. In diesem Monat war das jedoch mein kleinstes Übel. Durch die spielerische Herangehensweise mit dem Hintergrund des Experiments wurde der Verzicht wiederum zu einem Gewinn. Und mir wurde bewusst, wie sehr die Wirkung von Koffein nur meiner Einbildung geschuldet war.

Ich kann zwar nicht den ganzen Tag lang jede kleine Gewohnheit hinterfragen, aber ich kann hin und wieder Muster beobachten, die mir nicht gut tun. »Wann schlafe ich besonders schlecht ein? Über welche Aufgaben bei der Arbeit ärgere ich mich immer wieder? In welchen Situationen verbringe ich ziellos Zeit im Internet?« Und sobald ich die Muster entdeckt habe, kann ich auch den Auslöser verändern. Dazu braucht es Disziplin, vorübergehend sogar Selbstzwang. Sofern sich die neue Routine nach ein paar Wochen etabliert hat, ohne dass sie weiterhin viel Kraft kostet, behalte ich sie bei. Dabei ist es für mich sehr wichtig, dass die Gewohnheit auf ein langfristiges Ziel einzahlt. Ich kenne niemanden, der gern Zähne putzt, und auch nur wenige, die früh am Morgen gern joggen gehen, aber die langfristigen Vorteile dieser Gewohnheiten sind einfach größer als die kurzfristigen Anstrengungen. Und das versteht auch mein innerer Schweinehund, wenn ich es ihm gut genug erkläre.

Auf dem Rückweg ins Hotel stelle ich mich in einer Apotheke auf die Waage. Bereits 4 Kilogramm habe ich nach der ersten Woche als Frutarier verloren. Das muss ich noch in den Griff bekommen, wenn ich bis zum Monatsende nicht wie ein Knochengerippe aussehen will. Laut meinen Aufzeichnungen lag mein Kalorienverbrauch im Schnitt bei 1.500–2.000 pro Tag, ungefähr 1.000 Kalorien unter meiner empfohlenen Menge. Die frutarische Ernährung sorgte zudem dafür, dass ich öfter am Tag essen musste und das in größeren Volumen. Einen Teller voller Wassermelonen kann man eben nicht mit einem Teller mit Pasta vergleichen. Um satt zu werden, brauchte ich schon eine komplette Melone oder 5 Bananen. Aber so langsam hatte ich den Dreh raus. Das Positive war, dass es fast unmöglich war, sich mit Obst zu überfressen.

Vor zwei Tagen war ich aus Singapur für eine Konferenz auf die Insel Penang in Malaysia geflogen. Meine Vorfreude auf die malaysischen

Obstmärkte wurde schnell gebremst, nachdem ich feststellen musste, dass selbst hier die meisten Früchte importiert werden. Um lokal einzukaufen, musste ich an den Stadtrand von Georgetown fahren und mich dort mit Zeichensprache auf den Märkten durchschlagen. Das war aufwändig, aber dafür wurde mein Ausflug mit reicher Beute belohnt. Riesige Mangos, Avocados, Mangosteen-, Rambutan- und Longan-Früchte konnte ich für ein paar Euro ergattern. Das Obst hier sieht anders aus als im Supermarkt. Die Bananen entsprechen keinen Normen, die Papayas haben überall braune Stellen und verkauft wird ohne Verpackungen. Ich habe auch Buah Salak probiert, die an den Geschmack von Bananen erinnern. Und Buah Nona sahen aus wie Kienäpfel, schmeckten aber wie süße Äpfel. Ich habe auf dem Markt noch in so viele andere Früchte gebissen, deren Namen ich mir nicht einmal merken konnte.

Zurück im Hotel schneide ich eine Avocado auf und presse eine Zitrone darüber aus. Diese Geschmacksexplosion hat bei mir sonst immer nur löffelweise Glutamat erzeugt. Ich merke jetzt jedoch, wie meine Geschmacksnerven so langsam wieder sensibler werden. Auch wenn der frutarische Speiseplan ansonsten recht eintönig ist, kann ich mich an diesen Kleinigkeiten gerade sehr erfreuen.

12.02.2018, PHUKET • AUFGEBRAUCHTE ENERGIERESERVEN

Penang Curry, Pad Kra Pao und Som Tam Thai lauten die Bestellungen meiner Freunde. Als ich nach einer halben Wassermelone frage, weiß die schüchterne Bedienung nicht so recht, wie sie darauf reagieren soll. »Einfach aufschneiden und roh auf einen Teller packen, bitte.«, bestätige ich ihr. Verwundert geht sie in die Küche, kommt aber zehn Minuten später tatsächlich mit rund zwei Kilogramm frischer Melone zurück.

Als das Essen meiner Freunde kurz darauf gebracht wird, spüre ich zum ersten Mal in diesem Monat Futterneid. Dem Geruch dieser leckeren thailändischen Küche nicht zu verfallen, verlangt mir viel Disziplin ab. Ich versuche, mir trotz der Versuchungen am Tisch nichts anmerken zu lassen. Selbst dann nicht, als mich die Kellnerin fragt, was ich denn zum Hauptgang haben möchte. Stumm zeige ich auf den Beutel Nüsse, den ich seit Beginn des Experiments immer dabei habe. Essen ist eben nicht nur die Befriedigung körperlicher Bedürfnisse, sondern hat auch eine große soziale Komponente.

Das deutsche Abendbrot, das ich als Kind kennengelernt hatte, ist eher zweckgebunden gewesen. In anderen Kulturen hingegen werden Mahlzeiten zelebriert. Stundenlang wird gemeinsam gekocht, gespeist und danach auch am Tisch geblieben. In China gibt es beispielsweise noch viele Gemeinschaftsküchen, in denen sich am Abend alle Nachbarn treffen. Mit der Floskel »Chi fan le ma?« fragen sich Chinesen zur Begrüßung wortwörtlich übersetzt, ob das Gegenüber schon gegessen hätte. Auch hier in Thailand sitzen die Einheimischen nach dem Dinner oft bis spät in die Nacht auf kleinen Plastikstühlen vor den Garküchen. Köche werden hier nicht bemitleidet, weil sie unter Mindeststundenlohn arbeiten müssen, sondern für ihre Kunst wertgeschätzt.

In meinen sechs Jahren in China, Singapur und Thailand habe ich das gemeinsame Abendessen mit Freunden lieben gelernt. Anders als in Deutschland gibt es dort keine schnellen Fertigessen, die nur unterwegs aus Pappschalen und Plastikcontainern verdrückt werden. Auch keine Sprichwörter wie »… abends essen wie ein Bettler«. Die gemeinsamen Mahlzeiten sind das Highlight des Tages, bei dem die Bedürfnisse von Genuss und Gesellschaft befriedigt werden. Ersteres fehlt mir zunehmend. Im Augenblick genieße ich zumindest die Gesellschaft der Mitgründer des *Citizen Circle*, mit denen ich mich für ein paar Tage auf Phuket zur Strategietagung getroffen habe. Aber wenn ich ganz ehrlich bin, bedauere ich es schon sehr, gerade nicht auch ein Pad Thai in mich reinschaufeln zu können.

Nach dem Essen gehe ich noch eine Runde joggen. Das wäre normalerweise undenkbar gewesen, da ich mir am Abend sonst immer gern weit über das Völlegefühl hinaus den Bauch vollgehauen hatte. Heute war das jedoch kein Problem, denn Melone liegt nicht besonders schwer im Magen. Sie versorgt meinen Körper aber auch nicht mit der Energie, den er für einen einstündigen Lauf eigentlich benötigt. Zwanzig Minuten halte ich durch, bevor ich kehrtmache. Ich musste mir eingestehen, dass der Energiespeicher ziemlich leer war. 5 Kilogramm hatte ich nach knapp 2 Wochen schon verloren. Dem Wohlbefinden und dem Geldbeutel tat das gut, meiner Belastungsfähigkeit eher weniger.

16.02.2018, MÜNCHEN • DAS WEISSKOHLHOCH

Avocados aus Mexiko, Kiwis aus Neuseeland und Orangen aus Spanien. Ich gehe die weiteren Schilder in der Obst- und Gemüseabteilung des Supermarktes durch. Bis auf eingelagerte Äpfel gibt es für Frutarier kein geeignetes Essen, das nicht schon tausende Kilometer zurückgelegt hat. Wie ist es eigentlich soweit gekommen, dass alles jederzeit verfügbar ist? Warum brauchen wir im Winter überhaupt Melonen und Zitrusfrüchte?

Warum passen wir die Natur unserem Leben an? Sollte es nicht andersherum sein?

Beim Blick auf das Gemüse denke ich kurz darüber nach, wie diese armen Seelen gewaltsam aus dem Boden gerissen wurden. Aber ich habe kaum eine Wahl. Hier geht es ums nackte Überleben. Entweder der Kohl oder ich.

Gestern war ich in München gelandet und hatte das asiatische Fruchtparadies hinter mir gelassen, wodurch ich meine Diät für die zweite Monatshälfte anpassen musste. Meine Hände streicheln zärtlich über den Weißkohl mit seinen perfekten Rundungen. Stumm bitte ich ihn um Vergebung, versuche ihm klar zu machen, dass sein Opfer mir das Leben retten wird. An der Kasse lege ich neben Äpfeln auch ein paar Rüben, Karotten, Chicorée und Salat auf das Band.

Beim Bezahlen stelle ich mir vor, wie viele frische saftige Früchte ich für das gleiche Geld in Thailand bekommen hätte.

Mit dem Einkauf im Rucksack verlasse ich den Supermarkt. Es ist Mitte Februar, die Straßen von Obersendling sind komplett von Schnee bedeckt. Die letzten sechs Winter hatte ich in Asien verbracht. Ich besaß weder warme Klamotten noch eine Erinnerung daran, wie verdammt kalt sich minus zehn Grad anfühlten. Auf dem Rückweg zu Melanies Wohnung ziehe ich den Kragen meines Pullovers bis über die Nase. Ich frage mich, was wir Menschen eigentlich so weit entfernt vom Äquator zu suchen hätten. Ohne Heizung und passende Bekleidung würden wir in kürzester Zeit erfrieren. Selbst wenn wir die Kälte aushalten würden, gäbe es keine Früchte, die hier im Winter wachsen. Was haben die Menschen in Mitteleuropa überhaupt gegessen, bevor es das Feuer gab?

Wahrscheinlich so gut wie nichts, da sie erst vor ein paar zehntausend Jahren aus den Tropen in nördliche Gebiete umgesiedelt sind. Und überhaupt, seit wann essen wir eigentlich Blumenkohl oder Weißkohl? Ohne Zubereitung ist dieses Gemüse ziemlich schwer verdaulich. In einem Buch habe ich gelesen, dass wir bei allen Nahrungsmitteln, die nicht roh schmecken, skeptisch sein sollten. Ich muss an Fleisch, Eier und Milch aus dem Euter, Fertignudeln und Tiefkühlpizza denken. Der Gedanke an die davon rohen Lebensmittel lässt mir nicht gerade das Wasser im Mund zusammenlaufen.

Kann Nahrung, die nur durch Gewürze, Öl und Geschmacksverstärker genießbar ist, wirklich gut sein?

In Maßen ist sie sicher nicht schädlich, aber in den Massen, wie wir sie heute zu uns nehmen, wird erstmals in der neueren Geschichte nicht die mangelnde, sondern die überreichliche Ernährung zum Problem. Seit unsere Vorfahren Feuer, Ackerbau und Nutztiere für sich entdeckt haben, ist im Vergleich zur Existenz der Menschheit nur ein Bruchteil an Zeit vergangen. Auf Mehl, Milch, Eier und gebratenes Fleisch konnte sich die Verdauung noch über Jahrtausende halbwegs einstellen. Für Fast Food haben wir ihr hingegen kaum Zeit gegeben. Und doch wundern wir uns, wenn der ganze Müll, den wir uns in den Rachen werfen, zu neuen Krankheiten führt. Lebensmittel- und Pharmaindustrie gehen dabei Hand in Hand. Die einen machen uns krank, die anderen halten uns am Leben. Verlierer sind diejenigen, die in diesem Teufelskreis mitspielen, also im Endeffekt die meisten von uns.

Dieser Teufelskreis wird befeuert durch den ständigen Wunsch nach Wachstum, der in völlig falsche Bahnen geraten ist. Es gab noch nie mehr Reichtum auf der Welt. Mit diesem Überfluss zu leben, scheint für uns viel schwieriger zu sein, als mit knappen Ressourcen umzugehen. Zwar sind wir gebildeter, gleichberechtigter, gesünder, freier und technologisch fortgeschrittener als je zuvor, haben uns dafür aber komplett neue Probleme geschaffen: Depressionen und Angststörungen, zunehmende Unzufriedenheit, soziale Isolation, Sinnleere, Drogen- und Alkoholmissbrauch, Umweltverschmutzung, Extremismus und totale Überwachung. Fortschritt kann hierbei nur entstehen, indem wir uns Herausforderungen stellen. Wichtig dabei ist wiederum, dass wir uns *gute* Probleme suchen und sie lösen, anstatt uns solche zu erschaffen, die für vermeintliches Wachstum sorgen, aber in Wahrheit einen Rückschritt bedeuten.

All dieser Überfluss wird durch Kredite finanziert, die nichts weiter als Zahlen auf Computerbildschirmen sind. Es ist zu großen Teilen heiße Luft ohne echten Wert. Um das fingierte Wachstum aufrechtzuerhalten, bedienen wir uns beliebig an der Natur, leben weit über den Verhältnissen, die man als natürliche Balance bezeichnen könnte. Das Versprechen von einer Generation zur nächsten lautet immer, dass für ein besseres Morgen gekämpft wird. Um uns währenddessen bei Laune zu halten, erfinden wir immer mehr Ablenkungen, die jedoch krank machen. Das ist kein Fortschritt, es sind Brot und Spiele. Der Teufelskreis, den wir Fortschritt nennen.

Die Kälte lässt mich immer schneller laufen. Nur noch ein paar Meter bis zur rettenden Haustür, hinter der eine wärmende Heizung wartet. Von innen wird mich Schmorkohl wärmen. In den ersten beiden Februarwochen gab es nur Rohkost. Alle Früchte haben geschmeckt, ohne sie vorher in irgendeiner Weise zubereiten zu müssen. Aber spätestens seit ich gestern in Deutschland gelandet bin, übermannt mich das Bedürfnis nach etwas Warmem im Magen. Beim Gedanken daran, den Kohl gleich in der Pfanne zu schmoren, läuft mir das Wasser im Mund zusammen. Auch ohne Öl und Gewürze wird das ein Festmahl werden. Es ist verrückt, wie bereits solche Kleinigkeiten so glücklich machen können. Unter *normalen* Umständen würde ungewürzter, in Wasser gedünsteter Weißkohl keine Hochgefühle in mir auslösen. Heute aber kann ich mir nichts anderes vorstellen, was ich lieber hätte. Es ist eben doch alles eine Frage der Standards, an die man so sehr gewöhnt ist.

21.02.2018, MÜNCHEN • DER SÜNDENFALL

Melanie ist zum Einkaufen gegangen und wird erst in frühestens fünfzehn Minuten wiederkommen. Ein letztes Mal schaue ich links und rechts über die Schulter, bevor ich den Schrank öffne. Es fühlt sich so verdammt verboten an, aber so stark mein Wille auch ist, mein Fleisch ist schwach. Ich sehe die Vollmilchschokolade, greife sie, rieche an ihr, kämpfe mit mir. Ich stelle mir vor, wie die Schokolade langsam auf meiner Zunge zerfließt. Es ist eine Folter. Ich kann nicht mehr. Ich will dieses Stück Schokolade. Jetzt!

Sagte mir mein Körper gerade, dass ich den Zucker wirklich brauche, oder glaubte ich nur in meiner von Gelüsten getriebenen Vorstellung, ihn zu brauchen?

War es ein tatsächliches Verlangen oder nur eine Gewohnheit?

Es gibt einen großen Unterschied zwischen Nahrungs- und Genussmitteln. Erstere sind zum Überleben notwendig. Alles andere nehme ich nur zu mir, weil ich es schlichtweg genieße. Süßes, Fettiges und Salziges zu essen, ist dabei kein Problem, solange ich es bewusst tue. In den letzten Wochen hatte sich die Beziehung zu meinem Körper verbessert. Immer öfter konnte ich richtig einordnen, was ein nur durch Werbung geschaffenes Bedürfnis war und was ich tatsächlich benötigte.

Aber in diesem Moment war alles egal. Das Weißkohlhoch war nur von kurzer Dauer gewesen, bevor mich die sich wieder einstellende Kälte fest im Griff hatte. Meine Disziplin war dahin. Ich stecke die Schokolade in den Mund und lasse sie genüsslich auf meiner Zunge schmelzen.

Als Melanie zur Tür hereinkommt, komme ich mir wie ein Betrüger vor. Sie fragt, was los sei, und ich beichte. Nach drei Wochen hatte ich zum ersten Mal gesündigt. Sie lacht. Mir wird bewusst, wie streng ich zu mir selbst gewesen war, und schließe mich ihrem Lachen an.

In der vergangenen Woche wurde meine Ernährung dank des zusätzlichen Gemüses deutlich ausgewogener. Es gab mehr Proteine und weniger Fette, die ich vorher vor allem durch den Verzehr von Nüssen und Avocados erhalten hatte. Das Essen machte auch wieder mehr Spaß, da ab und an mit pürierten Karotten oder geschmortem Weißkohl etwas Warmes in den Magen kam. Zudem wurde es dadurch leichter, meinen Kalorienbedarf zu decken. Sogar mein Gewicht blieb in Woche drei recht stabil.

Diese Euphorie wollte ich nutzen, um in der letzten Woche des Experiments eine Saftkur auszuprobieren. Der Sprung vom Frutarier zum buchstäblichen Saftarier könnte schließlich nicht mehr so groß sein. Meinen bisherigen Fruchtbedarf würde ich also gemixt zu mir nehmen, worauf ich mich freute, denn fünf Bananen sind leichter zu trinken, als sie zu essen.

Was mir jedoch zunehmend fehlte, war der Genuss beim Essen und der soziale Aspekt bei gemeinsamen Mahlzeiten mit Freunden. Hier widersprachen sich Ideale, Gesundheit und Bedürfnisse.

Aber was ist eigentlich eine ideale Gesundheit? Durchschnittswerte aus Studien, die von der Pharmaindustrie in Auftrag gegeben wurden?

Je mehr ich über eine optimale Ernährung las, desto verwirrter wurde ich. Alle hatten Tipps für mich, die passenden Produkte wurden gleich mitverkauft. Es ist an Absurdität kaum zu überbieten, wie uns Fast Food gekoppelt mit Stress krank machen kann und trotzdem fleißig beworben wird. Zur vermeintlichen Hilfe eilen augenblicklich Tabletten und Yoga-Retreats. Ein Teufelskreis, in dem keiner gewinnt außer die Aktienkurse *fiktiver* Unternehmen, also juristische Personen, die es nur auf dem Papier gibt.

Wir haben Wirtschaftssysteme, Aktienmärkte, Staatsgrenzen und noch viel verrücktere Gedankenkonstrukte erfunden. Wenn wir kritisch auf den Geldschein in unserer Hosentasche oder auf die gesammelten Rentenpunkte schauen, wird uns bewusst, dass diese Dinge eigentlich nicht real sind. Dann erkennen wir, dass sie nur eine Bedeutung haben, weil genügend Menschen an deren Funktion glauben. Wir können sie nicht essen, sie schützen uns nicht vor Kälte oder Krankheiten, und doch bestimmen sie unser Leben. Das Drama dabei ist, dass wir das Reale mit dem Fiktiven aufwiegen und am Ende meist Letzteres gewinnt. Wir haben eine Welt gebaut, in der wir den Schutz der Erde und unsere Gesundheit mit Geld abwägen, in der Konzernprofite wichtiger sind als Menschenleben.

Was wirklich real ist, ist die Natur. Sie reguliert das Leben auf der Erde mit so viel mehr Intelligenz als Aktienunternehmen. Sie zeigt mir, was gut und schlecht für mich ist, wenn ich denn aufmerksam hinhöre. Sollten wir Symptome nicht viel mehr als Warnung des Körpers verstehen, anstatt sie zu bekämpfen? Eine Krankheit ist nichts Böses, das uns jemand antut. Auch wenn in der Gen-Lotterie sicher einige Menschen besser abgeschnitten haben als andere, sind wir doch immer Opfer und Täter zugleich, wenn es um unsere Gesundheit geht.

28.02.2018, STORKOW •
VON VERLUSTANGST ZUM GEWINN

Die Bedienung fragt mich nicht ganz ohne Ironie, ob das wirklich alles sei, nachdem ich Nachos, Krautsuppe, ein Schnitzel mit Bratkartoffeln und ein großes Alster bestellt habe. In den vergangenen Wochen hatte ich eine Liste angelegt, was ich zum Monatsende gern essen würde. Süßkartoffelpommes, Eiersalat, Pizza und Hummus waren nur einige der Speisen, auf die ich mich seitdem freute.

Heute ist es soweit. Gemeinsam mit meiner Familie kehre ich in ein Restaurant ganz in der Nähe meiner Heimatstadt, eine Stunde außerhalb von Berlin, ein. Von mexikanisch über italienisch bis hin zu original deutscher Küche gab es hier alles. Nicht unbedingt ein gutes Anzeichen für Qualität, aber egal. Die Gerüche verraten, dass unser Essen bald fertig sein würde. Dann kam er, der Moment, den ich in Gedanken oft durchgespielt hatte. Die Kellnerin stellt die dampfenden Teller vor mir ab.

Aber was war das? Auf die wahnsinnige Vorfreude folgte nur trockene Ernüchterung. Da hatte ich es endlich zum frutarischen Fastenbrechen geschafft, aber die wilde Schlemmerei aus meiner Vorstellung blieb aus. Wollte mir mein Körper etwa sagen, dass er eigentlich ganz zufrieden mit den letzten vier Wochen war?

Das Essen schmeckt okay. Etwas zu intensiv gewürzt für meinen mittlerweile sehr sensiblen Gaumen, aber sonst war nichts daran auszusetzen. Trotzdem weit entfernt von der Befriedigung, die ich mir erhofft hatte. Auf den Tellern vor mir bleiben viele Reste. Das ist früher äußerst selten passiert. Wahrscheinlich war mein Magen geschrumpft. Oder ich hatte einfach keine Lust mehr, mich wie ein Truthahn unnötig vollzustopfen. Und mein Körper war von der Völlerei einfach überfordert. Ich nahm zum ersten Mal bewusst wahr, was ich da eigentlich immer so in mich reingeschaufelt hatte. Die innere Stimme, die mir mitteilt, dass es nun genug war, hatte sich Gehör verschafft.

Nach dem Essen bestelle ich einen Espresso. Die anderen nehmen einen Absacker. Wir unterhalten uns darüber, wo Weisheiten wie *Ein Kräuter hilft der Verdauung, Käse schließt den Magen* oder *Milch ist gut für die Knochen* herkommen. Auch wenn wir in Bezug auf eine optimale Ernährung unterschiedlicher Meinung sind, erkennen wir alle die Absurdität solcher Sprüche, die wir unbewusst irgendwann auch selbst weitergesagt hatten. Da war wieder der Autopilot, der einmal zu Beginn *von außen* programmiert wurde und unser Verhalten dann so lange steuert, bis wir ihn für eine Weile bewusst abstellen.

Ich erzähle meiner Familie auch von meinen Erfahrungen des Experiments als Frutarier, vor allem von der letzten Woche, in der ich mit der Saftkur das Ganze noch auf die Spitze getrieben hatte. Es machte durchaus Spaß, die verschiedensten Rezepte und Eigenkreationen wie Orange-Apfel-Ingwer oder Rote-Beete-Gurke-Zitrone auszuprobieren. Erstaunlich war dabei, dass ich so gut wie kein Wasser brauchte. Zu jedem Saft gab ich lediglich ein klein wenig Flüssigkeit bei, ansonsten reichte anscheinend das Fruchtwasser zur Hydrierung aus. Total unterschätzt hatte ich jedoch, wie sehr mich Nüsse bisher mit Energie versorgt hatten. Selbst mit vier bis fünf Säften pro Tag war es schwer, mein Hungergefühl in den Griff zu bekommen, so dass ich leider dreimal ein Cheat Meal mit Kürbissuppe, Süßkartoffelpommes und Kartoffelsuppe einlegen musste.

In den letzten Tagen war ich schwach auf den Beinen gewesen. Weder konnte ich meinen Kalorienbedarf ausreichend decken, noch ausgewogen essen. Am Ende des Monats zeigte die Waage 74 Kilogramm an. Mehr als 7 Kilogramm weniger als zum Monatsbeginn.

Meine Eltern bemerken, dass ich abgemagert aussehe. Beim Blick in den Spiegel sah ich selbst einen gesunden Körper, der aber seine sichtbaren Fettreserven verbraucht hatte. Dass mein Körper keine unmittelbaren Schäden durch den frutarischen Monat genommen hatte, bestätigten mir auch zwei Laboranalysen, die ich Ende Januar in Bangkok und zum Vergleich gestern in Berlin habe machen lassen. Sie zeigten nur eine signifikante Veränderung bei den gesunkenen Cholesterinwerten.

Auch wenn ich selten mal so richtiges Magenknurren hatte, war durch den einseitigen Speiseplan und der fehlenden Lust am Essen ein großes Defizit zwischen Kalorienbedarf und Kalorienaufnahme entstanden. Meine Kalorienzähler-App verriet mir, dass ich durch Grundumsatz und Bewegung täglich 2.853 Kalorien verbrannt, aber nur 1.679 konsumiert hatte. Der Gewichtsverlust war also nicht verwunderlich. In Bezug auf Nährstoffe fehlte mir Vitamin B12 und D, Kalzium und Sodium. Absolut überfüllt hatte ich hingegen die Nährwertziele für Eisen und andere Vitamine.

Wie die Verteilung der Kalorien aus Kohlenhydraten, Fetten und Proteinen für den Körper am besten geeignet ist, ist umstritten. Am meisten Sinn machen für mich die Ausführungen von Douglas Graham in seiner *80/10/10-Diät*. 80 Prozent Kohlenhydrate, 10 Prozent Fette und 10 Prozent Proteine, so ähnlich sah unsere Ernährung wahrscheinlich auch vor McDonalds und Fertiggerichten aus. Mein Fettanteil an der gesamten Kalorienaufnahme war mit 31 Prozent deutlich zu hoch. Schuld daran waren die vielen Cashewkerne, Mandeln, Walnüsse und Avocados. Proteine lagen mit 7 Prozent noch in einem gesunden Bereich, wobei diese zum Großteil aus fettigen Nüssen stammten. Kohlenhydrate bezog ich vor allem aus Bananen, Mangos, Orangen und Äpfeln.

Ein paar dieser Fakten teile ich mit meiner Familie. Sie nicken oft, fragen manchmal nach, können dann aber doch nicht viel mit den Informationen anfangen. Genauso wenig hätte auch ich mich vor diesem Monat dafür interessiert.

Warum hatte ich eigentlich nichts über Ernährung in der Schule gelernt? Ist das nicht wichtiger, als Verben zu deklinieren oder Volumen von Quadern zu berechnen?

Erst durch das praktische Erleben konnte ich ein besseres Verständnis für meinen Körper entwickeln. Anstatt Ratgeber zu lesen, spürte ich am eigenen Leib, was Entsäuerung ist, wie Verdauungsorgane auf bestimmte Lebensmittel reagieren und was Gelüste von Bedürfnissen unterscheidet. Meine Schlafqualität hatte sich verbessert und die nötige Schlafdauer verkürzt. Außerdem habe ich wieder gelernt, Essen zu genießen, anstatt es unachtsam in mich reinzuschaufeln. Hunger hat für mich eine andere Bedeutung bekommen. Ich muss seitdem nicht beim ersten Magenknurren sofort etwas essen, sondern darf dieses antrainierte Betteln des Körpers auch mal getrost überhören.

Das Wichtigste, das mich dieser Selbstversuch gelehrt hat, war jedoch die große Kraft kleiner Veränderungen. Es war erstaunlich, wie leicht ich mich daran gewöhnt hatte, auf Koffein, Alkohol, Nikotin und Süßigkeiten zu verzichten. Der Schalter im Kopf legte sich schnell um, von Verlustangst zu einem Gewinn für den Körper. Auch wenn ich warme Mahlzeiten und gelegentlich etwas Bauchfüllendes wie Pasta oder Brot vermisst hatte, war es doch eine schöne Vorfreude auf den Moment, an dem ich diese Dinge mit vollem Bewusstsein genießen konnte.

Ich werde gefragt, ob ich jetzt Frutarier oder zumindest Vegetarier bleiben würde. Etwas in mir wehrt sich gegen diese Etiketten. Immer wenn wir uns gegenseitig in Schubladen stecken, entfernen wir uns voneinander, anstatt uns verbunden zu fühlen.

Fleischesser oder Veganer? Für oder gegen Trump? Globalisierungsgegner oder Kapitalist? Rechts oder links? Die Grautöne zwischen diesen Extremen sind vielfältig. Ich wollte den für mich passenden Mittelweg finden. Was die Ernährung angeht, will ich aus diesem Experiment ein paar Sachen mitnehmen, viele werde ich aber wieder gehen lassen. Anders als die ersten beiden Wochen in Asien war die Fruchtdiät im deutschen Winter langweilig und unbefriedigend. Sicher lag das auch an meiner fehlenden Kenntnis zu ausgewogener Rohkosternährung, spannenden Rezepten daraus und der Verfügbarkeit von regionalen Zutaten. Es ist keine Diät, die ich mir langfristig vorstellen kann. Was ich dennoch beibehalten möchte, ist weniger schweres Essen, Fleisch und verarbeitete Lebensmittel. Ich nehme mir zudem fest vor, in Zukunft bewusster zu essen, vor allem ohne mich nebenbei mit dem Handy oder anderen Dingen abzulenken. Die Stimme in mir, die weiß, was meinem Körper guttut, braucht diese Ruhe.

Wir stoßen an. Ich nippe an meinem Espresso.

Hat der schon immer so bitter geschmeckt? Oder sind meine Geschmacksnerven zu sensibel geworden? Oder sind vielleicht nur die Erinnerungen an einen vermeintlich guten Geschmack viel besser als die Realität?

3

DER PHILANTHROP

AUSREDEN • GRENZGÄNGER • SCHUBLADENDENKEN

•

VERANTWORTUNG • NÄCHSTENLIEBE • DEMUT

Jeden Tag eine gute Tat lautete das Motto im März. Die Nächstenliebe und Sinnhaftigkeit der Menschen, die ich in diesem Monat in sozialen Einrichtungen in Berlin getroffen habe, haben mich angesteckt. Kaum etwas ist so erfüllend, wie in lachende Kinderaugen zu sehen, Obdachlosen das Gefühl von Würde zu geben oder mit einer Flüchtlingsdame Deutsch zu lernen. Doch wo kann ich wirklich helfen? Und wie wichtig ist die Absicht dahinter?

05.03.2018, BERLIN •
JEDEN TAG EINE GUTE TAT

»Wo haben Sie in den letzten 5 Jahren gelebt?«, heißt es auf der vierten Seite des Formulars. Die vorherigen Fragen konnte ich mit etwas Geduld noch einigermaßen wahrheitsgetreu beantworten, aber hier stockt der Kugelschreiber. Was bedeutet *gelebt?* Ich trage China ein, da ich nur dort polizeilich gemeldet gewesen war. Das nächste Feld fragt: »In welchen Ländern waren Sie in den letzten 6 Monaten?« In Gedanken gehe ich meine Reisen des vergangenen halben Jahres durch. Singapur, Thailand, Malaysia und Sri Lanka, das sind die Länder, in denen ich zumindest länger als eine Woche war.

Nach einer kurzen Wartezeit ruft mich die Helferin, die hier in der Schule in Berlin Treptow jeden Montagabend bei den Blutspenden des DRK assistiert, wieder zu sich. Ein paar Tests hätten bestätigt, dass sowohl Puls als auch Blutbild okay seien. Nun soll es weiter zum verantwortlichen Arzt gehen. Dieser schaut verwirrt auf meinen Fragebogen. Es sah offensichtlich nicht gut aus. Nachdem er ein dickes Nachschlagewerk durchgeblättert hatte, stellten sich seine Sorgen als berechtigt heraus. Drei der vier Länder, in denen ich mich in der letzten Zeit aufgehalten hatte, standen auf der Liste mit hoher Gefährdung für tropische Krankheiten. Er bittet mich, in einem halben Jahr wiederzukommen, wenn ich bis dahin Asien, Afrika und Südamerika meiden würde. Leicht frustriert verlasse ich das Schulgebäude. Da war sie fort, die gute Tat für diesen Tag. Ich tröste mich damit, dass es letztendlich nur auf den guten Willen ankommt.

Nach meinen ersten beiden relativ anstrengenden Selbstversuchen habe ich mich sehr auf den dritten weniger physisch fordernden Monat gefreut. Meine Leser hatten abgestimmt. Im März sollte ich mich als Philanthrop in den Dienst stellen.

Was kann es Schöneres geben, als das Leben anderer zu bereichern? Und das jeden Tag, einen Monat lang!

Es dauerte jedoch nicht lange, bis mir bewusst wurde, dass ich diese Aufgabe unterschätzt hatte. Nicht nur das schwierige Prozedere um das Blutspenden, sondern vor allem die Auswahl an gemeinnützigen Organisationen erschlägt mich. Bei den meisten Einrichtungen, bei denen ich mich dann schließlich als Volontär beworben hatte, wurde mir gesagt, dass sie nach Menschen suchen würden, die fest in Berlin wohnten und sich langfristig verpflichten könnten. Zumindest ein bisschen verständlich, da die Einarbeitung neuer Freiwilliger sicher seine Zeit braucht.

Aber weder der Fakt, dass ich nur einen Monat hier sein würde noch die Fülle an Informationen sollte diesmal als Ausrede dienen. Viel zu oft hatte ich bisher mein Nichtstun damit entschuldigt, dass ich nicht wusste, wo ich helfen und wem ich dabei trauen konnte. Immer wieder hörte ich von veruntreuten Geldern bei Hilfsorganisationen, weshalb ich lieber gar nichts spendete. Und Bettlern gab ich auch nichts, da sie meinen Euro eh nur versaufen würden. Mit solchen Vorurteilen ging ich durchs Leben, ohne je Verantwortung übernehmen zu müssen. Schluss damit. In diesem Monat zählten keine Ausreden mehr. Lange genug hatte ich weggeschaut.

In den ersten Märztagen adoptierte ich das Elefantenbaby Zurura aus Kenia, unterstützte Freunde finanziell bei einer Crowdfunding-Kampagne, spendete an den Kältebus für Berliner Obdachlose und bot kostenlos meine Arbeitszeit in Beratungsgesprächen an. Wenn es nicht mit Hilfsorganisationen klappte, dann würde ich schon andere kreative Wege finden, um meine altruistische Energie in die Welt zu tragen.

14.03.2018, FLÜCHTLINGSHEIM • GRENZGÄNGER

Kaniz ist schüchtern, strahlt gleichzeitig aber einen unbändigen Mut aus. Sie nimmt mich mit auf einen Rundgang durch ihr zeitweiliges Zuhause. Es gibt zweihundert Zimmer auf drei Etagen, eine Gemeinschaftsküche pro Flur. Sie wohnt mit ihrem Vater und ihren zwei jüngeren Geschwistern auf dreißig Quadratmetern. Es ist ein trauriger Anblick. Im Hauptraum ihrer Unterkunft stehen zwei Doppelstockbetten, ein kleiner Fernseher, ein Schreibtisch und ein Schrank. So gut wie keine Privatsphäre für die vier Bewohner. Der Vater mustert mich skeptisch, scheint aber sehr dankbar, dass seine Tochter über die Flüchtlingspatenschaft der *FreiwilligenAgentur* aus Kreuzberg Kontakt zu Deutschen aufbauen kann.

Kaniz ist Afghanin. Sie wohnt im Flüchtlingsheim in der Storkower Straße in Berlin. Wie alt sie ist, weiß sie selbst nicht so genau, oder will es nicht sagen. Ich schätze sie auf Anfang 20. Sie erzählt mir von ihrer Flucht aus Afghanistan. Davon, dass sie eigentlich geborene Iranerin ist, dass sie ihre Mutter und weitere Geschwister an der türkischen Grenze in einem anderen Auto zurücklassen musste, dass sie Medizin studiert hat und jetzt in Deutschland Krankenschwester werden möchte. Sie ist mutig, aber verunsichert.

Wir laufen durch den Volkspark, trinken gemeinsam Tee. Ich frage sie nach ihren Träumen und Sehnsüchten und merke, dass sie es nicht gewohnt war, über so etwas zu sprechen. Als Kind wollte sie

Ärztin werden. In ihrer Heimat war sie auf dem besten Weg dorthin. Das Studium der Medizin hatte sie fast abgeschlossen, wobei ihre Familie sie finanziell unterstützte. Kaniz genoss Ansehen in der Nachbarschaft. Seit dem Krieg in Syrien war all das jedoch nichts mehr wert.

Als sie mit der Hälfte ihrer Familie in Deutschland ankam, interessierte es niemanden, ob sie Ärztin oder Drogenhändlerin ist. Bei der Ankunft sind immer alle gleich. Vor allem sind sie Fremde und vermeintlich gefährlich. Es dauerte einige Wochen, bis sie eine deutsche SIM-Karte erhielt und sich online für Deutschkurse anmelden konnte. Um sich für eine Ausbildung zur Krankenschwester zu bewerben, musste Kaniz wenigstens Deutsch auf Level C1 sprechen. Für die Kurse gab es lange Wartelisten, wofür sie sich geduldete. Sie brauchte dann auch eine Fahrkarte, um zur Sprachschule zu kommen. Darum kümmerte sie sich selbst, da die Behörden bei dem Schwung an Immigranten verständlicherweise überfordert waren.

Kaniz sprach bei ihrer Ankunft weder unsere Sprache, noch kannte sie die Regeln, nach denen unsere doch recht komplizierte Gesellschaft funktioniert. Als junge Erwachsene steht sie offensichtlich zwischen zwei Welten. Sie lebt mit ihrem konservativen Vater und den zwei Geschwistern in einem viel zu kleinen Zimmer. Andererseits habe ich das Gefühl, dass sie sich selbst und die neue Umgebung entdecken möchte. Noch scheint Kaniz Grenzgängerin zu sein, nicht sicher, ob sie sich für ihre alte oder neue Existenz entscheiden soll. Sie könnte sich anpassen, wodurch sie sich ihrem Elternhaus entfremden würde. Oder sie könnte den Traditionen ihrer Kultur treu bleiben, würde dann aber in der neuen Heimat nie komplett akzeptiert werden. Herkunft oder Zukunft? Verlieren wird sie bei dieser Wahl in jedem Fall zumindest einen Teil davon. Als wir uns verabschieden, bittet sie mich, sie bei zukünftigen Treffen nicht mehr direkt im Heim abzuholen, sondern um die Ecke zu warten. Hier kämen immer schnell Gerüchte auf, was ihr unangenehm sei.

Ich laufe noch eine Runde durch den Park, denke über unser Gespräch nach. Das Gefühl, fremd in einem Land zu sein, wenn auch nicht unter den gleichen Umständen, kenne ich selbst nur zu gut. Innerhalb von Europa, in Nordamerika oder in Australien fiel mir das Einleben nicht schwer. Anders war das hingegen in Kulturen, die sich in ihren Werten, den Regeln für das Miteinander und der Sprache so sehr von meiner eigenen unterschieden. In China dauerte es so eine Weile, bis ich verstand, dass ich mit der deutschen Mentalität nicht weit kommen würde. Was wir unter Manieren verstehen, hatte dort keine Bedeutung. Gepflogenheiten wie Heiratsmärkte, gekochtes Hundefleisch oder das Rülpsen nach dem Essen waren lang befremdlich, bevor ich es langsam akzeptierte. Nicht an alles konnte ich mich gewöhnen, lediglich begreifen, dass meine eigene Weltsicht nur eine von vielen ist.

In China war ich als Deutscher der Mensch mit dem roten Reisepass, mit mehr Geld als der Durchschnittsbürger und einem Ansehen à la *made in Germany*. Kaniz ist in Deutschland ohne Reisepass, ohne Geld und ohne Wertschätzung für ihre Herkunft. Sie bekommt nur verächtliche Blicke, die sie als Flüchtling abstempeln. Nein, es ist nicht fair, wenn eine junge Frau ihren Träumen nicht folgen kann, weil in ihrer Heimat wegen Erdöl Krieg herrscht und Nachbarländer deswegen die Grenzen dicht machen.

Die Geschichte von Kaniz erinnert mich an die Flucht meiner Großeltern nach dem Zweiten Weltkrieg. Auch sie waren in eine Welt hineingeboren, in der sie nichts anderes kannten als Krieg. Für mich ist das unvorstellbar. Und so weit weg, dass es manchmal schwer ist, Frieden nicht als selbstverständlich anzusehen. Deshalb bin ich dankbar, dass solche Erinnerungen weiterleben. Und ich bin sogar unglaublich dankbar, Kaniz kennengelernt zu haben. Ihre Sichtweise gibt mir ein ganz anderes Bild auf die Flüchtlingssituation, als es die Medien tun. Würde jeder Bürger nur eine Stunde mit einer Dame wie Kaniz verbringen, hätten wir in Deutschland mit Sicherheit weniger Angst und Hass auf das Unbekannte. Das Fremde

bleibt eben nur solange fremd, bis man es kennenlernt. Dann verwandelt sich auch Hass in Mitgefühl und aus Angst wird Zuversicht.

19.03.2018, FRANKFURT/ODER • KINDLICHE NEUGIER

Zwanzig Augenpaare starren mich gespannt an. Sie haben allerdings weniger Interesse daran, was ich über die Lehren des Buddha zu sagen habe, als über meine Reisen in Asien zu erfahren. Von einigen der Orte hatten sie schon einmal gehört. Jetzt möchten sie wissen, ob Chinesen wirklich ununterbrochen spucken und furzen. Ob Mönche in Thailand mittlerweile auch Smartphones haben und ob man in Singapur tatsächlich für das Ausspucken von Kaugummis ins Gefängnis kommt. Ausdauernd beantwortete ich alle Fragen, versuche aber, das Gespräch immer wieder auf den Buddhismus zu lenken. Nach 45 Minuten klingelt die Pausenglocke.

In der Mittagspause gehe ich mit meiner Tante in die Mensa der Sportschule in Frankfurt an der Oder. Sie hatte mich gebeten, als gute Tat in ihrem LER-Unterricht von meinem Leben in Asien zu erzählen. LER steht für Lebensgestaltung, Ethik und Religionskunde. Das Thema, mit dem sich ihre Klasse gerade beschäftigte, waren fernöstliche Lehren. Meine Tante hatte mich dabei schon vorgewarnt, dass ihre Neuntklässler nicht so leicht zu begeistern wären. Für Schüler in diesem Alter sei es wichtiger, den coolen Anschein zu bewahren, als ihrer Neugier nachzugeben. Das konnte ich nachvollziehen, schließlich war es bei mir nicht anders. Sie ist eine tolle Lehrerin, die ihren Job gern macht. Aber wie überall waren auch hier die Klassen groß und die Möglichkeiten eingeschränkt. Die Jugendlichen sind an der Sportschule, weil sie in einer Sportart besonders gut sind. Die Motivation für Fächer wie Mathe, Deutsch und Musik besteht nur darin, einen guten Abschluss zu erreichen. Der zum Teil fehlende innere Antrieb macht das Unterrichten schwer.

Wir stellen unser Tablett mit dem überraschend leckeren Kantinenessen auf einem Tisch in der Lehrerecke ab. Mir fiel auf, dass ich sehr gern in Schulen bin. Sie haben oft eine wunderbare Atmosphäre. Hier wird gelehrt und gelernt, Ideen formen sich, es herrscht Aufbruch. Darüber scheint aber ein schwerer Schleier zu liegen, der mir das Gefühl gibt, dass etwas in unserem Bildungssystem völlig falsch läuft.

Wenn ich an meine eigene Schulzeit zurückdenke, sehe ich einen kleinen Jungen, der lernen, die Welt entdecken und sie verstehen wollte. Dann wurde ich aber für 45-Minuten-Zyklen in Klassenräume gesperrt, musste einen Haufen Zeug pauken, das mich zu großen Teilen überhaupt nicht interessierte. Wenn ich zu viel fragte, wurde ich ermahnt. Wenn ich in Tests etwas nicht wusste, mit schlechten Noten bestraft. Je öfter mir erzählt wurde, dass ich stillsitzen und nicht so dumme Fragen stellen sollte, desto mehr verschwand die kindliche Neugier. Spätestens nach der Grundschule empfand ich die Schulzeit als Pflicht. Gelernt habe ich nicht aus Interesse, sondern für den Abschluss. Da ich kein Außenseiter sein wollte, habe ich mich angepasst. Heraus kam nach dreizehn Jahren Gleichmacherei ein junger Mann, der zwar eine konforme Arbeitskraft war, aber keine Ahnung davon hatte, wer er eigentlich war und was er vom Leben erwartete.

Sollte die Schulzeit nicht dabei unterstützen, eine eigene Identität herauszubilden, Stärken zu fördern und Neugier zu entwickeln?

Neugierig zu sein, bedeutet gleichzeitig, dass ich mir eingestehe, etwas nicht zu wissen. Durch ein Notensystem, das Unwissenheit bestraft, geht diese verloren. Belohnt wird dann nicht mehr der innere Antrieb, sondern das Lernen von Dingen, die Politiker auf den Lehrplan setzen. Die extrinsischen Anreize sorgen wiederum dafür, dass es schnell dahin ist mit der Motivation. »Es ist nicht wichtig, was du denkst und willst. Du musst dich an das System anpassen, um Belohnungen zu bekommen.«, lautet die Botschaft, die Schülern unbewusst vermittelt wird. So werden aber keine eigenständigen Persönlichkeiten ausgebildet. So werden Menschen *herangezüchtet,* die irgendwann vergessen, wer sie sind.

Zwei Tage zuvor war ich an einer Kreuzberger Schule, um eine Lesepatenschaft für Zweitklässler zu übernehmen. Es begeistert mich, dass bei Kindern in diesem Alter die soziale Maske kaum vorhanden ist. Die Kids ließen mich spüren, ob sie gerade Lust hatten, zuzuhören oder eher Blödsinn zu machen. Mir wäre nicht im Traum eingefallen, diese vergnügten Energiebündel zum Stillsitzen zu zwingen, ihnen meine Meinung aufzudrücken oder als Gegenmittel Ritalin zu verabreichen.

Sowohl in den Schulen als auch bei einem zweiten Treffen mit Kaniz, bei dem wir im Deutschen Historischen Museum waren, war ich mehr Empfänger als Wohltäter. Diese kindliche Neugier, das Staunen, die Faszination und auch die Verwirrung weckten etwas in meinem Inneren. Es appellierte an das Kind in mir, das die Welt durch die unvoreingenommenen Augen eines Entdeckers sehen darf. Das Kind, das Fragen stellt, anstatt bereits alle Antworten zu haben. Das Kind, das erforscht, anstatt in einem festgefahrenen Gerüst von Annahmen zu stecken. Ich nehme mir aus dieser Erfahrung heraus vor, selbst wieder mehr zu spielen. Dinge zu tun, die keinen direkten Zweck verfolgen oder spezifischen Nutzen haben.

Bei einer guten Tat in lachende Gesichter zu sehen, fühlte sich deutlich besser an, als Überweisungen an Hilfsorganisationen zu tätigen. Setzte ich mich für Flüchtlinge, Obdachlose und Schulkinder etwa nur ein, weil sie das eigene Ego befriedigten oder Schuldgefühle reduzierten? Und wenn dem so war, spielte mein Motiv eine Rolle? Ich frage mich, wie ich wirklich helfen konnte.

Wo lag das echte Problem hilfsbedürftiger Personen? Und sollte ich dabei finanziell oder mit Nächstenliebe helfen?

Wenn wir in den Nachrichten sehen, wie ein Mensch aus unserem eigenen Land Opfer eines Gewaltverbrechens wurde oder ein lokaler Sturm ein Menschenleben gefordert hat, entwickeln wir unglaublich große Sympathie. Tagelang werden Spenden gesammelt und die Angehörigen betrauert. In der gleichen Woche, in der dieser Schicksalsschlag die Zeitungen füllt, sterben jedoch in den ärmsten Ländern der Welt auch über 100.000 Kinder, weil sie keinen Zugang zu sauberem Trinkwasser oder medizinischer Versorgung haben. Selbst wenn wir mit dem gleichen Einsatz dutzende unbekannte Menschenleben in der Ferne retten könnten, tendieren wir eher dazu, in der Nachbarschaft zu helfen. Dass alle Menschenleben gleich viel wert sind, kann trotz höchster moralischer Standards so nicht mehr behauptet werden.

Das andere Extrem ist metaphorisch gesehen ein philanthropisches Fernrohr, das nur in die Weite sieht, nicht aber die Hilfsbedürftigen in unmittelbarer Nähe. Es beschreibt eine brutale Rationalisierung von Menschenleben, ohne dabei auf die eigenen Instinkte zu hören.

Wenn ich an Kaniz denke, komme ich zu dem Schluss, dass sowohl Nächstenliebe als auch finanzielle Unterstützung unglaublich wichtig sind. Die Ursachen für das Leid in dem Land, aus dem die Betroffenen fliehen, können am besten präventiv mit Geld und anderen Ressourcen bekämpft werden. Sich jedoch in lokale Angelegenheiten einzumischen, die man nicht versteht, zeugt von einer Überheblichkeit, mit der die Geschichte leider reichlich gespickt ist. Ist es hingegen soweit, dass Flüchtlinge bereits irgendwo Zuflucht gesucht haben, dann kann man mit Empathie und Zeit sehr viel mehr ausrichten. Nah oder fern, beides ist von Bedeutung. Wichtig ist die zugrunde liegende Intention.

22.03.2018, STADTMISSION •
JUNKIES UND PROFESSOREN

»Ich hatte selbst eine harte Zeit, als ich in Deutschland ankam, und jetzt möchte ich etwas zurückgeben.«, sagte mir der junge Brasilianer, mit dem ich an der Essensausgabe stehe. Zu dritt bereiten wir Salate zu, schöpfen Eintopf in tiefe Teller, schenken Tee und Kaffee aus. Ungefähr dreißig Gäste sind heute ins Obdachlosenheim gekommen, um über Nacht zu bleiben. Die meisten von ihnen bedienen sich großzügig an der Maggi-Würze, um ihren stumpfen Geschmacksnerven einen Kick zu geben. Etwa ein Drittel der Besucher ist volltrunken, ein weiterer Teil sitzt einfach nur stumm für sich in einer Ecke, einige scheinen hingegen in Gesprächen untereinander bei bester Laune zu sein.

Was mich beeindruckt, ist die Liebe und Aufopferung der Freiwilligen, die hier ein paar Abende in der Woche Dienst leisten. Die Arbeit ist hart. Gäste müssen bei der Ankunft nach Alkohol, Waffen und Drogen durchsucht werden, was oft zu lauten Auseinandersetzungen führt. Erbrochenes und verkipptes Essen muss weggewischt, Bettwäsche und Kleidung muss gewaschen werden. Der Lohn dafür sind keine glänzenden Kinderaugen, sondern meist nur leere, traurige Blicke. Die wenigsten Obdachlosen sind in der Lage, ihre Dankbarkeit auszudrücken. Sie haben genug mit ihrem eigenen Leid zu kämpfen.

Andere wiederum sind voller Energie. Ich unterhalte mich länger mit einem Bulgaren, der schon seit Monaten herkommt. Er hat einen festen Job auf einer Baustelle. Das Geld reicht jedoch nicht, um sich in Berlin eine Wohnung leisten zu können. Er scheint ein tüchtiger Mann zu sein, der zwar nur holpriges Deutsch spricht, aber schlaue Sachen von sich gibt. Deutlich deprimierter wirken viele der deutschen Gäste, die ihre Scham hinter Alkohol zu verstecken versuchen. Sowohl hier als auch auf der Straße habe ich mit einigen von ihnen gesprochen. Dabei durfte ich lernen, dass die Aussage »Niemand muss in Deutschland obdachlos sein.«, sehr gewagt ist.

Bei Peter war es eine Aneinanderkettung ziemlich unglücklicher Umstände. Er wurde fristlos gekündigt, bekam trotzdem eine Sperre für Arbeitslosengeld, hatte Streit mit seiner Frau, die daraufhin auszog. Einen Monat später konnte er die Miete nicht mehr bezahlen. Das Verhältnis mit seiner Familie war schlecht. Die eigene Unzufriedenheit ließ er an Freunden aus, bei denen er bald auch nicht mehr auf dem Sofa unterkommen konnte. Völlig unerwartet wurde er zwangsabgemeldet, hatte danach weder Meldeadresse noch Briefkasten. Das erschwerte die Kommunikation mit dem Arbeitsamt. Peter hatte keine Adresse mehr, die er in die Formulare eintragen konnte. Niemand fühlte sich zuständig. Die Ersparnisse waren aufgebraucht, sein Hab und Gut mittlerweile beschränkt auf einen Seesack. Dann kam die erste Nacht, in der er keine Bleibe fand. Er schlief draußen, schämte sich am Folgetag für die dreckigen, stinkenden Klamotten. Er war nicht mehr in der Lage, zu Vorstellungsgesprächen zu gehen. Mit jedem Tag, den er auf der Straße verbrachte, sank sein Selbstwertgefühl. Er begann zu betteln. Nie hatte er während dieser Zeit Drogen oder Alkohol angerührt. Erst nach ein paar Wochen schaffte er es, seinen Stolz zu überwinden und sich vom Sozialberater der Caritas helfen zu lassen. Gemeinsam bewerkstelligten sie es, Arbeitslosen- und Wohngeld für ihn zu beantragen. Es dauerte noch einen weiteren Monat, bis er wieder Geld auf seinem Konto hatte und in eine Sozialwohnung ziehen konnte.

Peter ist ein smarter Mann, der ungünstige Entscheidungen getroffen hatte. Ihm zu sagen, er sei an seiner Misere ganz allein schuld, hätte besser vorsorgen oder sofort zum Arbeitsamt gehen sollen, halte ich für überheblich. Ungefähr so, wie jemandem mit einer Depression zu empfehlen, er solle doch nicht alles so schwarz sehen. Niemand, der nicht selbst schon einmal in eine solche Misere geraten ist, sollte sich dazu eine Meinung bilden. Alles, was Peter brauchte, war Mitgefühl.

Gestern Abend fuhr ich gemeinsam mit einem Freund zum Bahnhof Zoo. Zum Frühlingsanfang lagen in der Nacht die Temperaturen nur etwas über dem Gefrierpunkt. Wir sprachen Obdachlose an, kamen uns dabei aber ungeschickt vor, weil wir nicht wirklich wussten, was wir sagen sollten. Als wir ein paar polnische Punks fragten, ob wir ihnen etwas Warmes zu essen kaufen könnten, baten sie um Kaffee und Hundefutter. An Gesprächen hatten sie wenig Interesse. Ähnlich erging es uns mit weiteren Begegnungen rund um den Bahnhof.

Es war die Unwissenheit, die für meine Berührungsängste sorgte. Ich wusste nicht, wie ich helfen konnte, weshalb ich in der Vergangenheit lieber Abstand genommen hatte. Diese eigene Unsicherheit zu überwinden, nachzufragen, auch wenn ich mir dabei lächerlich vorkam, war für mich die wahre Errungenschaft dieser Nacht.

Kurz nach 23 Uhr räumen wir in der Küche des Obdachlosenheims auf. Wir sortieren die Lebensmittelspenden für den Folgetag, wischen die Tische und bitten die Gäste, sich zur Nachtruhe zu legen. Danach quatschen wir Freiwilligen noch eine Weile untereinander, bevor ich mich auf den Heimweg mache.

In der Bahn lasse ich den Abend Revue passieren. Wie unterschiedlich diese Menschen doch waren, von Junkies bis hin zu Professoren. Es gibt ihn eben nicht, *den* Obdachlosen. Genauso wenig, wie es *den* Flüchtling oder *den* Muslim gibt. Ich muss schmunzeln, als ich daran denke, wie vor zehn Jahren für mich alle Asiaten gleich aussahen. Erst nach einiger Zeit vor Ort konnte ich in den Gesichtern erkennen, ob jemand aus Japan, Korea oder der Mongolei kommt. Die Facetten wurden immer deutlicher, so wie ich auch heute Abend die Vielschichtigkeit von Obdachlosen kennenlernen durfte. Hinter jedem dieser Menschen steckt eine Geschichte. Eine Geschichte, die ich nicht kenne, solange ich nicht nachfrage.

31.03.2018, STORKOW • DEMUT

Michaela ist Mitte 20. Nach einer schweren Kindheit leidet sie unter einer posttraumatischen Störung und weiteren psychischen Erkrankungen. Sie hat in vielen deutschen Jugendeinrichtungen gewohnt und versucht sich jetzt ins Arbeitsleben zu kämpfen. Am liebsten verbringt sie ihre Zeit im Gym, wo sie sich lebendig fühlt. Ihr großer Traum ist es, eine Fitnesstrainer-Lizenz zu machen. Sie möchte anderen jungen Menschen helfen, über den Sport zu sich selbst zu finden, und dabei das zurückgeben, was *sie selbst* an Hilfe bekommen hat. Laut Arbeitsagentur sei dies jedoch in eigenen Worten »keine förderungswürdige Maßnahme, da der Erfolg nicht messbar ist.« Die Alternative für Michaela ist eine deutlich kostengünstigere Online-Ausbildung, die sie mit etwas Hilfe selbst bezahlen kann.

Einige Kinder der Waldorfschule in Namibia wohnen nicht in den Wellblechhütten bei ihren Familien, sondern in einem Hostel mit sechsundzwanzig Betten, da der Heimweg von der Schule mehrere Stunden beträgt. Für die täglichen Hausaufgaben würde ein Laptop das Lernen vereinfachen. Leider erhält die Schule keine finanzielle Unterstützung durch den Staat. Und Schulgelder können von den Eltern oft nicht bezahlt werden, so dass solche Anschaffungen unmöglich sind.

Taje hat eine Schreib- und Leseschwäche, auf die in seiner Heimat Jamaika keine Rücksicht genommen wird. In der Schule kommt er unter die Räder, verliert nach und nach seine Motivation am Lernen. Mit kostenlosen Lerninhalten aus dem Internet könnte er sein Englisch verbessern und genau die Fächer studieren, die ihn interessieren. An einen Computer zu kommen, ist für Taje leider eine riesengroße Herausforderung.

Emmanuel lebt mit seiner Tante im Acholi Quarter Slum in Kampala, Uganda. Wie die meisten Kinder hier arbeitet er in einem Steinbruch. Er ist fünf Jahre alt. Seitdem die beiden von der *22Stars Foundation* vor Ort unterstützt werden, kann Emmanuel zur Pre-School gehen, bekommt Kleidung, eine Matratze und täglich Essen. All das für ungefähr einen Euro pro Tag. Die meisten Slumbewohner haben noch nie einen Laptop gesehen. So ein Gerät würde nicht nur ihnen, sondern auch den Projektleitern vor Ort ganz neue Möglichkeiten eröffnen.

Als ich 2006 ein Jahr in Australien verbrachte, nutzte ich das Internet zum ersten Mal so richtig bewusst. Vorher hatte ich Computer hauptsächlich zum Spielen und zum Schreiben von Hausarbeiten oder Bewerbungen verwendet. In Down Under konnte ich mit dieser für mich neuen Technologie in Internetcafés nach Jobs und Unterkünften suchen, mit der Heimat in Kontakt bleiben und mich auf diesem Facebook, von dem plötzlich alle sprachen, mit neuen Bekanntschaften vernetzen. Das war zwar weniger aufregend, als die Jobanzeigen in Tageszeitungen abzutelefonieren, im Hostel persönlich nach Empfehlungen zu fragen oder einfach dem Zufall eine Chance zu geben, aber es machte mein Leben leichter.

Zurück in Deutschland kaufte ich mir meinen ersten eigenen Laptop. Er war wie das Tor zu einer Welt voller neuer Möglichkeiten, das mir vorher verschlossen geblieben war. Auf Blogs, sozialen Netzwerken oder in Videos fand ich seitdem genauso viel Inspiration wie Ablenkung. Was mir der Zugang zum Internet jedoch ermöglichte, war die Suche nach Alternativen, die ich in meiner unmittelbaren Umgebung nicht bekam. Genau diesen Zugang wollte ich im Rahmen meines Experiments als Philanthrop auch anderen Menschen geben.

Zur Mitte des Monats verschenkte ich einen alten Laptop an die *Frau, die mit den Eseln spricht.* Sie betreibt eine Farm für ausgesetzte Tiere an der spanischen Küste. Um auf ihr Projekt aufmerksam zu machen, an ihrer Website zu basteln und auch um Spendengelder zu sammeln, muss sie stets in die nächste Ortschaft fahren, in der sich ein Internetcafé befindet. Ein Weg von einer Stunde. Mit dem eigenen Computer könnte sie sich nicht nur die Fahrt in die Stadt sparen, sondern hätte auch ganz neue Möglichkeiten, Menschen von ihrer außergewöhnlichen Arbeit auf der Farm zu erzählen.

Diese gute Tat hatte mich generell nachdenklich gemacht. Einen Laptop bekam man bereits für ein paar hundert Euro. Nicht wenig Geld, aber auch kein Vermögen. Ein Laptop mit Internetanschluss hat oft das Potenzial, Leben zu verändern. Er gibt Zugang zu Bildung, Arbeit, Ideen und so vielem mehr. Ich war mir sicher, dass einige meiner Leser gebrauchte Geräte hätten, die sie nicht mehr nutzten. Vor einer Woche startete ich den Spendenaufruf. »Geld oder Laptops für Menschen, deren Leben sich mit dem Zugang zum Internet dramatisch verbessern könnte.« Heute ist der letzte Tag der Fundraiser-Kampagne. Gemeinsam hatten wir 1.435 Euro und 6 Laptops gesammelt. Von dem Geld kaufe ich 5 *Google Smartbooks*, die ich nach Jamaika, Wiesbaden, Namibia und Uganda verschicke.

    Die Laptop-Aktion war meine letzte gute Tat in diesem Monat. Es war jedoch gleichzeitig der Beginn einer lebenslangen Selbstverpflichtung, die ich nach diesem Monat eingegangen bin. Für den Rest meines Lebens werde ich von nun an mindestens zehn Prozent meines Einkommens spenden. Einen Teil meiner vermeintlichen Sicherheit werde ich also Menschen überlassen, die das Geld wirklich benötigen. Menschen, die in der Lotterie des Lebens bisher weniger Glück hatten.

Als Mitteleuropäer gehören wir zu den reichsten zehn Prozent der ganzen Welt. Unsere zwei Euro für den täglichen Kaffee überschreiten bereits das Tagesbudget vieler Familien aus den ärmsten Ländern der Welt. Zwei Milliarden Menschen müssen mit weniger als drei US-Dollar am Tag auskommen. Ich verstehe, dass auch wir vor der eigenen Haustür unsere Probleme haben: Arbeitslosigkeit, Altersarmut, Bedrohung durch Terroristen und das Bienensterben. Aber ich möchte das gern in ein rationaleres Verhältnis setzen. In den ärmsten Ländern der Welt stirbt jedes fünfte Kind, bevor es fünf Jahre alt wird. Über fünf Millionen Kleinkinder verlieren jährlich ihr Leben durch Ursachen wie Durchfall, Masern oder Mangelernährung aufgrund von medizinischer Unterversorgung. Das sind 13.700 Todesopfer am Tag, die armutsbedingt und von daher vermeidbar sind. Sie sind jedoch weit weg. Und nicht sichtbar für uns, außer wir schauen hin.

Ich selbst hatte in China miterlebt, wie Familien entscheiden mussten, ob sie ihre Ersparnisse für die lebensnotwendige Operation des Onkels ausgeben oder ihn sterben lassen sollten. Geld oder Leben lautete die Frage. Eine solche Entscheidung fällt viel zu oft zugunsten des Geldes aus. Solche Probleme haben aber die wenigsten von uns. Wir müssen nicht jeden Tag überlegen, wie unser Essen auf den Tisch kommt, wo wir heute Nacht schlafen und ob eine unbehandelte Grippe den Tod zur Folge haben könnte.

Ich muss nicht erst so reich wie Bill Gates oder Warren Buffet sein, bevor ich etwas zurückgeben kann. Auf zehn Prozent meines Einkommens kann ich verzichten. Dabei geht es nicht um die absolute Zahl, sondern um die Absicht dahinter. Und ganz nebenbei ist es ziemlich befreiend, nicht so sehr an seinem Wohlstand zu haften.

All das spielt in diesem Moment keine Rolle, denn die Kinder um mich herum wollen bespaßt werden. Seit dem Morgen bastele ich

Osterkörbchen und Sterne mit ihnen, während ihre Eltern am Grill vor dem Laden meiner Mutter stehen. Diese unschuldigen Kids tragen noch keinen Weltschmerz auf ihren Schultern. Sie sind frei, verstecken ihre Bedürfnisse nicht hinter einer Maske. In ein paar Jahren werden sie lernen, was gutes Benehmen bedeutet, wie sie sich zu verhalten hätten. Sie werden sich Meinungen bilden, zu Obdachlosen, zu Flüchtlingen, zu armen Kindern in Afrika. Dann werden sie entweder Argumente finden, die die Ungleichheiten in der Welt rechtfertigen, oder sie werden Verantwortung für sich selbst und andere übernehmen. Ich wünsche ihnen insgeheim, dass sie Letzteres tun, und zwar ohne sich dabei durch Mitleid erdrücken zu lassen.

In diesem Monat durfte ich Patenschaften für Bäume, Elefanten, Hunde, Flüchtlinge und Schulkinder in Uganda übernehmen. Ich bot meine eigene Arbeitszeit kostenlos an, unterstützte den Bau von Hundehütten in Rumänien und engagierte mich für die Meinungsfreiheit von ausländischen Korrespondenten. Weitere Spendengelder gingen an Mückennetze zur Bekämpfung von Malaria und an Initiativen für sauberes Trinkwasser in Zentralafrika. Zweitklässlern las ich vor, Neuntklässlern stand ich Rede und Antwort, mit Kleinkindern bastelte ich heute bei einem Osterfest. An Obdachlose konnte ich Essen ausgeben, mich mit ihnen auf der Straße unterhalten. Mit auch nur kleinen Akten von Nächstenliebe, wie das Tragen von Einkaufstüten oder das Verteilen von Komplimenten, habe ich versucht, anderen im Alltag zu helfen.

Egal, ob es Geldspenden oder meine Zeit waren, ich durfte vor allem Eines lernen: Demut. Das Wissen darüber, dass ich selbst nichts dazu beigetragen habe, in welche Familie ich hineingeboren wurde. Und dass es Dinge in meinem Leben gibt, die ich zwar beeinflussen kann, aber eben auch Umstände, über die ich keine Kontrolle habe. Es hat mich stark beeindruckt, wie viele Freiwillige es gab, die sich ohne Vergütung und ohne dafür Applaus zu erwarten, in den Dienst stellten. Das sind die wahren Helden, von denen ich lernen durfte.

Demut bedeutet heute für mich außerdem die Einsicht, dass ich von vielen Dingen einfach keine Ahnung habe. Ich weiß weder, wie Kinder in Uganda tatsächlich aufwachsen, noch kenne ich die Geschichte des Obdachlosen, dem ich gerade einen Kaffee gekauft habe. Aus dieser Unwissenheit kann grundsätzlich Ignoranz oder Neugier werden.

Links von mir sitzt ein kleines Mädchen, das die Faltkanten für das Osterkörbchen ignoriert. Sie zeigt mir stolz ihre perfekt imperfekte Bastelei. Ich entscheide mich für die Neugier und frage sie, ob sie zum Anmalen ihrer Kreation noch Buntstifte braucht.

4

DER MUSKELMANN

TABATA · MUSKELKATER · BURNOUT
·
SIXPACK · STANDARDS · DISZIPLIN

Bis Ende April wollte ich einen Sixpack haben. Dazu ließ ich mich in einem Kölner Fitnessstudio von einem Duo aus Personal Trainer und Ernährungsberater in die Mangel nehmen. Kurzfristig brachte der Blick in den Spiegel Glücksgefühle, aber war er den Preis aus Verzicht und Quälerei wert? Nachdem sich die Bauchmuskeln hinter der Fettschicht zeigten, blieb am Ende die Gewissheit, wie sehr ich vermeintliche Grenzen mit Disziplin und Willenskraft verschieben kann.

03.04.2018, KÖLN •
DAS GESETZ DER ANZIEHUNG

»Komm schon, Sebastian, einer geht noch!«, ruft mir Markus von der Seite zu, als ich den letzten Klimmzug mache. Nach einem letzten Kraftakt lassen meine schlaffen Arme erschöpft die Stange los. Eigentlich sollte das erste Training nur aus einem *Functional Movement Screening*, ein Eingangstest für meine Beweglichkeit, bestehen. Aber Markus Bremen, der in diesem Monat mein Personal Trainer ist, gab mir zum Einstieg einen kleinen Vorgeschmack auf den kommenden Monat. Eine halbe Stunde Übungen mit Hanteln und dem eigenen Körpergewicht reichten aus, um mich ordentlich ins Schwitzen zu bringen.

In diesem nächsten Selbstversuch wollte ich so viel Körperfett wie möglich verlieren und gleichzeitig Muskelmasse aufbauen. Am Monatsende sollte ein Sixpack sichtbar sein. Nicht weil mir ein Strandkörper wichtig war, sondern weil ich erfahren wollte, wie sich richtige Athleten, die täglich trainieren, fühlen. Ich wollte herausfinden, wie sehr ich meinen Körper belasten konnte, wie das Training den Alltag einschränken würde und sich auf Energielevel, Wohlbefinden und Selbstbewusstsein auswirke. Sportlich war ich schon immer, habe in der Jugend alles gespielt, was mit Bällen zu tun hat, und bin in den letzten zehn Jahren mindestens einmal pro Jahr einen Marathon gelaufen. Aber zum Muskelaufbau hatte ich mich äußerst selten in Fitnessstudios verlaufen. Nach 30 Liegestützen am

Stück kam ich genauso an meine Grenzen wie nach 5 Klimmzügen. Irgendwie war ich aber doch neugierig, zu sehen, was sich unter der Fettschicht am Bauch so verbarg.

Den Eingangstest absolvierte ich mit durchschnittlichen Werten. Nicht ganz schlecht für einen Laptop-Arbeiter, aber mit viel Luft nach oben, was die Beweglichkeit anging. Verkürzte Muskeln und annähernd unbewegliche Faszien führten zu einer fehlerhaften Haltung, was von daher auch für meine gelegentlichen Rücken- und Kopfschmerzen verantwortlich sei, erklärt mir mein Trainer. Schon nach diesem ersten Training fühlte ich mich bei Markus sehr gut aufgehoben. Im Vordergrund stehen für ihn saubere Bewegungsausführungen. Nicht nur, um Verletzungen zu vermeiden, sondern vor allem, um dem Körper keine kontraproduktive oder sogar schädliche Motorik einzuprägen.

Normalerweise trainieren im Personal Training Studio *move better* in Köln Ehrenfeld Leistungssportler oder Männer in ihren Vierzigern, für die das Training eher als Statussymbol dient. Dass ich hier gelandet bin, ist einer glücklichen Fügung geschuldet.

Im Oktober des vergangenen Jahres hatte ich mir Zeit zum Nachdenken verordnet. Komplett allein war ich für drei Wochen auf Sri Lanka, bevor dann doch eine Sehnsucht nach Gesellschaft aufkam. Deshalb war die Freude groß, als mir meine gute Freundin Kris schrieb, sie würde in ein paar Tagen in Colombo ankommen. Auch Andreas, den ich ein paar Monate zuvor flüchtig kennengelernt hatte, wäre mit dabei. So kam es also, dass wir kurz darauf gemeinsam auf einer Terrasse saßen und ich von meinen geplanten Lifestyle-Experimenten für 2018 erzählte.

Zufälligerweise war Andreas ein kompetenter und vor allem unbefangener Ernährungsberater. Er bot mir seine Hilfe für alle Selbstversuche an, die etwas mit Ernährung zu tun hatten. Der Fakt, dass sein Geschäftspartner und langjähriger Freund ein kleines Studio in Köln besaß, fügte sich nahtlos in den Lauf der Dinge ein.

Ein paar E-Mails später stand fest, dass ich den April des nächsten Jahres in Köln verbringen würde. Zudem stellte sich heraus, dass ein ehemaliger Physiotherapie-Raum, der momentan leer stand, perfekt als Büro geeignet war. Da meine Geschäftspartner sehr mit Köln verbunden waren, beschlossen Kris, Tim, Dennis und ich kurzerhand, uns dort für den gesamten Monat zum Arbeiten einzumieten.

Um die ganze Absurdität der scheinbar zufälligen Geschehnisse abzurunden, wurde ich in dieser Zeit auch noch Autobesitzer. Mein Vater wollte seinen zwölf Jahre alten Kia verkaufen. Einen Tag bevor er den Vertrag unterschrieb, telefonierten wir. Da mir der Kombi, in dem man zur Not im Kofferraum schlafen konnte, für die kommenden Monate gerade recht kam, übernahm ich das Auto. So hatte ich nach über zehn Jahren wieder einen eigenen fahrbaren Untersatz. Auch die Dachgeschosswohnung in Köln Zollstock, die Melanie und ich zu diesem Zeitpunkt als Zwischenmieter bezogen hatten, war uns gewissermaßen in den Schoß gefallen.

Anders als bei den Klimmzügen musste ich mich also nicht groß anstrengen, um ein Fitnessstudio mit Personal Trainer, einen Ernährungsberater, eine Wohnung und ein Auto aufzutreiben. Dass wir außerdem mit dem gesamten Gründerteam des *Citizen Circle* einen Monat lang an einem Ort arbeiten konnten, was bis dahin äußerst selten passiert war, war das Sahnehäubchen.

Das *Gesetz der Anziehung* besagt, dass eine positive Einstellung Positives anzieht, genauso wie negative Einstellungen Negatives anziehen. »Wie man in den Wald hineinruft, so schallt es heraus.«, sagt der Volksmund. Autosuggestion nennen es die Psychologen, Physiker berechnen die dabei möglicherweise zugrunde liegende Schwerkraft und Esoteriker berufen sich auf die religiös-philosophisch offenbarende Hermetik. Ob diese Resonanz von Gedanken nun durch Quantenmechanik, Karma oder etwas Göttliches belegt werden kann, spielte für mich keine Rolle. Fakt war, dass mir immer wieder gute Dinge widerfuhren, wenn ich der Welt zuvor selbst etwas Gutes gegeben hatte. Das konnten Gedanken oder auch gute

Taten sein. Es reicht zwar nicht aus, dem Universum einen Wunschzettel zu schreiben, ohne dann tatsächlich danach zu handeln, aber man kann durchaus Wünsche äußern. Ein Gebet ist schließlich nichts anderes.

Als ich beispielsweise voller Optimismus und Vorfreude begann, anderen von meinen Selbstversuchen zu erzählen, haben sich ebenso wundervolle Dinge ergeben. Viele haben mir selbstlos ihre Hilfe angeboten. Ich glaube, wir Menschen haben ein tiefes Bedürfnis danach, einander zu helfen, sobald wir die unverfälschten Absichten des Gegenübers erkennen können.

Nachdem ich das erste Training überstanden hatte, ging ich zum Apotheker, um mein Körperfett bestimmen zu lassen. Das Ergebnis der Profiwaage wich jedoch stark von den Werten ab, die am Vormittag ein medizinisches Labor, bei dem ich zum Check meiner Blutwerte war, ermittelt hatte. Gemeinsam mit meiner eigenen Berechnung per Maßband bildete ich aus den sehr unterschiedlichen Angaben einen Durchschnitt, der als Ausgangspunkt für die kommenden vier Wochen dienen sollte. Nach meiner frutarischen Diät im Februar hatte ich wieder zugelegt, so dass ich mit einem Gewicht von 82 Kilogramm und einem Körperfettanteil von 17 Prozent in den Monat startete. Mein angewinkelter linker Oberarm maß einen Umfang von 29,5 Zentimeter, die Brust 97 und der Bauch 82 Zentimeter. Bei einer Größe von 1,86 Meter alles völlig normal, was eine kurze Recherche auf Google ergab.

Aber was ist eigentlich normal?

Auch das möchte ich in diesem Monat herausfinden.

Am Abend treffe ich mich mit Freunden in einem Burgerrestaurant. Das Brötchen abzubestellen, um nur Fleisch mit Salat zu essen, war kein Problem. Genauso wenig, wie danach im Park nicht mit einem

Bier, sondern mit Wasser anzustoßen. Seit dem Monat als Frutarier hatte für mich Verzicht eine ganz neue Bedeutung bekommen.

Das Gefühl von Verzicht tritt erst ein, wenn ich mich einmal an etwas gewöhnt habe. Diese Wahrnehmung ist jedoch subjektiv. Sobald ich hingegen neue Standards wirklich verinnerlicht habe, *verzichte* ich nicht mehr. Im besten Fall nehme ich die Reduzierung von etwas sogar als Gewinn wahr. So erging es mir im Januar mit der Nichtbenutzung von Facebook, im Februar mit dem Wegfall von Kaffee und im vergangenen Monat mit meinem gespendeten Einkommen. Am Anfang einer Veränderung steht stets der Verzicht. Nach ein paar Wochen wird daraus aber der neue Status quo, der kein Mangelempfinden mehr auslöst.

Für die ersten vier Tage hatte mir Andreas strenges *Detox* verordnet. In der Ernährungsberaterfachsprache bedeutet das, ein hohes energetisches Defizit zu produzieren, ausreichend Eiweiß für den Muskelerhalt zu sich zu nehmen und für Sättigung und Entgiftung generell großvolumig zu essen. Im Klartext, intermittierendes Fasten. Kein Frühstück, aber dann zum Mittag- und Abendessen eine Handvoll Fleisch mit viel Gemüse.

Als wir den Abend im Park ausklingen lassen, bin ich bestens gelaunt. Einige meiner liebsten Freunde sind den gesamten Monat über in Köln. So abenteuerlich die Reiserei auch ist, diese tiefen Beziehungen haben mir in den letzten Jahren gefehlt. Euphorisch mache ich mich auf den Weg zurück zu unserem temporären Zuhause. Etwas gerädert vom Training, aber voller Vorfreude. Wie schon bei den bisherigen Selbstversuchen sind die ersten Tage des Monats sehr aufregend. Mal schauen, wie lange diese Begeisterung im April anhalten wird.

08.04.2018, AACHENER WEIHER • KÖRPERLICHE GRENZEN

Vorbei an den Kranhäusern, den Rheinwiesen, durch den Grüngürtel bis zum Aachener Weiher. Es ist Samstag. Nach fünf anstrengenden Tagen mal keine Gewichte stemmen. Stattdessen jogge ich für eine knappe Stunde, bevor ich in der kleinen Fitnessanlage im Park ein paar Übungen mit dem eigenen Körpergewicht mache.

Ein japanischer Professor namens Izumi Tabata hat sich in den 90er-Jahren ein Trainingsprotokoll ausgedacht, das heute genutzt wird, um Sportler wie mich zu quälen. Ein *Tabata* zeigt, wie lang vier Minuten sein können. Typischerweise besteht eine Einheit aus acht Runden mit jeweils zwanzig Sekunden hoher Belastung und einer Pause von zehn Sekunden. Mir hat Markus fünf *Tabatas* verordnet. Angeleitet durch das Schrillen der *Tabata*-App wechsele ich zwischen Klimmzugstange, Ruderzug, Sit-ups, langen Ausfallschritten und Liegestützen. Nach knapp einer halben Stunde liege ich völlig fertig auf dem Rasen.

Das Training der letzten Woche steckt mir noch tief in den Knochen. Es war hart. Verdammt hart sogar. Noch nie hatte ich so intensiv trainiert. Meine Muskeln sind dankbar für diesen Schontag heute.

Naja, Schontag? Gerade bin ich eine Stunde gejoggt und habe mich danach im Park ausgepowert. Trotzdem ist es nicht die gleiche Erschöpfung, die ich in den letzten Tagen hatte. Mit Markus an der Seite habe ich doch die ein oder andere Wiederholung mehr gemacht, obwohl mein Körper schon protestierte. Bei dem Workout eben durfte der letzte Liegestütz auch ruhig mal etwas geschummelt sein.

Es ist total verrückt, wie schnell sich Standards ändern können. Noch vor einer Woche wäre ich nach so einem Training wie heute an meine Grenzen gelangt. Außerdem hätte mich der Muskelkater tagelang gequält. Aber schon nach ein paar Tagen hatten sich diese Standards verschoben.

Jeder, der schon mal eine längere Strecke gerannt ist, kennt das. Die letzten 3 Kilometer vor dem Ziel sind immer die schlimmsten, egal, ob es in der Summe 10 oder 42 Kilometer waren. Mir geht es zumindest immer so. Nach meinem ersten Halbmarathon war ich fix und fertig. Ein paar Monate später konnte ich jedoch völlig frisch über die 21-Kilometer-Marke laufen und sogar einen Marathon in Angriff nehmen. Das hatte nichts mit zusätzlichem Training zu tun, sondern war mentalen Gründen geschuldet. Die Grenzen im Kopf sind viel enger gezogen, als das, was der Körper zu leisten vermag. Als die Marathondistanz mein neues Ziel war, setzte ich also einen neuen Referenzpunkt. Natürlich musste ich dann auch den Hintern hochbekommen, um dem Kopf zu zeigen, was der Körper kann.

Die Entwicklung dieser neuen Standards merkte ich ebenfalls bei meinem strikten Ernährungsplan. Im Februar hatte ich einen Monat lang nur Früchte gegessen. Jetzt auf Fettiges und Süßes zu verzichten, war zumindest in der ersten Woche ein absoluter Klacks.

Den Rückweg vom Aachener Weiher gehe ich im Schritttempo. Viele Menschen sind an diesem Samstagmorgen noch nicht auf der Straße. Die ersten Knospen waren aufgesprungen, der Frühling in Köln angekommen. Ich genieße den Spaziergang, halte immer wieder an, um Vögel zu beobachten. In den letzten Jahren hatte sich ungewollt eine Distanz zwischen Deutschland und mir aufgebaut. *Kölle* stellte sich dabei als erstklassiger Paartherapeut heraus, der diese Beziehung wieder in Schwung brachte.

Zurück in der Wohnung übertrage ich meine handgeschriebenen Notizen in ein Online-Trainingstagebuch. In der ersten Woche stand die Bewegungsvermittlung im Fokus. Das bedeutete so viel wie »Sebastian muss lernen, wie man saubere Liegestütze, Klimmzüge und Ruderzüge macht.« Muskeln haben anscheinend ein eigenes Gehirn, das sich immer die letzten Bewegungen merkt, ohne jedoch zu wissen, ob sie falsch oder richtig ausgeführt wurden.

Eine typische Trainingseinheit dauerte eine Stunde, die es in sich hatte. Zum Aufwärmen gehörten Übungen zur Mobilisierung der Faszien. Die Faszienrolle habe ich dabei lieben gelernt. Ein paar Minuten langes Rollen über das Bindegewebe sorgte nach anfänglichen Schmerzen für eine angenehme Entspannung. Danach Dehnübungen, deren Namen ich mir notieren musste, um sie nicht zu vergessen. Wall Slides, Side Planks, Jumping Jacks oder Seilspringen bereiteten die Muskeln und Gelenke für den Hauptteil des Trainings vor. Bevor dieser tägliche Höllenritt startete, habe ich unter der Anleitung von Markus noch Core Work betrieben. Das waren Übungen für den gesamten Rumpf, vor allem für Rücken, Brust und Bauch. In der Regel ein *Tabata* mit Plank Circuits, Dead Bugs, Supermans, Glute Bridges, Bicycle Crunches und Ab Wheel Roll Outs. Wer hat diesen Foltermethoden eigentlich so melodisch klingende Namen verpasst?

Nach dem Aufwärmprogramm war ich bereits immer ordentlich am Schwitzen. Aber das war nichts im Vergleich zu der 40-minütigen Haupteinheit, die danach folgte. Mit abwechselndem Fokus auf Beine oder Arme ging es an meine Kraftausdauer. Von mir gefürchtet war vor allem der Hurricane, bei dem es sich um 3 x 3 Sets à 3 Übungen handelte. Schon allein der Name lies meine Muskeln zittern. Ohne lange Pausen ruderte, stützte, drückte, zog und beugte ich sowohl mich als auch zusätzliche Gewichte. Das Auf- und Abbewegen des Battle Rope war noch spaßig, die Kettlebells hingegen nicht. Und wer bitte hat sich Burpees ausgedacht. Der Mix aus Liegestütz und Hockstrecksprung klingt nicht nur wie Erbrochenes, sondern brachte mich auch jedes Mal nah an die Kotzgrenze.

Bei jedem einzelnen Training bin ich jedoch dank der Motivationskünste meines Trainers stets einen Schritt weiter über die vorher vermutete Leistungsgrenze gegangen. Dennoch gab es zum Abschluss immer noch ein 5-minütiges Cool-down. Das waren meist zwei Übungen nach dem Tabata-Protokoll oder eine Übung bis zur absoluten Erschöpfung wie das Laufen mit Kettlebells an ausgestreckten Armen oder das Aushängen an der Klimmzugstange. Nach einer Stunde Training war ich total im Eimer. Die Oberarme zuckten, die Hände konnten nichts mehr greifen.

Das Ziel dieses Trainings war hohe Intensität. Die Muskeln sollten jeden Tag etwas mehr gefordert werden, so dass sie zwischen den Trainingseinheiten wachsen und sich auf kommende Herausforderungen vorbereiten konnten. Genauso wie sich auch meine Komfortzone mit jeder neuen Erfahrung erweitert. Beim Training ist es die letzte anstrengende Wiederholung mit maximalem Gewicht, die für Muskelwachstum sorgt. Für das Leben außerhalb des Fitnessstudios gilt die gleiche Regel: Wenn ich mich auf etwas einlasse, das mir besonders viel abverlangt oder mir sogar Angst macht, entsteht geistiges Wachstum. Dann verschieben sich die Grenzen meiner Welt ein kleines Stück. Und Schritt für Schritt vergrößert sich damit auch mein Raum an Möglichkeiten.

Neben den Trainingseinheiten trage ich wie jeden Tag seit Anfang des Monats meine Messwerte in eine Tabelle ein. Jeden Morgen und Abend habe ich mich seitdem gewogen sowie die Umfänge von Oberarm, Nacken, Brust, Bauch und Oberschenkel gemessen. Laut den Daten haben sich seither die Umfänge von Oberarm und Brust um 2 Zentimeter geweitet. Ebenso viel habe ich am Bauch verloren. Trotz Gewichtsverlust von knapp 3 Kilogramm hat sich mein selbst berechneter Körperfettanteil nur marginal reduziert. Die Aussagekraft dieser Zahlen genieße ich jedoch mit Vorsicht. Mit deutlich mehr Genuss setze ich mich zu Melanie an den Frühstückstisch, voller Vorfreude auf das freie Wochenende.

14.04.2018, MÜNCHEN •
SELBSTBEHERRSCHUNG

Obwohl wir stundenlang auf diesen Moment vorbereitet worden sind, erhöht sich jetzt gerade mein Puls schlagartig. Die Atmung ist außer Kontrolle. Das eiskalte Wasser brennt wie Feuer auf der Haut. Das Ziel soll sein, den Atem mitsamt anderer Körperfunktionen zu kontrollieren. Bei mir übernimmt aber zunächst der tierische Instinkt. Es dauert eine gute Minute, bis sich das Hyperventilieren einstellt.

In dem aufblasbaren Pool sitzen noch sieben weitere Leute, die versuchen, ihre Panik mit schlechten Witzen zu überspielen. Zwischen uns schwimmt Eis, das das Wasser auf wenige Grad Celsius herunterkühlt. Als wir nach drei Minuten das Eisbad verlassen, sind unsere Körper knallrot. Meine Gliedmaßen konnte ich nicht mehr spüren, bis sie mit Aufwärmübungen wieder in Gang gebracht wurden. Mit der Wärme kommt nun auch das Gefühl zurück. Wundervoll, wenn der Schmerz nachlässt. In etwa so, wie wenn man mit dem Kopf voraus voller Wucht gegen eine Wand rennt, nur um sich dann an den nachlassenden Kopfschmerzen zu erfreuen.

Wim Hof heißt der Mann, der bereits Tausende dazu bewegt hat, sich freiwillig dieser Tortur zu unterziehen. Mich eingeschlossen. Der holländische *Iceman* ist bekannt für seine ungewöhnlichen Rekorde, wie zum Beispiel das Besteigen des Kilimandscharo nur mit Shorts und Schuhen. Seine Methode verspricht, dass jeder Mensch durch eine spezielle Atemtechnik sowohl extreme Kälte als auch immense Hitze aushalten kann.

Stundenlang lauschten Melanie und ich mit über zweihundert anderen Teilnehmern im Münchner *beach38* seinen Weisheiten. Es wurde uns erklärt, wie wir Temperatur, Atmung und die Ausschüttung von Hormonen selbst regulieren konnten. Mit Meditationen und Visualisierungen wurden wir darauf vorbereitet, nach draußen in das mit Eis gefüllte Wasser zu steigen.

Ähnlich wie bei meinem *Fire Walk* im Februar vergaß ich jedoch alles, was ich vorher gelernt hatte, in genau dem Moment, in dem es darauf ankam. Auf einmal fuhr der Körper nur mehr sein eigenes Programm, das ihm seit etlichen Generationen das Überleben gesichert hat.

Ein Teil meines Gehirns denkt, kalkuliert, rechtfertigt, wägt ab, trifft rationale Entscheidungen. Es handelt sehr bewusst und vernünftig, also logisch nachvollziehbar. Das ist der Teil, der sich mit theoretischem Wissen vier Stunden lang auf das Eisbad vorbereitet hat. Als ich dann aber in das eiskalte Wasser gestiegen bin, hat der andere Teil meines Gehirns übernommen. Der Teil, den ich nicht bewusst steuern kann. Zu diesem gehören Emotionen, Gefühle, Instinkte und Intuition.

Der rationale Teil wurde antrainiert. Er funktioniert wie ein Muskel, der wächst, aber auch müde wird. Der emotionale Teil ist leidenschaftlich und handelt instinktiv. Er ist Ausdruck meiner Persönlichkeit, der tiefe Weisheiten, aber auch idiotische Ideen hervorbringt. Beide Teile haben ihre Berechtigung, meist streiten sie jedoch. Der rationale Teil will sich etwa gesund ernähren und Sport machen. Der emotionale Teil will Schokolade. Oft gewinnt eine Seite, auch wenn eine Balance zwischen Vernunft und Herz der bessere Weg wäre.

Der lateinische Wortstamm *emovere* bedeutet nichts anderes als *bewegen*. Im weitesten Sinne sind Emotionen *Energy in motion*, also

Energie in Bewegung. Diese Energie spüre ich deutlich, wenn ich mich also zum Beispiel in ein Eisbad setze, aus einem Flugzeug springe oder frisch verliebt bin. Egal ob es dann Angst, Wut, Ekel, Freude oder Liebe ist, die Emotionen bringen mich ins Handeln und geben mir Aufschluss über meine Bedürfnisse. Angst beschützt, Bedauern lehrt, Trauer befreit, Empathie verbindet. Scham zeigt mir, dass ich eine gesellschaftliche Norm verletzt habe, und Neid ist ein Indikator dafür, dass ich mir etwas wünsche, das andere haben.

All diese Emotionen verändern sich ständig. Aus Wut wird etwa Trauer. Trauer führt zu Akzeptanz. Der Akzeptanz folgt Mut. All diese Emotionen haben ihre Berechtigung, denn sie geben mir Hinweise, ohne dass ich mich durch sie definieren lassen muss. Wenn ich wütend bin, gehe ich dem Auslöser auf die Spur und lasse die Wut gehen. Wenn ich sie hingegen in mir behalte, sorgt sie nicht für Bewegung, sondern für ein Magengeschwür. Im Eisbad hat es eine Minute gedauert, bis sich meine Panik zunächst in Neugier und etwas später sogar in ein Glücksgefühl verwandelt hat.

So emotional wie die drei Minuten im Eiswasser war auch das Training in diesem Monat. Die Bandbreite meiner Emotionen beim Gewichtheben reichte von Wut bis Dankbarkeit. Jede der Empfindungen auf diesem Spektrum mag mir ein anderes Gefühl gegeben haben, aber sie alle brachten mich zum Handeln. Ob die Handlung dann wieder eine andere Emotion auslöste oder andersherum, sei dahingestellt, auf jeden Fall bedingten sie sich gegenseitig. Beim Training machte ich körperliche Erfahrungen, die neu waren, die über die Grenzen des Bekannten hinausgingen. In diesem Moment spürte ich *mich*, meine Emotionen. Auch wenn es hierzu nicht unbedingt körperliche Aktivitäten braucht, fiel es mir damit deutlich leichter, Zugang zu meinen Emotionen zu bekommen.

Das Seminar in München hatte ich gebucht, lange bevor klar war, dass ich im April meine Zeit in einem Kölner Fitnessstudio verbringen würde. Letztendlich hätte es jedoch passender nicht sein können, denn bei dem Eisbad-Abenteuer ging es um Disziplin, darum, den eigenen Körper zu kontrollieren, selbst wenn dieser sagt, es ginge nicht mehr. Was wir uns vorstellen, können wir auch erreichen. Davon bin ich mittlerweile überzeugt. Wenn ich mir also vorstellen kann, drei Minuten lang in Eiswasser zu baden, schaffe ich das auch. Ebenso sieht es mit meinem geplanten Sixpack nach einem Monat aus. Mein Kopf muss es nur glauben können, dann findet auch der Körper einen Weg.

15.04.2018, BIERGARTEN •
ELEFANT UND REITER

»Zu 70 Prozent ist die Ernährung von Bedeutung, nur zu 30 Prozent das Training.« Das hatte ich in den vergangenen Tagen oft gehört, aber in diesem Moment ist es mir schnuppe. Vor mir stehen ein Kölsch und ein Teller voll mit Sauerkraut, Kartoffeln und einer Bratwurst, die nur so vor Fett trieft. Das war auch nicht das erste Bier heute, was wohl zu meiner jetzigen Gleichgültigkeit beitrug. Der Abend hatte zwei Stunden zuvor ganz harmlos in einem Biergarten begonnen, in dem Tim und ich die Sonne genossen. Schließlich war Sonntag. Dem ersten Bier folgte ein zweites, dann eine Zigarette, dann fettiges Essen. Mein Verstand rebellierte, hatte aber heute keine Chance, gegen die niederen Gelüste anzukommen.

Auf dem Speiseplan, den Ernährungsberater Andreas mit mir gemeinsam zusammengestellt hatte, stand vor allem natürliche Nahrung mit hochwertigen Fetten und langkettigen Kohlenhydraten. Um es einfacher auszudrücken: Industriell verarbeitete Lebensmittel waren tabu. Keine Geschmacksverstärker, kein Industriezucker und auch keine Milchprodukte. Nach dem Detox der ersten Tage sollte ich für einen energetischen Überschuss sorgen, also mehr Kalorien aufnehmen als verbrauchen. Am Morgen aß ich eine halbe Stunde vor dem Training immer ein Ei, zwei Reiswaffeln und ein paar Datteln. Dazu trank ich einen Shake mit Macapulver, gemixt mit ein wenig Kokosmilch und Wasser. Der Post-Workout-Lunch bestand aus einem weiteren, jedoch übel schmeckenden Shake sowie einer Handvoll weißem Reis, magerem Fleisch und entweder gelber Paprika, Möhren oder Broccoli. Diese Mahlzeit sollte die Voraussetzungen für Regeneration und Muskelaufbau schaffen. Zum Abendessen, vor der längsten Ruhephase des Körpers, gab es Treibstoff für den Muskelaufbau. Also ordentlich Energie und Proteine. Dazu gehörten drei faustgroße Portionen gekochtes Gemüse, komplexe Kohlenhydrate wie Kartoffeln, Kürbis oder Kochbananen und wieder eine Handvoll mageres Fleisch.

Isoliert gesehen war bis auf die Shakes jede Mahlzeit an sich wirklich lecker. Aber zwei Wochen lang jeden Tag dieselbe und doch fast geschmacklose Nahrung zu mir zu nehmen, war verdammt langweilig. Wie im Frutarier-Monat kämpfte ich mit Monotonie und auch den großen Mengen, die ich zu mir nehmen musste. Außerdem begann ich wieder, die soziale Komponente bei der Nahrungsaufnahme zu vermissen. Zuhause war das Einhalten des Speiseplans noch recht problemlos, aber beim Essen mit Freunden außerhalb war die Auswahl sehr eingeschränkt.

Ich fühle mich ausgebrannt. Dreieinhalb Monate lang hatte ich bereits so viel Disziplin aufgebracht wie noch nie in meinem Leben. Meiner Theorie nach haben wir alle jeden Tag ein gewisses Maß an Selbstkontrolle, das am Morgen mit 100 Prozent beginnt. Mit jeder Versuchung, der wir tagsüber ausgesetzt sind, sinkt dieses Level. Ein guter Grund dafür, die für einen wirklich wichtigen Dinge bereits am Vormittag zu erledigen. Bei mir ist diese Disziplin zudem selektiv. In diesem Jahr meiner Selbstexperimente war ich jeden Monat in einem anderen Lebensbereich absolut diszipliniert, was aber nicht bedeutete, dass das auf mein komplettes Leben zutraf.

Wie am Beispiel des Eisbads in München übernehmen stets die Emotionen, wenn die Vernunft keine Kraft mehr hat. Ich habe das Bild eines Reiters auf einem Elefanten vor Augen. Die Vernunft ist der Reiter, der eine Richtung vorschlägt. Die Emotionen sind der Elefant, der alles bewegt. Letztendlich entscheidet immer der Elefant, in welche Richtung es geht, auch wenn der Reiter denkt, dass er noch so viel Kontrolle hat.

Ich weiß ganz genau, wie ich mich gesund ernähren, fit halten, ein besserer Partner sein oder viel Geld verdienen kann. Warum tue ich es aber nicht? Weil ich mich nicht danach fühle. Weil der Elefant, mein Unterbewusstsein, meist die Entscheidungen trifft. Genau deshalb ist Disziplin so ermüdend. Es kostet den Reiter wahnsinnig viel Kraft, den Elefanten zu steuern. Einfacher ist es, Freundschaft mit dem Unterbewusstsein zu schließen und sich auf eine gemeinsame Richtung zu einigen.

In den ersten Monaten dieses Jahres habe ich gelernt, dass ich mit Disziplin vieles schaffen kann. Über kurze Strecken kann das rationale Gehirn die Emotionen besiegen. Langfristig ist es aber zu anstrengend, dann muss die Motivation aus meinem Inneren kommen. Intrinsisch motiviert zu sein, bedeutet, die Herrschaft über mich selbst zu haben. Wenn ich ein Ziel verfolge, das sich für mich stimmig anfühlt, bin ich von Belohnung oder Bestrafung unabhängig. Tue ich das nicht, handele ich im Auftrag eines anderen, was mir nicht nur die Selbstbestimmung nimmt, sondern auch wahnsinnig mühsam ist.

Das Ergebnis von extrinsischer Motivation ist ein kräftezehrender Selbstoptimierungswahn, der nie ein Ende finden kann. Undiszipliniert zu sein, heißt heutzutage, dass man seine Emotionen nicht unter Kontrolle hat. Wir schauen etwa neidisch auf Leistungssportler und Unternehmer, die ein Maximum an Effizienz und Selbstkontrolle erreicht haben. Dann fühlen wir uns schlecht, weil wir unseren eigenen Emotionen viel zu oft nachgeben.

Aber bedeutet Erfolg, meine Emotionen zu unterdrücken?

Mein Wille zur Selbstbeherrschung neigt sich an diesem wunderbar frühlingshaften Sonntagnachmittag gegen Null. Wir bestellen noch einen Absacker und lassen uns das fettige Essen schmecken. Es ist nicht mal der Heißhunger auf ein spezielles Gericht, sondern eher das Bedürfnis, mal wieder über die Stränge zu schlagen, was mich gerade sehr erfüllt.

Ich weiß ganz genau, dass das fettige Essen und der Alkohol mir nicht gerade beim Erreichen meines Monatsziels helfen. Aber gerade ist der Elefant am Zug. Der Reiter hatte lange genug die Zügel in der Hand. Ich akzeptiere das, ohne mich bei jedem Bissen in die Bratwurst schlecht zu fühlen. Morgen, wenn sich die Vernunft ausgeruht hat, werde ich die Friedensverhandlungen mit meinem Unterbewusstsein wieder aufnehmen. Dann werde ich auch versuchen, Argumente zu finden, die sowohl Reiter als auch Elefanten zufriedenstellen können.

Zurück in unserer Wohnung gestehe ich Melanie, dass ich gesündigt hatte. Sie lacht aber nur über die Beichte und freut sich darüber, dass »doch noch etwas Menschliches in mir steckt.« Spätestens als ich vor dem Duschen einen Blick in den Spiegel werfe, ist das doch etwas beunruhigte Gewissen verschwunden. Mein Gewicht ist stabil geblieben und mein Körperfett hat sich um 4 Prozent reduziert. Aus dem Fett ist Muskelmasse geworden, was ich mittlerweile deutlich an Brust, Oberarmen und Bauch sehen kann. Das stimmt sowohl den Reiter als auch den Elefanten zufrieden.

25.04.2018, FITNESSSTUDIO •
DER INNERE SCHWEINEHUND

Mein innerer Schweinehund flüstert mir zu, dass es reicht. Schließlich schaut niemand zu. Wen interessiert es schon, ob ich jetzt aufhöre oder mich noch weiter quäle? »Mich!«, flüstere ich ihm zu. Nicht weil ich unbedingt einen Sixpack will, sondern um meinen Disziplinmuskel zu trainieren. Im Januar und Februar war ich bei meinen Experimenten jeweils in der letzten Woche nachlässig geworden, hatte etwa Lücken in meiner Anonymität und ein paar Cheat Meals. Aber in diesem Monat wollte ich durchziehen, bis die Konturen der Bauchmuskeln sichtbar waren. Es waren schließlich nur noch sechs Tage.

An diesem Mittwochmorgen bin ich komplett allein im Fitnessstudio. Laut Trainingsplan von Markus kämpfe ich mich durch den Hurricane. Nach der sechsten von insgesamt neun Runden mache ich eine längere Pause. Die Arme sind schon völlig schlaff von den Klimmzügen, Burpees und dem Kreuzheben mit zwei Kettlebells. Ich drehe die Musik lauter. »It's the eye of the tiger, it's the thrill of the fight, ...« dröhnt es aus den Lautsprechern, als ich mich mit neuer Motivation an die Klimmzugstange hänge. 20 Klimmzüge, 45 Burpees und 25 gehobene Kettlebells später lasse ich mich erschöpft auf die Matte fallen. Ich krieche schon auf dem Zahnfleisch. Diese letzten drei Durchgänge hatten mir zwar alles abverlangt, verschafften mir jetzt gerade aber auch das größte Glücksgefühl.

Zu Beginn des Monats habe ich mit gequältem Gesicht und unsauberen Bewegungen gerade einmal 5 Klimmzüge geschafft. Heute sind 10 sauber ausgeführte Klimmzüge kein Problem. Bei den Kettlebells habe ich mich in drei Wochen von 14 auf 32 Kilogramm gesteigert. Das liegt weniger an den tatsächlich breiteren Oberarmen, sondern an meinem deutlich gestärkten Rumpf. Ich kann sogar spüren, wie meine Rumpfmuskeln für ein verbessertes Gleichgewicht und mehr Körperspannung sorgen. Dazu sind die Rückenschmerzen nach langen Arbeitstagen am Schreibtisch verschwunden. Die erhöhte Stabilität und Beweglichkeit zeigt sich auch an meinem Gang, der aufrechter und selbstbewusster geworden ist.

In den letzten Wochen bestanden die Workouts größtenteils aus schweren Ganzkörperübungen wie Kreuzheben, Klimmzügen und Ruderzügen. Die Intensität und die Anzahl der Wiederholungen steigerte ich immer weiter. Vor allem dann, wenn ich dachte, dass ich jetzt aber wirklich an meiner körperlichen Leistungsgrenze wäre. Die Lust auf das Training hatte daneben jedoch drastisch nachgelassen, was sicher auch am Ernährungsplan für die letzte Woche lag. Kalorische Unterernährung hieß das Motto, um die letzten Fettreserven zu reduzieren. Der Balanceakt beim Fettabbau bestand darin, weniger Kalorien aufzunehmen, als verbraucht werden, und gleichzeitig für ausreichend Proteine zum Erhalt der aufgebauten Muskulatur zu sorgen. Auf dem Teller lagen also ausschließlich Eier, Bananen, Reis, fettarmes Fleisch und so viel Gemüse, wie reinpasste. Alles zubereitet ohne Gewürze oder Fette.

Es dauerte eine Viertelstunde, bis ich wieder genug Kraft gesammelt hatte, um unter die Dusche zu gehen. Ich hatte tatsächlich Probleme, meine Arme zu heben, um die Duschbrause zu erreichen. Als ich das Fitnessstudio eine halbe Stunde später verlasse, ist es zehn Uhr vormittags. Ein paar Minuten später mache ich mich auf den Weg nach Maastricht, wo ich einen Freund besuchen werde. Ab hier überlasse ich dem Elefanten wieder die Kontrolle.

Aber nur bis zum Sonnenuntergang, denn nachdem ich wieder zurück in Köln war, zog ich meine Joggingschuhe an, um noch die zweite Einheit des Tages zu absolvieren. In der letzten Trainingswoche war nämlich Endspurt angesagt. Jeweils am Vormittag Krafttraining, bei dem die Wiederholungen der einzelnen Übungen abnahmen und zugleich die Intensität bis zum Maximum zunahm. Am Abend dann Lauf- und Intervalltraining, um noch verbliebene Fettreserven des Körpers zu verbrennen. Nach dem Ausrutscher zur Monatshälfte hatte ich mich wieder strikt an den Speiseplan gehalten. Ich war fest gewillt, herauszufinden, was sich unter der letzten Fettschicht an meinem Bauch verbarg.

30.04.2018, ZÜLPICHER STRASSE • NEUE STANDARDS

Angetrunken sitze ich kurz vor Mitternacht in der Zülpicher Straße. Mein Gewissen stört sich nicht an dem vor Kräutersoße triefenden Döner, den ich gerade in mich reinstopfe. Völlig zufrieden schaue ich in die Gesichter meiner Freunde. Es ist Montag, aber wir sind sicher, dass wir noch irgendwo das Tanzbein schwingen können. Es ist unser letzter gemeinsamer Abend für eine Weile. Diesen Moment lassen wir uns schmecken, genauso wie den Gin Tonic, mit dem wir kurz darauf in einer Bar anstoßen.

Vier Monate hat es gedauert, bis ich unter dem ersten richtigen Experimente-*Burnout* litt. Nach der finalen Trainingseinheit zum Ende meines Muskelmann-Experiments wollte ich alles, nur keine selbstauferlegten Regeln mehr. Zum Glück hatte ich Freunde, die mir bei der Lösung dafür, einem unkontrollierten Sündigen, selbstlos zur Seite standen. Generell gibt es Tage, an denen ich einen sehr hohen Anspruch an mich selbst habe, an denen ich die Welt verbessern möchte. Dann gibt es aber auch Tage, an denen ich einfach nur Leichtigkeit spüren will, an denen ich mir nicht um alles Gedanken machen möchte, an denen ich unvernünftig bin, nur genieße und auch Fehler machen darf. Heute Abend war Laisser-faire angesagt.

Nachdem ich am Vormittag die letzten Eisen gestemmt hatte, schaute ich mit nacktem Oberkörper zufrieden in den Spiegel.

Kaum einen Tag hatte ich in diesem Monat ohne Muskelkater erlebt, stets auf Süßes und Fettiges verzichtet und die Hände voller Blasen. Meine Belohnung dafür war aber nicht der Waschbrettbauch, der sich tatsächlich in Ansätzen zeigte. Es ist der Stolz, den ich empfunden habe, nachdem ich meinen inneren Schweinehund vier Wochen lang über weite Strecken im Zaum halten konnte. Viel mehr als meine körperlichen Grenzen haben sich dabei meine mentalen Barrieren verschoben.

In insgesamt 27 Trainingseinheiten hatte ich über 18 Tonnen Eisen gestemmt, 1.300-mal mein eigenes Körpergewicht gezogen und gedrückt. Mit der Aufnahme von täglich 1.800 Kalorien lag ich weit unter der empfohlenen, jedoch bewusst eingeschränkten Menge. Das Ergebnis war eine Gewichtsabnahme von 4 Kilogramm, ein 4 Zentimeter größerer Oberarmumfang und ein 6,5 Zentimeter geringerer Bauchumfang. Damit lag der Anteil meines Körperfetts bei unter 12 Prozent, was einer Reduzierung von über 5 Prozent entspricht. Die Blutwerte, die ich gestern ein letztes Mal bestimmen ließ, zeigten wenig Außergewöhnliches. Kleinere Abweichungen verbuchte ich getrost unter den vermutlich nicht einheitlichen Messtechniken der Labore.

Ob ich mit dem Krafttraining weitermachen würde, fragte mich Jenny. Wahrscheinlich nicht, lautete meine knappe Antwort. Mein Gang war aufrechter geworden und die Nackenschmerzen hatten sich verabschiedet. Das war der neue Standard für meinen Körper, den ich mir beibehalten wollte. Dafür war ich auch bereit, ein paar Stunden in der Woche zu investieren. Aber der Sixpack, der ohnehin von Anfang an nur ein Marketing-Gag war, steigerte nicht mein Wohlbefinden. Auch heute ist mir egal, ob ich zehn Kilogramm mehr oder weniger auf den Rippen habe. Viel wichtiger ist mir ein anderer Muskel, den ich trainiert habe: Durchhaltevermögen. Mein größter Erfolg in diesem Monat war es, die Disziplin für das fast tägliche Training und den weitgehenden Verzicht auf Genussmittel wie Süßigkeiten oder die kleinen Snacks zwischendurch aufzubringen.

Damit konnte ich mir eine Referenz für bevorstehende Herausforderungen in meinem Leben schaffen.

Immer, wenn ich einen Schritt aus meiner Komfortzone heraus mache, erweitern sich meine Grenzen. Jedes Mal, wenn etwas anstrengend oder unangenehm ist, verändern sich die Standards. Sie sind für alle von uns unterschiedlich, aber wir alle haben ein paar von ihnen. Einen Standard dafür, wie viele Treppenstufen wir laufen, bis wir keine Puste mehr haben. Einen Standard dafür, was unsere Arbeit wert ist oder wie der Partner in einer Liebesbeziehung behandelt wird. Diese Standards treiben uns an oder bremsen uns aus. Wenn wir etwas in unserem Leben wirklich langfristig ändern wollen, dann müssen wir diese Standards anheben. Um meinen eigenen, neu geschaffenen Standard zu erfüllen, braucht es in Zukunft nicht mehr viel Disziplin oder Verzicht, da ich die Messlatte bereits einmal höher gelegt habe. Ich werde mich immer daran erinnern, was ich in diesem Monat geleistet habe. Das ist das wahre Geschenk dieses Selbstversuchs.

Um zwei Uhr verlassen wir die Bar. Die Verabschiedung ist herzlich, begleitet von dem Wissen, dass wir uns bald irgendwo auf dieser Erde wiedersehen werden. Erschöpft mache ich mich zu Fuß auf den Weg nach Hause. Selten habe ich mich so darauf gefreut, auszuschlafen. Anstelle des Trainings werde ich mir morgen ein fettes Frühstück gönnen, um dem Elefanten die wohlverdiente Rast zu geben.

5

DER SELBSTVERSORGER

STRESS · ABHÄNGIGKEIT · KOMPLEXITÄT
·
NATUR · ENTSCHLEUNIGUNG ·
EINFACHHEIT

Die erste Maihälfte verbrachte ich in einem autarken Bergdorf auf Korsika. Eingestellt war ich auf Verzicht, überrascht haben mich der Reichtum an natürlichem Essen und der Luxus in der Einfachheit. Eingeschränkt durch Tageslicht und Wetter passte sich das Tempo an die Umwelt an, was mich extrem entschleunigte. Das Zusammenleben auf engem Raum sowie die Abgeschiedenheit haben meine Prioritäten ordentlich zurechtgerückt und unter anderem dafür gesorgt, dass die zweite Monatshälfte eine unerwartete Wendung nahm.

03.05.2018, SAVONA •
UNVOREINGENOMMENHEIT

Ich liebe die Monotonie, die das Meer bietet. Die unendliche Weite, die meinen Blick schweifen lässt. Nichts, was die Gedanken von außen unterbricht, außer andere Gedanken, die mal stürmisch, mal wie sanfte Wellen vorbeiziehen. Vor zwanzig Minuten hat die Autofähre in Savona, nahe Genua, abgelegt. Vom Festland ist schon nichts mehr zu sehen. Vier Stunden wird die Überfahrt nach Bastia dauern. Von der korsischen Hauptstadt soll es weiter in die Berge gehen, wo ich in einem kleinen Selbstversorgerdorf bereits erwartet werde.

Nach dem ersten Drittel des Jahres, das für mich sehr intensiv war, freue ich mich riesig darauf, das Tempo etwas rauszunehmen. Raus aus den hektischen Städten, rein in die Natur. Auf dem Deck stehend träume ich vor mich hin, stelle mir vor, wie es so sein wird, mit diesen Selbstversorgern.

Warum ziehen sich Menschen aus der Zivilisation zurück?
Sind es Sonderlinge oder sind sie vielleicht die Einzigen,
die noch bei Verstand sind?
Ich frage mich, was mir aus meinem Wohlstandsleben fehlen
wird. Warmes Wasser, Strom, Einkaufen gehen, andere
Menschen sehen, Privatsphäre?

Meine Recherche vorab verriet mir, dass es weltweit mehr als eintausend Ökodörfer gibt, von denen jedoch nur wenige komplett autark sind. In Europa befinden sich davon über 400, die meisten in Deutschland. Der Plan war, mir sowohl ein sehr kleines Selbstversorgerdorf als auch eine größere Gemeinschaft mit über 100 Bewohnern für jeweils zwei Wochen anzuschauen. Das stellte sich jedoch als relativ schwierig heraus, da die Dörfer sporadische Besucher nicht jederzeit mit offenen Armen willkommen heißen. Verständlich, denn das würde ich in meinem Zuhause auch nicht wollen. Deshalb war ich umso dankbarer, dass eine Leserin meines Blogs den Kontakt nach Vitulettu herstellte.

Im Bordrestaurant der Fähre bestelle ich einen Filterkaffee und ein Sandwich, das so aussieht, als wenn es schon seit drei Tagen in der Auslage gelegen hat. Ich setze mich in eine ruhige Ecke, um das Buch *eurotopia* von Michael Würfel zu lesen, der dieses Verzeichnis regelmäßig gemeinsam mit den Bewohnern der Gemeinschaft *Sieben Linden* veröffentlicht. »Einheit in der Vielfalt« heißt es darin. Diese Aussage leuchtete mir ein. Einem Anführer, einem Gott, einer Ideologie oder einem Dogma zu folgen, lässt wenig Platz für Individualität. Bei gut funktionierenden Gemeinschaften scheint es vor allem um die richtige Balance zwischen Freiraum und Kollektiv zu gehen. Ich war überrascht, wie unterschiedlich die Ökodörfer sind. Bei einigen steht die Selbstversorgung im Vordergrund, andere praktizieren freie Liebe oder folgen anderen Ideologien. Das ökologische Gleichgewicht durch die Nutzung regenerativer Energien, natürlicher Bauweisen, Komposttoiletten, Pflanzenkläranlagen und Permakulturdesign wiederherzustellen, ist hingegen für alle ein Anliegen. Genauso wie der Wunsch nach einem bewussten, nachhaltigen Zusammenleben.

Im *eurotopia*-Verzeichnis sind Dörfer in allen Größen aufgelistet. Eine familienähnliche Gruppengröße von sieben bis zehn Bewohnern scheint noch ohne klare rechtliche und soziale Strukturen auszukommen. Jedoch spätestens wenn diese Anzahl überschritten wird, braucht es wohl eine demokratische Organisation mit Untergruppen und Delegationen oder eben einen Guru, dem alle folgen.

Der Landbesitz liegt entweder bei einzelnen Eigentümern oder innerhalb einer Genossenschaft. Geld wird in den Gemeinschaften verdient, indem Seminare gehalten, Reisen angeboten und selbst geerntete oder gefertigte Produkte verkauft werden. Teilweise gehen die Bewohner auch *normalen* Jobs nach oder finanzieren sich über Ersparnisse und Spendengelder.

Zwei bellende Hunde, die gerade im Bordrestaurant ihr Revier markieren, unterbrechen meinen Lesefluss. Aber das war auch gut so. Genug gelesen. Ich möchte mich lieber überraschen lassen. Ein großes Ziel für dieses Jahr war schließlich Unvoreingenommenheit. Das Schubladendenken hatte ich satt. Mein Kopf sollte nicht ständig Assoziationen herstellen, sobald ich an bestimmte Dinge dachte. Die bisherigen Auffassungen, die ich zu Selbstversorgern hatte, stammten aus Artikeln, Büchern und ein paar oberflächlichen Erfahrungsberichten von Freunden, die diese wiederum von anderen Freunden an mich weitergegeben hatten. Das war aber nicht meine Meinung, sondern eine fremde Sichtweise. Wenn ich diese übernehmen würde, würde ich mir selbst die Chance versperren, die Realität ohne Filter zu sehen. Die Bilder von Ökos, Hippies und schrulligen Aussteigern werfe ich also über Bord.

Eine gefühlte Ewigkeit später wird es unruhig auf der Fähre. Die Lautsprecheransagen lassen uns wissen, dass wir in die Autos gehen sollen. In wenigen Minuten würden wir in Bastia anlegen. Obwohl Korsika dichter an Italien liegt, ist es französisches Hoheitsgebiet. Das sehe ich auch an den Verkehrsschildern, denen ich aus dem Rumpf der Autofähre heraus folge. Von hier aus sind es noch einmal eineinhalb Stunden bis zu meinem Ziel.

Nach der Hälfte der Strecke verlasse ich die gut ausgebaute Küstenstraße, um weiter über Serpentinen durch die Berge zu fahren. Der Handyempfang wird immer schwächer, die Straßen enger und das letzte Tageslicht verschwindet. Nach ein paar falschen Abzweigungen, die mich ins Nirgendwo geführt haben, sehe ich endlich zwei alte Autos auf einem provisorischen Parkplatz stehen. Das musste es sein. Ich nähere mich einem Zaun, sehe jedoch keinen Eingang, nur bellende Hunde, die meine Ankunft ankündigen. Jemand kommt mir mit einer Taschenlampe entgegen. »Hallo Sebastian, herzlich willkommen in Vitulettu. Ich bin Carolina.«

07.05.2018, VITULETTU • EINFACHHEIT

Es gibt Tee und selbstgebackenes Brot mit Honig oder Marmelade. Am Tisch wird wild durcheinander Deutsch, Französisch und Englisch gesprochen. Neben den ständigen Bewohnern von Vitulettu sitzen auch drei junge Frauen beim Frühstück, die über die Plattform *Workaway* gegen Kost und Logis hier mithelfen. In den ersten Tagen hatte ich Schwierigkeiten, herauszufinden, wer zu wem gehört. Das klassische Denken in *Mama-Papa-Kind*-Familienmustern funktionierte hier nicht.

Gerd ist der Gründer der Gemeinschaft, der das Grundstück im Nordosten Korsikas bereits Anfang der 90er gepachtet hat und seitdem durchgehend dort lebt. Carolina und Beate folgten ihm kurze Zeit später. Julien ist 14 Jahre alt, ein weiterer, bereits erwachsener Sohn ist gerade zu Besuch. Außer den deutschsprachigen festen Bewohnern sind derzeit eine Engländerin, eine Französin und eine Kanadierin zu Besuch. Außerdem fühlen sich hier vier Katzen und drei Hunde zuhause. Zwischenzeitlich hatten bis maximal 16 Leute fest in Vitulettu gelebt. Aktuell sind es nur noch vier, wobei aber immer wieder ehemalige Bewohner und Volontäre für einige Wochen vorbeikommen.

Es ist anstrengend, den Gesprächen zu folgen. Es ist vor allem Französisch, was alle sprechen, außer mir. Nach einigen Minuten verliere ich das Interesse daran, mir aus den paar Brocken, die ich aufschnappe, einen Sinn zusammenzureimen. Ich denke darüber nach, wie ich mir mit genauso miesen Sprachkenntnissen anfangs in Australien oder auch in China so oft fehl am Platz vorkam. Sprache kann genauso vereinen, wie sie spaltet. Seitdem ich diese eigenen Erfahrungen gemacht habe, nehme ich mehr Rücksicht auf andere. Aber auch ich wechsele immer mal wieder unbewusst auf Deutsch zurück, wenn nur ein Ausländer am Tisch sitzt. Deshalb ermahne ich mich jetzt selbst zu mehr Verständnis, genieße den frischen Minztee und den fantastischen Ausblick.

Es waren spannende erste Tage in Vitulettu. Das Dorf liegt 800 Meter über dem Meeresspiegel. Bei klarem Himmel sieht man das Meer durch eine Schneise hindurch. Das Grundstück hat sicher eine Größe von zwei Fußballfeldern. Neben dem bereits wieder aufgebauten Haupthaus stehen noch Ruinen, verlassene Wohnwagen und viele Baumaterialien. Seit 20 Jahren wird ständig irgendwo gebaut. Früher gab es noch Milchschafe, die jedoch verkauft worden sind. Auch eine Imkerei ist einmal betrieben worden, neben der sich jetzt meine Unterkunft befindet.

Mein Quartier ist deutlich komfortabler, als ich es erwartet hätte. Ungefähr 50 Meter vom Haupthaus entfernt, mit eigenem Zimmer, kleinem Bett und einem Ofen. Es ist schlicht, aber es fehlt an nichts. Genauso verhält es sich insgesamt mit dem Leben im Dorf. Strom gibt es, wenn Sonne das Solarpanel bescheint. Das Wasser kommt so kalt aus dem Hahn, wie es der Quelle in einiger Entfernung entspringt. Das alles holt mir ins Bewusstsein, dass viele Dinge, die ich im Alltag sonst als einfach gegeben hinnehme, gar nicht so selbstverständlich sind. Dazu gehört neben warmem Wasser aus der Leitung auch ein Kühlschrank oder Elektrizität, was es hier nur sporadisch gab. Außerdem habe ich gelernt, dass vieles, das ich bisher für Unkraut gehalten habe, nicht nur essbar, sondern sogar absolut köstlich ist. Dass Asche ein wunderbarer Ersatz für Spülmittel sein kann. Oder dass Wildschweine sich mit Hausschweinen genauso kreuzen, wie die verschiedensten Gemüsesorten im Garten.

Die Tage beginnen stets mit einem Frühstück gegen sieben Uhr. Meist werde ich schon vor sechs Uhr wach und gehe eine Stunde durch die wilden Wälder Korsikas spazieren, wobei mich die Hündin Bella oft begleitet. Zum Zähneputzen und für die Katzenwäsche ist an der Außenwand meines Häuschens ein Waschbecken angebracht. Es wird viel Wert darauf gelegt, dass nur natürliche Seife ohne chemische Zusätze zum Einsatz kommt, da das Abwasser direkt in den Boden fließt. Für die Notdurft gibt es ein Kompostklo, wobei ich kleinere Geschäfte im Freien verrichte. »Bitte immer etwas mit dem Ort variieren, damit es nicht anfängt zu stinken.«, lautet die Anweisung.

Nach dem gemeinsamen Frühstück bekommen wir von Gerd eine Einweisung zur heutigen Arbeit. Wir teilen uns auf, bewaffnet mit Eimern, Handschuhen, Harken und Spaten. Es sollen Tomaten gepflanzt, Beete von Unkraut befreit und umgegraben sowie Bodenplatten für einen neuen Gehweg verlegt werden. Als Regen einsetzt, gehen wir in die Gemeinschaftsstube, schneiden Teeblätter und kneten Brotteig. Zum Mittag gibt es die Reste vom Vortag oder Brot aus dem Steinofen. Am Nachmittag arbeitet der, der noch Kraft hat. Auch wenn Gerd teilweise mit harter Hand die Befehle in der Gemeinschaft erteilt, ist letztendlich alles optional. Es braucht ganz einfach nur jemanden, der den Überblick darüber behält, welches Beet wann und mit welchen Früchten bestellt werden sollte.

Vieles von dem, was ich hier lerne, widerspricht der Logik, die mir im Wirtschaftsstudium beigebracht wurde. Es geht hier weder um ökonomische Effizienz noch um komparative Kostenvorteile. Die Böden werden nicht maximal ausgebeutet, sondern natürlich bepflanzt. Anders als in der gewinnorientierten Landwirtschaft wird auf Permakultur gesetzt. Es wird darauf geachtet, welche Pflanzen gut miteinander harmonieren und dass die Erde gehaltvoll bleibt. Das mag vielleicht kurzfristig nicht produktiv sein – es ist jedoch deutlich natürlicher, als etwa Mais in einer Region anzubauen, der den Boden auslaugt, so dass dieser wiederum mit hohem Aufwand gedüngt werden muss und in einer anderen Region massenhaft Kühe gehalten werden, die die Böden hingegen überdüngen.

Mehr noch als Gerd gibt jedoch das Wetter den Arbeitstakt in Vitulettu vor. Es regnet zurzeit viel, was wohl sehr ungewöhnlich ist, da Korsika eigentlich 300 Sonnentage im Jahr hat. Ich bin gespannt, ob ich noch einen dieser schöneren Tage erleben darf. Anfangs habe ich bei Regen nicht mit der Arbeit aufgehört. Es hat etwas gedauert, bis ich eingesehen habe, dass ich mich auch einfach der Natur ergeben kann, anstatt krampfhaft dagegen anzukämpfen. Hier bestimmen vielmehr Tageslicht, Mondphasen und Wolken, wann welche Arbeit gemacht wird. Der Tagesrhythmus wird der Natur überlassen, alles passiert zu seiner Zeit. Wenn es dunkel wird, gehe ich ins Bett. Wenn es regnet, gehe ich ins Haus. So darf mein perfektionistisches Ich auch mal alles stehen und liegen lassen. Es ist eben nicht wichtig, ob ich das Beet heute oder morgen umgrabe. Ich nehme mir vor, mich weniger auf das Ergebnis zu konzentrieren und dafür mehr die Handlung an sich zu genießen.

Vor dem Abendessen laufe ich gemeinsam mit Carolina durch den Garten. Sie zeigt mir, welche Pflanzen, die ich für ungenießbares Unkraut hielt, schmackhaft sind. Das ganze Bündel aus Kräutern geben wir mit etwas Wasser in einen Mixer, bevor der kräftigste Smoothie herauskommt, den ich je getrunken habe. Nach und nach treffen auch die anderen im Haupthaus ein, wo wir uns bei Tee am Ofen aufwärmen. Jeden Abend kocht jemand, der gerade Lust darauf hat. Heute wird Falafel mit Gemüse serviert. Die Zutaten sind zum Großteil im Garten gepflückt oder aus dem Keller mit Eingewecktem geholt worden. Nur wenige Lebensmittel wie Butter, Salz oder Eier werden aus Bioläden zugekauft.

Das Essen löst eine echte Geschmacksexplosion in meinem Mund aus, was wohl an den frischen Zutaten, aber auch an der besonderen Wertschätzung des Essens liegt. Den ganzen Tag stand ich auf den Beeten, habe mich verausgabt und sehe jetzt das Gemüse auf dem Teller, das im weiteren Sinne meiner Körperkraft geschuldet ist. Eine unglaubliche Befriedigung. Etwas, das ich nie empfinden könnte, wenn ich durch die überdimensionierten Regale eines Supermarktes laufe, in denen jederzeit alles verfügbar ist.

Nach dem Essen spielen wir Karten, tauschen uns in Sharing Circles aus oder meditieren gemeinsam. Es ist eine angenehme Stimmung, in der jeder seinen Gedanken und Bedürfnissen freien Lauf lässt. Niemand braucht hier eine Maske, denn es geht nicht um Oberflächlichkeiten wie Besitz, Status oder Aussehen. Es gibt keine Ablenkungen und auch wenig anderen Zeitvertreib, außer sich aufrichtig mit den Menschen um sich herum zu beschäftigen. Das schafft in mir eine Tiefe, wie ich sie in meinem sonst so geschäftigen Alltag selten erfahren habe.

In einem langen Gespräch erzählten mir die Bewohner von ihren Beweggründen, nach Vitulettu zu kommen. Sie hatten genug von dem stressigen Alltag mit ständigen technologischen Innovationen, zunehmendem Leistungsdruck und der stattfindenden Vereinsamung der Einzelnen. Sie wollten ihr Tempo reduzieren und wünschten sich dafür einen Ort, an dem sie sich persönlich und spirituell weiterentwickeln konnten. All das klang für mich völlig nachvollziehbar. Vitulettu ist tatsächlich gänzlich frei von Dogmen. Hier darf jeder sein, wie er wirklich ist. Es gibt keine Vergleiche mit Instagram-Motiven oder anderweitigen Idealen. Es zählt nur, was echt ist. Und das sind die dort lebenden facettenreichen Persönlichkeiten, das Wetter und der Gemüsegarten.

Gegen 21 Uhr gehe ich in mein Zimmer. Bei Kerzenlicht lese ich noch ein paar Seiten, bis mich die Anstrengungen des Tages ziemlich schnell in einen friedlichen Schlaf fallen lassen.

09.05.2018, CALVI · LEICHTIGKEIT

»Du darfst ruhig langsam gehen!«, ermahnt mich die Stimme in meinem Kopf, als ich mich dabei erwische, wie ich ohne jeglichen Grund fast rannte. Ich muss direkt über mich selbst lachen und schalte wieder einen Gang runter. Immer, wenn ich mich bei der Arbeit im Dorf mit den Worten »Ich geh mal *schnell* auf Toilette.« oder »Ich mach mal *kurz* Pause.« entschuldigt habe, schlug mir Gerd vor, dass die Pause gern länger und der Toilettengang auch entspannt sein dürfe.

Worte formen Gedanken, denen wiederum Handlungen folgen. Mir ist bewusst, dass ich einen Hang dazu habe, Dinge möglichst effektiv in hohem Tempo zu erledigen. Dieser Antreiber ist durchaus hilfreich, jedoch nur bis zu dem Punkt, an dem er zwanghaft wird und mich damit ausbremst. Wo beispielsweise ein gewisser Anspruch an Qualität hilfreich ist, wirkt hingegen Perfektionismus lähmend. Genauso ist Einfühlungsvermögen nur solange gut, wie ich es nicht immer allen recht machen möchte. In Zukunft werde ich also mehr auf meine Wortwahl achten und *mal schnell* oder *mal kurz* in meinen Formulierungen vermeiden, um nicht komplett durch mein Leben hetzen zu müssen.

Ich setze mich auf einen Felsen, etwas abseits vom Touristentrubel rund um die alte Zitadelle. Calvi, das behaupten zumindest die Korsen, sei der Geburtsort von Kolumbus. Die Italiener sehen das anders, aber was spielt das schon für eine Rolle. Was für mich wichtig ist: was den guten Christoph wohl dazu getrieben hat, ins Unbekannte aufzubrechen.

Zu einer Zeit, in der viele Menschen noch davon ausgingen, dass die Welt eine Scheibe sei, muss für ihn der Ruf des Abenteuers größer als das potenzielle Risiko aller augenscheinlichen Gefahren gewesen sein. Mit Blick auf das Wasser versuche ich mir vorzustellen, was für ein Urvertrauen nötig gewesen sein muss, um sich auf ein solches Unterfangen einzulassen. Im selben Augenblick muss ich daran denken, dass ich mich bereits verloren fühle, wenn ich das Haus ohne Smartphone und Google Maps verlasse.

Ist die Zeit für Abenteurer wie Kolumbus vorbei?

An meinem freien Tag wollte ich mal raus aus Vitulettu, Korsika erkunden und andere Menschen sehen. Im Dorf war es schwer, sich zurückzuziehen. Mein kleines Zimmer lud nicht wirklich zum Entspannen ein und im Gemeinschaftsraum war immer irgendjemand. So sehr ich die Bewohner ins Herz geschlossen hatte, fehlte mir doch der Freiraum. Was mich ehrlich gesagt verwunderte, denn normalerweise flüchte ich immer aus der Einsamkeit. Eine neue Seite an mir, die ich diesen Monat in Vitulettu entdeckt habe.

Während der wunderbar monotonen Arbeit im Garten musste ich in den letzten Tagen oft an meine Studienzeit in Berlin zurückdenken. Damals schien das Leben so leicht. Es gab nur wenige Verpflichtungen. Prüfungen, Nebenjobs, Studentenpartys, all das war komplett unverbindlich. Bevor es nach dem Studium dann ernst wurde. Plötzlich galt es, große Entscheidungen zu treffen.

Welchen Karriereweg schlage ich ein? Wo lege ich Geld an? Soll ich Eigentum kaufen? Den nächsten Schritt in meiner Beziehung wagen? Bin ich bereit für Nachwuchs?

Nicht selten frage ich mich noch heute, warum diese Leichtigkeit irgendwann verloren gegangen ist. Gearbeitet hatte ich schon seit der Schulzeit. Das war also nicht neu. Viel eher war es wohl der gesellschaftliche Druck, der sagte, dass der Ernst des Lebens jetzt beginnen müsste. Als Kind und junger Erwachsener war es noch okay, Fehler zu machen, sich auszutoben und auszuprobieren.

Aber irgendwann beginnt schließlich der Ernst des Lebens, oder?

Allein der Gedanke daran beschert mir Gänsehaut. Was für ein Blödsinn.

Wer hat denn bitte beschlossen, dass wir ab einem bestimmten Alter mit dem Spielen und Entdecken aufhören sollten? Dass wir uns auf eine Arbeit, einen Partner und einen Wohnort festlegen müssten? Dass es wichtig wäre, einen lückenlosen Lebenslauf zu haben, niemals aufzugeben und stets zu einmal getroffenen Entscheidungen zu stehen?

Diese viel zu schweren Einschränkungen verbiete ich mir. Ich möchte mit Mitte Dreißig nicht an Rentenpunkte denken, einen jahrzehntelangen Kredit abbezahlen oder einer Partnerin versprechen, dass ich ihr in guten wie in schlechten Zeiten bis zum Lebensende treu bleiben werde. Bei mir gab es bis jetzt grob alle fünf Jahre stets so große Veränderungen, dass ich unmöglich wissen kann, wie mein Leben in der Zukunft aussehen wird.

Es ist erst ein paar Jahrzehnte her, dass Frauen ohne Unterschrift des Ehepartners ein Bankkonto eröffnen dürfen, dass Lehrer in Klassenräumen nicht mehr mit dem Zeigestock zuschlugen, dass es eine Anschnallpflicht in Autos gibt und dass die Grünen als politische Mitte gesehen werden. Selbst in meinem kurzen Leben hat sich die Welt bereits so stark verändert, dass mir eine Wette auf die Zukunft unsinnig erscheint. Genau deshalb möchte ich mir Raum für Weiterentwicklung und Unvorhergesehenes bewahren. Und deshalb bin ich auch nicht bereit, mein jetziges Leben für ein leeres Versprechen in der Zukunft aufzuschieben.

Immer noch auf dem Felsen sitzend kommt mir ein Gespräch mit alten Freunden in den Kopf. Als ich damals in die Runde fragte, welche ungelebten Träume sie hätten, traute sich mein Kumpel Marcel, von seiner Idee zu erzählen. Selbst ein Hausboot zu bauen, auf dem er im Sommer Zeit mit seinem Sohn verbringen kann, das würde ihm richtig Spaß machen. »Wie willst du das denn finanziell stemmen!«, bis hin zu »Was da wohl deine Freundin zu sagt …«, hagelte es sofort an Einwänden. Die Enttäuschung stand ihm ins Gesicht geschrieben. Diese damals so mutig ausgesprochene innere Sehnsucht hat er seitdem noch etwas tiefer in seinem Herzen vergraben. Wahrscheinlich wird er zukünftig vorsichtiger damit sein, sich anderen Leuten so zu öffnen.

In der damaligen Runde habe ich daraufhin die Geschichte von den Krabben erzählt, die sich nicht aus einem offenen Eimer befreien können, weil sie sich kurz vor dem Erreichen der Freiheit immer wieder gegenseitig hinunterziehen. Dieses Verhalten sei jedoch nicht böswillig, sondern von einer Angst getrieben. Der Angst davor, dass dem anderen etwas zustoßen oder man allein in der Gefangenschaft zurückbleiben könnte. Für einen Moment wurde es ruhig am Tisch, bis jedoch ziemlich schnell das Thema gewechselt und wieder über banale Dinge gesprochen wurde.

Mittlerweile habe ich mir ein Umfeld geschaffen, das mich unterstützt, anstatt mir andauernd zu sagen, wie unrealistisch meine Ideen doch wären.

Ein Befreiungsschlag – vielleicht steckt in einigen von uns doch ein kleiner Kolumbus?

Im Selbstversorgerdorf war von all dieser Schwere nichts zu spüren. Hier wurde sich nicht gegenseitig in ein Korsett aus 40-Stundenwoche, Altersvorsorge und Statussymbolen gezwungen, das den wenigsten Menschen wirklich passt. Die Bewohner haben sich ihre eigenen Regeln geschaffen.

Am späten Nachmittag habe ich genug von den Menschenmassen, die sich durch die engen Gassen von Calvi zwängen und vor den Souvenirshops Schlange stehen. Ich mache mich auf den Rückweg, genieße dabei noch die spektakulären Ausblicke, freue mich aber schon wieder auf die Bescheidenheit von Vitulettu.

13.05.2018, FLORENZ • GLÜCK

Eine dünn ausgerollte Pizza Napoletana, darauf hatte ich mich schon seit Tagen gefreut. Sogar von einem Steinofen habe ich geträumt. Leider war in den Vororten von Florenz kein Restaurant bereit, seinen Ofen bereits um 18 Uhr nur für mich anzuschmeißen. Nach einer halben Stunde gebe ich die Suche auf und begnüge mich mit Antipasti und einem Cappuccino. Die anfängliche Enttäuschung war aber bald verflogen. Wenn ich so darüber nachdachte, wollte ich gar keine Pizza. Ich wollte lediglich das vermeintliche Bedürfnis befriedigen, das sich seit Beginn dieses Monats bereits über Tage hinweg in meinem Kopf festgesetzt hatte. Auch der Cappuccino brachte nicht die Geschmacksexplosion, die ich mir ausgemalt hatte. Den frischen Tee aus Minzblättern der letzten Tage konnte ich am Ofen nach der kalten Outdoor-Dusche deutlich mehr genießen.

Wenn ich nur das will, was ich bereits habe, fühle ich mich erfüllt. Wenn ich aber fortwährend nach etwas strebe, was mir fehlt, werde ich nie zufrieden sein. Oder in den Worten der antiken Philosophen ausgedrückt: »Wolle, was du musst.« Die Erfüllung meiner echten Bedürfnisse, was nicht immer bequem ist, sorgt für anhaltende Glückseligkeit. Hingegen das Streben nach Pseudo-Bedürfnissen mit schneller Belohnung, die durch Werbeindustrie und mein Umfeld geweckt werden, katapultieren mich in einen Wettlauf, den ich nie gewinnen kann. Je dankbarer ich also für das bin, was ich habe, und je besser ich meine echten Bedürfnisse befriedigen kann, desto glücklicher bin ich.

Selbst wenn die Vorfreude auf ein heißes Bad und auf saubere Kleidung groß war, hatte es mir in Vitulettu an nichts Wesentlichem gefehlt. Das Leben im Dorf war zwar nicht bequem, aber es hat bestens funktioniert. Immer wieder konnte ich feststellen, wie vieles zuvor Hochgepriesenes eigentlich überflüssig ist. Glück entsteht eben nicht durch das ständige Hinzufügen von neuen Dingen, sondern vielmehr durch die Reduzierung von Dingen ohne Wert.

Beispielsweise richtet die Wirkung von Zigaretten in etwa so viel Schaden an, wie alle positiven medizinischen Errungenschaften der Medizin zusammen Gutes tun. Rauchen einfach aus der Gleichung zu streichen, anstatt die Folgen dessen mit Medikamenten zu bekämpfen, wäre der richtige Weg. Genau das Gleiche gilt für Industriezucker, Fertigessen und Weißbrot. Die gesundheitlichen Folgen daraus resultierender unnatürlicher Ernährungsgewohnheiten werden jedoch mit Tabletten, Vitaminpillen und Nahrungsergänzungsmitteln versucht auszugleichen. Genauso, wie auch Stress und Schlafstörungen mit Medikamenten oder übersäuerte Böden in der Landwirtschaft mit Chemie behandelt werden. Das fortwährende Hinzufügen von Dingen sorgt also dafür, dass es keinen Anreiz mehr gibt, die eigentliche Ursache anzugehen. Wir stapeln solange immer mehr Schichten über das ursprüngliche Problem, bis es nicht mehr zu sehen ist. Das Ergebnis ist eine verwirrende Komplexität, die kein Mensch mehr versteht. Genauso wie Dunkelheit die Abwesenheit von Licht ist, ist das Gute eben doch ganz einfach die Abwesenheit des Schlechten.

Der Abschied aus Vitulettu am Morgen war herzlich. Selbst in der kurzen Zeit waren mir die Bewohner sehr ans Herz gewachsen. Julien schenkte mir ein Taschenmesser mit korsischem Wappen. Gerd rief mich in den Vorratskeller, wo ich mir ein paar Konserven zum Mitnehmen aussuchen durfte. Außerdem bekam ich noch ein

Fotobuch über Korsika geschenkt. Es folgten Umarmungen und Versprechungen, dass wir uns bald wiedersehen würden, bevor es für mich gegen acht Uhr zur Fähre ging.

Auf der Überfahrt ließ ich die letzten zehn Tage Revue passieren. Ich war hin- und hergerissen. Einerseits war das Leben in der Natur ohne die üblichen Stressfaktoren ein Segen gewesen, andererseits hatte ich mich in meiner Freiheit eingeschränkt gefühlt. Es brauchte Regeln, um das Zusammenleben auf so engem Raum zu organisieren. Beispielsweise hatte jeder Bewohner sein eigenes Besteck und Geschirr, für das er auch allein verantwortlich war. Das Gleiche galt für Lebensmittel, Arbeitsmaterialien und die Nutzung der Ökotoilette und der Outdoor-Dusche. Es war für mich eine schwierige Balance zwischen einem funktionierenden Miteinander und dem Ausdruck der eigenen Individualität.

Von Anfang an erlebte ich in Vitulettu, wie rücksichtsvoll die Menschen miteinander umgingen. Natürlich gab es nicht nur himmlischen Frieden, sondern auch mal Unzufriedenheit. Aber sobald sich jemand missverstanden fühlte, wurde dies in abendlichen Sharing Circles oder 4-Augen-Gesprächen besprochen. Für tiefsitzende Frustrationen gab es keinen Platz. Was mich an dem Zusammenleben auf so engem Raum besonders faszinierte, war, dass ich in jedem Moment gespiegelt bekam, was mich gerade selbst belastete, ärgerte oder bewegte. Erst diese inneren Konflikte zu lösen, anstatt gleich die Konfrontation zu suchen, war das Ziel aller.

Anders als in meinem gewöhnlichen Alltag mit vielen Ablenkungen merkte ich schnell, wann ich in einem Karussell aus negativen Gedanken gefangen war. Ich glaube fest daran, dass die Welt mir immer einen Spiegel vorhält. Ärgere ich mich über meine Freundin, dann sehe ich in ihr einen Teil von *mir*, den ich nicht besonders mag. Ich projiziere also meine eigenen Unsicherheiten auf sie. Ihr dann die Schuld dafür zu geben, ist zudem einfacher, als mir selbst eine Schwäche einzugestehen. All die Dinge, die um mich herum passieren, sind lediglich Auslöser. Sie können nur entfachen, was in mir bereits vorhanden ist. Das Ganze stelle ich mir vor wie eine

chronische Hautkrankheit. Je besser die Wunden auf der Haut ver-
heilen, desto weniger verletzen mich die Berührungen von außen.

So sehr ich die zehn Tage in Vitulettu genossen habe, so schwer fällt
mir jedoch auch die Vorstellung, dort permanent zu leben. Viel zu
viel Unruhe trage ich noch in mir. Noch möchte ich die Welt sehen,
in Beziehungen mit anderen Menschen treten, mich ausprobieren.
Noch bevor ich mich dazu bereit fühlen könnte, mich all diesen
Ablenkungen zu entziehen. Ich bewundere die Entschlossenheit von
Gerd, Carolina und Beate. Sie scheinen Frieden geschlossen zu haben und nicht vieles aus ihrem alten Leben zu vermissen. Sie haben
sich einen Ort geschaffen, an dem sie sich völlig frei von Ablenkungen weiterentwickeln können. Ein Teil in mir wünscht sich genau
das auch. Ein anderer Teil möchte aber noch mehr Erfahrungen in
einer Welt machen, die mit oberflächlichen Zerstreuungen lockt.

Nach einem dürftigen Abendessen geht es zurück nach München.
650 Kilometer und genug Zeit, um diese ganz besonderen Tage
noch etwas sacken zu lassen. Beim Fahren auf den fast leeren Straßen in Richtung Südtirol treffe ich eine Entscheidung, die sich in
den letzten Tagen schon angebahnt hatte. Für den Rest des Monats
werde ich, anders als ursprünglich geplant, in kein weiteres Selbstversorgerdorf einziehen. Die Organisation hatte sich zu schwierig
gestaltet, außerdem wollte ich mich an das mir selbst gegebene Versprechen halten, etwas Tempo aus meinem Leben zu nehmen.

So werde ich lediglich einen Tagesausflug zu der ein oder anderen Gemeinschaft, wie zum Schloss Tempelhof oder dem Dorf
Sieben Linden, unternehmen. Auch möchte ich bis zum Monatsende andere Selbstversorger interviewen, um mir ein noch besseres
Bild von dieser spannenden Spezies machen zu können.

Aber ansonsten möchte ich mir nach diesen kräftezehrenden
Monaten meiner bisherigen Selbstversuche eine Verschnaufpause
verschreiben und auf meine eigenen Bedürfnisse hören.
Als ich gegen 2 Uhr nachts in Melanies Wohnung ankomme, sehne

ich mich vor allem nach einer heißen Dusche sowie danach, die dreckigen Klamotten in die Waschmaschine zu schmeißen und in einen tiefen, erholsamen Schlaf zu fallen.

22.05.2018, HAMBURG • FREIHEIT

Eigentlich wollte ich nur die Toilette der Hotelbar benutzen, da die auf meinem Zimmer verstopft war. Kein Wunder, das Hotel in St. Georg an der Außenalster war das günstigste, das ich so kurzfristig finden konnte. Als ich an der Bar vorbeilaufe, spricht mich ein arabisch aussehender Mann an. Er ist der einzige Gast. Sein Englisch ist gut, er erzählt mir, dass er zwischen Dubai und Hamburg pendelt. Er handelt mit großen Maschinen. Was genau das für Geräte sind, erschließt sich mir aus den Erzählungen jedoch nicht.

 Wir sprechen über Politik, Finanz- und Wirtschaftssysteme. Darüber, wie wir uns eine bessere Welt vorstellen. Mein Gegenüber könnte liberaler nicht sein, stellt mir leidenschaftlich die Ideen von Adam Smith und der unsichtbaren Hand des Marktes vor. Die Politik habe sich nicht in seine Geschäfte einzumischen, sie solle lediglich Infrastruktur und Sicherheit gewähren. Sie solle zudem dafür sorgen, dass der globale Handel erleichtert wird. Zölle gehörten abgeschafft und die Gesundheitsversorgung privatisiert. Nach zwanzig Minuten habe ich genug gehört. Für weitere Diskussionen bin ich zu müde und mittlerweile drückt auch meine Blase. Außerdem hatte ich das Gefühl, eher einen monologischen Vortrag mit etwas zu starken Überzeugungen zu hören, als ein echtes Gespräch zu führen.

Ich brauche frische Luft. Auf der Straße stehen Frauen, die ihre Dienste anbieten. Selbst kurz vor Mitternacht sind auch Alkohol, Obst aus Südamerika und Hackfleisch aus Australien verfügbar.

Alles da, ständig und überall. Warum?

Weil wir es als Nachfrager *fordern.*

Ich bin anderer Meinung als der Araber. Wenn wir etwas wirklich nicht brauchen, dann ist das eine noch stärkere Vernetzung. Der weltweite Handel und das damit einhergehende Wachstum des Wohlstands sind wie ein Krebsgeschwür, das sich unkontrolliert ausbreitet und uns unaufhörlich krank macht. Die Schere zwischen Arm und Reich wächst dadurch mit den Abhängigkeiten, die wir uns selbst erschaffen. Wir feiern den technologischen Fortschritt, merken dabei aber nicht, wie wir uns den Konsumgöttern und Smartphones unterwerfen. Im BWL-Studium habe ich immer wieder gehört, dass stets ein Wirtschaftswachstum von mindestens 2 Prozent nötig sei, um den Wohlstand zu erhalten. Formeln und Statistiken haben diese Aussage untermauert, bis der Verstand es schließlich glaubte. Dass die Wahrheit aber immer relativ ist und sich sehr gut an das anpassen kann, was ich gern glauben möchte, ist mir erst später bewusst geworden.

Nachdem ich die letzten Tage mit viel Ruhe genossen hatte, sorgten bis zum Monatsende geschäftliche Termine dafür, dass ich nun wieder von einem Ort zum nächsten hetzen werden würde. Interviews, Vorträge, Gespräche mit potenziellen Geschäftspartnern, das alles gab mir das Gefühl, wichtig zu sein, aber über deren Bedeutung bekam ich so meine Zweifel.

Das Thema, das mich seit meiner Zeit auf Korsika ununterbrochen beschäftigt hat, ist Freiheit.

Aber was ist das eigentlich?

Diese Frage stellte ich zum Ende meines Mai-Experiments Freunden, anderen Selbstversorgern und vor allem mir selbst. Die meisten Leute, mit denen ich mich unterhalten hatte, wussten ziemlich genau, *von was* sie frei sein wollten. Vom Job, der Beziehung, der Kirche, materiellen Besitztümern, vollgepackten Kalendern oder anderen Abhängigkeiten. So eine Weg-von-Motivation schafft tatsächlich Platz. Was aber die wenigsten wussten, war, womit sie die neugewonnene Leere füllen sollten. Freiheit *wofür* anstatt *von was* lautet von daher die Frage, auf die aber kaum jemand eine Antwort hatte. Das konnte ich gut nachvollziehen, denn auch nachdem ich mich von vielen Zwängen in meinem Leben befreit hatte, saß ich immer noch in einem goldenen Käfig. Ich wusste zwar, was ich *nicht* mehr wollte, hatte aber keine Ahnung, was ich *stattdessen* wollte.

Auf Korsika fühlte ich mich in meiner Freiheit eingeschränkt, weil mir die Privatsphäre fehlte und ich mich an Regeln halten musste. Auch gab es dort nicht mehr diese schier unendliche Auswahl an Möglichkeiten, die ich sonst immer so gern hatte.

> *Sich nicht zwischen Hunderten von Optionen entscheiden zu müssen – ist das eine Einschränkung oder ist das Freiheit?*
> *Ist Privatsphäre überhaupt noch wichtig, wenn ich ohnehin so sein darf, wie ich bin?*
> *Nicht abhängig zu sein von Energie- und Wasserversorgern, dem Regierungsapparat, einem Arbeitgeber oder dem lokalen Supermarkt, das ist doch echte Freiheit, oder?*
> *Macht uns auch das Internet frei? Oder unsere Schulausbildung?*

Freiheit bedeutet für mich vor allem, nicht lügen zu müssen. Ich bin frei, wenn ich so sein darf, wie ich wirklich bin. Wenn ich meine Persönlichkeit mit allen Sonnen- und Schattenseiten ohne soziale Maske ausleben darf. Genau das machen kleine Kinder, bevor sie zu sprechen und zu bewerten lernen und bevor sie immer wieder hören, wie sie sich richtig zu verhalten hätten. Mit jedem weiteren Jahr werden sie jedoch unfreier, weil sie sich von ihrem Wesenskern immer weiter wegbewegen. Sie werden irgendwann zu genau der Version, die andere in ihnen sehen wollen.

Die Bewohner von Vitulettu haben mir stets das Gefühl vermittelt, dass sie sich diese Freiheit wieder zurückgeholt hatten. In ihrem kleinen Dorf erleben sie nie Verzicht, sondern stets Gewinn. Sie alle hatten sich freiwillig und ganz bewusst für etwas verpflichtet.

Ist genau das nicht die höchste Form von Freiheit?

Auf Korsika gab es immer etwas zu tun. Das waren aber nicht so belanglose Dinge, wie die kommende Marketingkampagne auf der Arbeit zu planen, den Friseurtermin zu vereinbaren oder Tatort zu schauen. Nein, hier ging es darum, die eigene Versorgung mit Wasser, Früchten, Brot und Elektrizität für die kommenden Monate sicherzustellen. Trotzdem habe ich dort nie Stress erlebt. Alle Bewohner waren sich ihrer Aufgaben stets bewusst und haben sie erledigt, wie es das Wetter und ihre Energie gerade zuließ. Ohne Zwang und ohne direkte Belohnung. Letztendlich sind also nicht Menschen wie die Selbstversorger auf Korsika, sondern wir, die einen so stressigen, unnatürlichen Alltag leben, die Sonderlinge.

Ein Typ quatscht mich plötzlich an und fragt, ob ich Haschisch kaufen will. Ich schüttele den Kopf und laufe ziellos weiter. Auf der Straße erzählen mir Leuchtreklamen, dass ich unbedingt dieses eine Gadget brauche und auch fünf Kilogramm weniger auf den Rippen haben müsste, um endlich glücklich zu sein. Sexarbeiter bieten ihre Körper zum Sonderpreis an, denn auch hier ist der globale Wettbewerb angekommen. Ein paar Halbstarke torkeln über die gesamte Breite der Straße und filmen das Spektakel mit ihren iPhones. Was für eine absurde Welt. Eine Welt, in der wir alles haben, wodurch jedoch alles an Bedeutung verliert. Ich spüre fast Ekel in mir aufkommen und denke etwas wehmütig an Vitulettu zurück.

Machen Laubbläser, Trockner und smarte Kühlschränke unser Leben wirklich besser?

Sie sind laut, kosten viel Geld und schaden der Umwelt. Sie haben sich in unseren Energiekreislauf eingeschlichen. Früher hat Menschenkraft diese Arbeit verrichtet. Und deren Energie kam über die Nahrung aus der Natur. Es war ein direkter Austausch. Heute füttern wir mit der Energie aus der Natur unsere Maschinen, die eine riesige Überbevölkerung verursachen und vermeintlichen Wohlstand versprechen.

Was aber machen wir Menschen mit der Energie, die wir durch all diese wunderbaren Maschinen einsparen?
Und wie lange können wir die immer größer werdende Lücke zwischen Ressourcen und exponentiellem Bevölkerungswachstum noch weiterhin durch die Ausbeutung der Natur schließen?

Im 20. Jahrhundert sind wir von einer Bedürfnis- zu einer Wunsch-Gesellschaft geworden. Wir brauchen nichts, wir wollen nur. Es gibt echte Innovationen wie das Internet oder das Smartphone, die das Potenzial haben, unser Leben nachhaltig zu verbessern, und es gibt Ablenkungen. Letzteres ist ein riesengroßer Markt, der aber keine Substanz hat. Ein Großteil der neuen Produkte verbraucht nur massive Marketingbudgets, um uns vom Kauf zu überzeugen. Ein guter Indikator dafür, dass wir sie nicht wirklich brauchen.

Seitdem die Wirtschaft mehr produzieren kann als nachgefragt wird, ist es wichtig geworden, neue Bedürfnisse bei seinen Kunden zu wecken. Hilfreich für die Marketingabteilungen war die Psychoanalyse von Sigmund Freud, die vor allem durch seine Tochter Anna weltweit bekannt geworden ist. Die Freuds waren der Meinung, dass wir Menschen angetrieben sind von einem *Es*, den unbewussten animalischen Triebkräften, mit denen wir uns selbst und anderen schaden. Deshalb brauchte es Institutionen, die uns beibrachten, wie wir unsere Emotionen kontrollieren.

In Bezug auf eventuell zu bedenkende Kollateralauswirkungen muss erwähnt werden, dass Sigmund selbst ein sehr disziplinierter, jedoch von Krankheitsleiden geplagter Mann war, der 1938 auch noch vor den Nazis fliehen musste. Für seine in den 30er-Jahren aufgekommene Impotenz fand er im Sammeln von Briefmarken und antiken Figuren eine Ersatzbefriedigung. Tochter Anna hingegen, die vor allem sexuellen Trieben die Schuld an irrationalem Verhalten gab, probierte es gar nicht erst mit Männern, sondern blieb lebenslang Jungfrau.

Edward Bernays, ein Enkel von Sigmund Freud, machte sich die wissenschaftlichen Erkenntnisse seines Onkels zunutze. Nachdem der Begriff Propaganda nach den Kriegen nicht mehr salonfähig war, erfand er Public Relations. Edward war der Meinung, dass das gemeine Volk zu dumm sei, um eigene Entscheidungen zu treffen, was sowohl für Konsum als auch für Politik galt. Also verkaufte er mit seinen Kampagnen nicht mehr Fakten, sondern Emotionen. Er appellierte damit an das Unterbewusstsein der Massen. *Fackeln der Freiheit* nannte er etwa Zigaretten, womit er dafür sorgte, dass diese seit Ende der 1930er-Jahre auch für Frauen interessant wurden. Die Tabakindustrie dankte es ihm, hatte sich ihr Markt doch fast über Nacht verdoppelt. Viele weitere politische und wirtschaftliche Meinungsmachen basierten auf den Lehren der Familie Freud, die wie viele andere ursprünglich hilfreiche Konzepte zur Machtgewinnung missbraucht wurden.

Als sich die wilden 60er nicht mehr so leicht manipulieren ließen, musste eine andere Lösung her. Anstatt weiterhin Massenprodukte an die Massen zu verkaufen, wurden Individuen gefragt, was sie wollten. Produkte wurden wie deren Werbung individueller. Von nun an wurden Werte verkauft, *Produkte*, mit denen die Revolutionäre ihre Individualität ausdrücken konnten.

Diese Ansprache von uns Konsumenten ist heute durch das Internet noch verfeinert worden. Wir bekommen genau die Werbung, die unsere Emotionen anspricht. Wir fühlen uns frei, ohne dabei zu merken, wie wir uns jeden Tag von Unternehmen, Medien und Politik beeinflussen lassen.

Dahinter steckt sicher keine groß angelegte Verschwörung. Wir folgen als Menschheit ganz einfach unseren Trieben. In meinem Studium war immer wieder vom *homo oeconomicus* die Rede, der egoistische Nutzenmaximierer.

Sind wir das aber wirklich?

Charles Darwin wird oft herangezogen, wenn es um den Wettbewerb zwischen den Arten geht: Der Stärkere setzt sich durch, die Schwachen sterben aus.

Oder basieren unsere Errungenschaften als Menschheit vielmehr auf Kooperation und Inklusion?

Der Markt wird in den Wirtschaftswissenschaften immer als perfektes Gleichgewicht beschrieben. Steigt eine Kennzahl, sinkt eine andere. Anbieter und Nachfrager regulieren die Preise. Gute Produkte setzen sich durch, schlechte Angebote verschwinden vom Markt.

Aber stimmt das heute noch? Bringen Mindestlöhne, Grundeinkommen und Reichensteuern wirklich Arbeitslosigkeit und sinkende Wirtschaftsleistung mit sich?

Die Gewinner am Markt sind diejenigen, die nicht nachhaltig handeln, nur ihren Umsatz steigern und die Kosten ihres Wirtschaftens auf die Allgemeinheit abwälzen. Einige wenige profitieren, alle anderen tragen die Konsequenzen. Die Profiteure einer wachsenden Wirtschaftsleistung sind zudem genau die Menschen, die bereits am meisten besitzen. Diejenigen, die auf keine Gehälter von anderen angewiesen sind, sondern Angestellte oder ihr Geld für sich arbeiten lassen. Es stimmt einfach nicht, dass der Markt über Angebot und Nachfrage immer den besten Preis bestimmt, um damit eine Leistung mit einem Wert zu versehen. Ein Top-Manager verdient nur einhundert Mal so viel wie ein Angestellter im gleichen Unternehmen, weil er Kontrolle über die Gehaltsentscheidungen hat – jedoch nie, weil er einhundert Mal mehr leistet.

Völlig in Gedanken verloren, finde ich mich plötzlich an der Binnenalster wieder. Es ist bereits kurz vor Mitternacht. Ich war einfach nur gelaufen, ohne ein konkretes Ziel zu haben. Mit einem Mal war es ganz ruhig. Nur noch wenige Autos waren unterwegs, viele Lichter bereits erloschen. Ich setze mich auf eine Parkbank, starre auf das spiegelglatte Wasser. In meinem Kopf ist es noch laut, Gedanken wollen sich Gehör verschaffen.

Was soll dieses zwanghafte Wachstum eigentlich?

Wir Menschen haben uns einen Teufelskreis aus Zinseszins und damit einhergehender Inflation aufgebaut. Die weltweite Verschuldung zeigt, wie sehr viele von uns über ihren Verhältnissen leben. Wir vertrauen darauf, dass Geld einen Wert widerspiegelt, der aber zu großen Teilen nur heiße Luft ist. Es ist eine Wette auf die Zukunft, in der es vor allem Verlierer geben wird. Den wenigen Gewinnern in diesem System steht eine Masse gegenüber, die vermeintlich immer mehr braucht, um sich endlich das eigene Glück zugestehen zu können. Hoch lebe der Konsum. Dabei spielt die tatsächliche Höhe des Einkommens eine untergeordnete Rolle. Wichtig ist nur, dass es uns besser geht als den Nachbarn. Die Komplexität dieses ganzen Systems sorgt dafür, dass selbst kleine Krisen an einem Ende der Welt große Auswirkungen auf der anderen Seite haben. Und diese Abhängigkeiten sind wiederum das absolute Gegenteil von Freiheit.

An den Bewohnern von Vitulettu gehen Wirtschaftskrisen vorbei. Sie können sich selbst versorgen, sind nicht abhängig von Mindestlöhnen, Aktienkursen oder Lebensmittelpreisen. Sie sind ausgestiegen aus dieser komplexen Welt, die sich durch zunehmende Abhängigkeiten gegenseitig versklavt.

Die Natur hat Mechanismen, um einen Ausgleich zwischen Überfluss und Mangel zu schaffen. Das sehen wir etwa an Naturkatastrophen, sozialen Unruhen oder Wirtschaftskrisen. Beispielsweise sorgen kleine Waldbrände dafür, dass ein Gleichgewicht zwischen Nährstoffen und Pflanzen wiederhergestellt wird. Seit Jahrzehnten werden jedoch sogar die weniger gefährlichen Waldbrände bekämpft, um vermeintliche Sicherheit zu gewinnen. Irgendwann wird aber ein Feuer ausbrechen, das wir nicht mehr kontrollieren können. Anders als die kleinen Waldbrände, die unter der Erde schwelen, wird dieses lange Zeit unterdrückte Feuer verheerende Konsequenzen haben.

Bereits jetzt kämpfen wir mit Überalterung, Platzmangel und Nahrungsknappheit, aber vor allem mit der Suche nach Sinnhaftigkeit in unserem Leben. Ich denke mittlerweile, ganz besonders nach meinen Erfahrungen in diesem Monat, dass Lebensgemeinschaften wie in Vitulettu zu dieser Problematik wichtige Lösungsansätze liefern können. Neue Formen des Zusammenlebens wie Mehrgenerationenhäuser, Permakulturen oder natürliche Bauweisen wie das *Earthship* im Schloss Tempelhof sind meiner Meinung richtungsweisende Experimente, die die Möglichkeit einer alternativen Zukunft andeuten können. Sie mögen noch eine absolute Minderheit sein, aber wie so oft sind es genau diese Minderheiten, die den nötigen Raum für Innovationen haben.

6

DER NATURIST

VERLETZLICHKEIT · VERGLEICHE · EINSAMKEIT

·

ZUGEHÖRIGKEIT · OFFENHEIT · HEIMAT

Einen Monat verbrachte ich in einem FKK-Camp an der französischen Atlantikküste. An das Nacktsein hatte ich mich schnell gewöhnt, an das Campen weniger. Überrascht hat mich, wie ehrlich der Umgang miteinander war, sobald die äußeren Hüllen gefallen waren. Als Neuling wurde ich nicht nur herzlich begrüßt, sondern bekam auch gleich einen Spitznamen der besonderen Art. Das half zumindest ein wenig, um mit plötzlich aufkommendem Heimweh besser klarzukommen.

03.06.2018, SCHWEIZ • ALLES IST RELATIV

»Sebastian, probier dich doch mal als Pick-up-Artist und schlepp jeden Abend eine andere Frau ab!«
»Hey, du solltest einen Monat lang nur Big Macs essen wie dieser eine bekannte Amerikaner!«
»Schau doch mal, was mit deinen Leberwerten passiert, wenn du jeden Tag eine Flasche Wodka trinkst!«

Das waren nur einige der schrägsten E-Mails meiner Blogleser, als ich sie Ende 2017 darum bat, Vorschläge für mein geplantes Selbstversuche-Jahr einzureichen. Neben fast selbstzerstörerischen Ideen rund um Sex, Alkohol und Drogen erreichten mich jedoch auch überraschend inspirierende Anregungen. Eine davon kam von Pio.

Er schrieb, dass ich unbedingt ins Nudistencamp in Montalivet gehen sollte. Dort habe die europäische Naturistenbewegung in den 1950er-Jahren ihren Ursprung genommen. Mir war sofort klar, dass ich da definitiv hin wollte.

Nachdem die erste Euphorie über die potenzielle Erfahrung eines Monats in einem *Nackedei*-Camp etwas abgeklungen war, holten mich Erinnerungen aus meiner Kindheit ein. Mein Bruder und ich, in Ostdeutschland aufgewachsen, durften an unseren Ostseestränden Ende der 80er-Jahre das Nacktsein ausgiebig kennenlernen. Diese Urlaube waren sehr durchwachsen, was wohl eher am Camping als an den fehlenden Badehosen lag. Dreißig Jahre später hatte ich also die Möglichkeit, dem nackten Alltag in der Natur noch einmal eine Chance zu geben.

Gerade bin ich an Zürich vorbeigefahren und stoppe nun an einem Rasthof, um die aufkommende Müdigkeit mit Kaffee zu bekämpfen. Die Freundlichkeit des Personals kurz vor Mitternacht ist genauso verblüffend wie die durchgehend gute mobile Internetverbindung. Das entschädigt im weiteren Sinn für die Mautgebühr, die ich für nur ein paar Kilometer Straße in Österreich und der Schweiz berappen musste. Noch am Abend hatte ich München verlassen, um mich auf den langen Weg an die französische Atlantikküste zu machen. 15 Stunden Autofahrt klingen für die meisten Menschen wie ein Albtraum. Für mich war diese Monotonie der reinste Segen. Beim Fahren über die leeren Straßen hörte ich Musik, ließ die Gedanken schweifen und sich neu sortieren. Ich erinnerte mich an einige meiner Roadtrips mit dem Wohnmobil durch Südosteuropa, Spanien und Australien.

Australien, das war mit Anfang 20 mein erstes großes Abenteuer, bei dem mich der Travel Bug gebissen hat. Dort erlebte ich auch zum ersten Mal so richtig bewusst die Natur in all ihrer Schönheit und mit all den Gefahren, die im Outback, Regenwald und den Gewässern lauerten.

Mit einem Freund hatte ich mir damals einen 25 Jahre alten Nissan Petrol gekauft. Der Jeep mit Allradantrieb war der Traum eines jeden Backpackers: mit Umklappbett im Kofferraum, einer zweiten Batterie mit 220-Volt-Stromquelle, einem kombinierten Gas- und Benzintank, robustem Dachgepäckträger und einer massiven Roo Bar vor der Motorhaube zum Schutz vor Kängurus. Da konnten wir über die paar durchgerosteten Stellen am Gehäuse und die teilweise defekte Elektronik hinwegsehen. Monatelang schoben wir als Kellner in einem 24-Stunden-Diner Nachtschichten, bevor wir uns nach einer großen Abschiedsfeier mit dem Jeep auf den Weg machten.

Genau 100 Kilometer weit waren wir gekommen, bis Qualm aus dem Motorraum aufstieg. Motorschaden lautete die Diagnose. Die Zylinderkopfdichtung musste ausgetauscht werden, was zwei Wochen Wartezeit und Kosten von ca. 2.000 australischen Dollar bedeutete. Mit qualmendem Motor fuhren wir im Schneckentempo zurück nach Perth, um dort um unseren alten Kellnerjob zu betteln.

Drei Wochen später begann er dann aber doch, unser unvergesslicher Roadtrip, der mehrere Monate dauern sollte. Gemeinsam mit weiteren Freunden entdeckten wir die Westküste Australiens, übernachteten in abgelegenen Nationalparks, sahen im Outback tagelang keine anderen Menschen und duschten unter Wasserfällen. Zwischendurch heuerten wir tageweise auf Farmen an, um ein paar Dollar für Benzin, Autoreparaturen und Lebensmittel zu verdienen. Trotz der chronisch leeren Geldbeutel waren wir glücklich wie nie zuvor. Dieser für mich bisher merkwürdige Gegensatz wurde mir bei dieser Abenteuerreise zum ersten Mal bewusst.

Es war nämlich kaum zwei Jahre her gewesen, dass ich noch tausende Euro in die Renovierung einer Berliner Altbauwohnung investiert und mir schicke Klamotten gekauft hatte oder in teure Bars gegangen war. Während dieser Zeit erschienen mir die Ausgaben immer etwas höher zu sein als die Einnahmen. Es war nie genug.

Aber wofür gab ich eigentlich das ganze Geld aus?

Zum größten Teil, um Menschen zu beeindrucken, die mir eigentlich gar nicht wichtig waren.

In Down Under hatte ich wenig, aber gab auch wenig aus. Meine umso höheren Bedürfnisse an guten Freunden, Abenteuer und Freiheit waren jedoch alle gestillt.

Als ich nach der Hälfte des Jahres komplett pleite in Perth ankam, fragte ich einfach in ein paar Hostels, ob ich gegen freie Unterkunft vormittags beim Saubermachen helfen könnte. In einem indischen Restaurant wischte ich Tische, wofür ich mich am Buffet bedienen durfte. Nie hatte ich das Gefühl von Existenzängsten. Wie auch, es war niemand da, der mir diese Angst machen konnte.

Seit dieser Reise habe ich nicht nur viele Ängste abgelegt, sondern mir erscheint auch kaum eine Autofahrt mehr zu lang. Sicher ist die Fahrt nach Montalivet gerade kein Spaziergang, aber im Vergleich zu den tagelangen Roadtrips durch das australische Outback auch keine Mondlandung.

Und da war er wieder, dieser Referenzwert. Hatte sich mein Erfahrungsschatz einmal ausgeweitet, galten für mich die alten Standards nicht mehr. Alles wird nur noch mit dem neuen Standard verglichen. Nachdem ich beispielsweise das erste Mal bei einem Marathon durch das Ziel gelaufen war, war jeder Halbmarathon danach deutlich leichter. Und da ich es einmal geschafft hatte, mich einen Monat lang nur von Früchten zu ernähren, erschien der Verzicht auf Fleisch in der Zukunft kaum mehr als Herausforderung.

Als ich also mitten in der Nacht auf diesem gottverlassenen Rastplatz hinter Zürich stehe, wird mir bewusst, dass ich mir durch jeden bisherigen Selbstversuch neue Referenzwerte geschaffen habe. Dinge, die ich vorher nicht für möglich gehalten hatte. Mit den neuen Erfahrungen hat sich meine Vorstellungskraft erweitert, wodurch auch mein Handlungsspielraum größer geworden ist. Von meiner Privatsphäre über meine Ernährung bis hin zu der Frage, wie ich in Zukunft leben möchte, fand ich neue Antworten. Die Scheuklappen vor den Augen haben sich geweitet, so dass mein Sichtfeld immer größer werden konnte.

Während ich auf den nächsten Kilometern der Musik von Frank Ocean und Brittin Lane lausche, wird mir noch eine andere Sache bewusst. Es sind die Extreme, die mich immer schon angezogen haben. Aus einem Flugzeug oder von Wasserfällen springen, nächtelanges Bulimielernen vor Prüfungen oder Langstreckenläufe – ich war dabei. Und besonders in diesen extremen Situationen voller Adrenalin oder physischer Erschöpfung konnte ich mich selbst richtig spüren. In diesen Momenten hatte der Kopf Sendepause, es übernahmen Herz und Bauch.

Es gibt aber noch viele andere Wege, um durch körperliche Erfahrungen mit dem Unterbewussten in Kontakt zu kommen: Atemtechniken, luzides Träumen, psychedelische Drogen, Extremsport, ekstatischer Tanz.

Aber bekommt man den Zugang zu seinem Selbst vielleicht nicht auch ohne diese äußerlichen Einflüsse und vor allem mit weniger Anstrengung?

Durch Meditation hatte ich immer wieder versucht, meinen Kopf zu beruhigen. Mit Spielen und Kunst das innere Kind in mir geweckt. In der Esoterik hatte ich Antworten gefunden, die mir die Wissenschaft nicht geben konnte. Trotz aller Bemühungen trug ich jedoch immer noch eine Unruhe in mir, die mich im Übrigen auch zu diesen Selbstversuchen getrieben hat.

Ich war jedoch guter Dinge. Wahrscheinlich nähert sich der Pfad zur Selbsterkenntnis von beiden Seiten, von außen und von innen. Was dabei immer hilft, sind Ruhe und die Ursprünglichkeit der Natur. Beides erhoffe ich mir von den kommenden vier Wochen meines Experimente-Jahres.

Die Kilometermarkierungen rauschen an mir vorbei. Ich war so tief in Gedanken, dass ich erst jetzt bemerke, dass sich die Sprache auf den Straßenschildern geändert hatte. Ein paar Minuten später überquere ich die französische Grenze. Laut Google sind es noch neun Stunden bis zu meinem Ziel. Beflügelt von einem Schuss Koffein fahre ich durch die Nacht. Die Gedanken wirbeln wild umher, zwischen dem, was war, und dem, was kommt. Ich beobachte sie, versuche aber, nicht zu bewerten.

04.06.2018, MONTALIVET • UNTEN OHNE

»Welcome to paradise!« Mit diesen Worten empfängt mich der Dichter Mick nach meiner Ankunft. Monta, wie Montalivet liebevoll abgekürzt wird, soll eine besondere Anziehungskraft haben, von der ich gerade jedoch nichts spüre. Was ich durch meine müden Augen aber fast unbeeindruckt sehe, sind sehr viele Genitalien und Lederhaut.

Erschöpft von der Fahrt sitze ich vor meiner Ecolodge. Im Gespräch mit meinem Nachbarn überfordert mich nicht nur der Fakt, sich dabei nackt gegenüberzustehen, sondern auch all die neuen Informationen, die ungefiltert auf mich einprasseln. Nach einer Stunde weiß ich, wo es den besten Kaffee gibt, wer letzten Sommer mit wem eine Affäre hatte und welche die angesagtesten Mobilheime auf dem Markt sind. Ich versuche, diese Gastfreundschaft wertzuschätzen, will aber eigentlich nur schlafen. Damit musste ich mich allerdings noch gedulden, denn um 13 Uhr war ich mit Stéphanie, der Marketingmanagerin des Camps, zu einer Tour verabredet.

Sollte ich zum Treffpunkt an der Rezeption nackt erscheinen?

Das Personal war schließlich bekleidet. Und bei dem Gedanken, mich unbekleidet neben die attraktive Dame in den Golfwagen zu setzen, stellten sich mir die Nackenhaare auf. Schon allein, mich in meiner eigenen Unterkunft auszuziehen und mir vorzustellen, genau so rauszugehen, kostete Überwindung. Mit dem Gang zur Toilette hatte ich zumindest die erste Mutprobe überstanden.

Mir schossen daneben lauter absurde Fragen in den Kopf.

Wo landet der letzte Tropfen nach dem Toilettengang, wenn ich keine Unterhose anhabe? Was, wenn ich spontan eine Erektion bekomme? Soll ich mich wirklich mit dem nackten Hinterteil auf Stühle oder Bänke setzen, auf denen schon Hunderte vor mir gesessen haben? Gehe ich in den Supermarkt auch nackt? Und wie zum Friseur?

Bewaffnet mit einem Leinentuch, das ich mir zur Not um die Hüfte wickeln kann, gehe ich zur Rezeption, wo Stéphanie bereits auf mich wartet. Auf einer Rundtour durch das Camp erzählt sie von der Philosophie des dem Camp zugrunde liegenden Naturismus. Das Nacktsein stehe gar nicht so sehr im Vordergrund. Vielmehr ginge es um Harmonie mit der Natur, Selbstachtung und Respektierung von Andersdenkenden. Dass das Nacktsein keinerlei sexuellen Bezug habe, betont Stéphanie gleich mehrmals. Es gebe andere FKK-Camps, in denen das der Fall sei, aber Monta sei ein Familiencamp.

Die Anfänge der Freikörperkultur liegen in Deutschland. Das merkt man auch hier im Camp, in dem die Deutschen nach den Franzosen die größte Gruppe ausmachen. Bei einer Internetrecherche fand ich übrigens heraus, dass der erste FKK-Verein bereits 1898 in Essen gegründet worden war. Nachdem sich in den 1920er-Jahren sogar viele Vereine zusammenschlossen hatten und 1930 eine *Europäische Union für Freikörperkultur* ins Leben gerufen wurde, galt ab 1933 in Deutschland ein Nacktbadeverbot. Nach Kriegsende entwickelte sich der Naturismus erneut weiter, wobei aktuell die Zahlen der 35.000 Vereinsmitglieder eher zurückgehen.

Wir stoppen an dem ältesten Bungalow auf dem gesamten Gelände. Immer noch bin ich mir unsicher, ob ich hier komplett nackt sein oder mir zumindest im Golfwagen das Tuch um den Allerwertesten wickeln sollte.

»Das ist der Bungalow von Albert Lecocq und seiner Frau Christiane.«, erklärt Stéphanie auf Englisch mit typisch französischem Akzent. 1950 hätten sie das Naturistencamp gemeinsam mit Freunden gegründet. Bereits 15 Jahre nach der Gründung hätte das europaweit erste FKK-Urlaubszentrum mehr als 5.000 Besucher gezählt. Heute erstrecke sich das Camp über eine Fläche von 200 Hektar, gepflastert mit einem Pinienwald, wunderschönen Dünen und einem zwei Kilometer langen Nacktbadestrand. Während der Hochsaison im Sommer wohnen hier bis zu 12.000 Touristen und Dauercamper. Aktuell seien es knapp 2.000.

Wir fahren weiter über das Gelände und kommen an einer Therme, zwei Schwimmbädern, einem Fitnessstudio, Restaurants, Bars, Supermärkten, einer Bäckerei, einer Fleischerei, einem Friseur und anderen Verkaufsläden vorbei. Es scheint keinen Grund zu geben, für irgendein Bedürfnis das Camp verlassen zu müssen. Auch für Freizeitaktivitäten ist in der Hauptsaison gesorgt. Von Bogenschießen bis Surfen sowie von Kunstprojekten bis hin zu Konzerten gibt es den ganzen Tag lang genug zu erleben. Immer wieder frage ich mich, wie das nackte Einkaufen, Reiten oder Töpfern wohl funktioniere. An der Zeit, all dies herauszufinden, sollte es in diesem Monat nicht mangeln.

Bevor wir die Tour an meiner Unterkunft beenden, bekomme ich noch eine Einweisung zu den Verhaltensregeln im Camp. Diese Do's & Don'ts sollen den respektvollen Umgang miteinander sowie mit der Natur und anderen Dingen regeln. Schwarz auf weiß gedruckt auf Flyern an der Rezeption und gepinnt auf großen Schildern auf dem gesamten Gelände sind sie bei jedem Schritt präsent. Die Einhaltung der Regeln wird sogar von einem eigenen Sicherheitsdienst überwacht. Kameras sind hingegen auf dem Gelände strengstens verboten. Nacktsein wird bei gutem Wetter vorausgesetzt, vor allem am Strand. Bekleidung ist aber in den Abendstunden, beim Einkaufen und generell für Frauen, die ihre Tage haben, okay. Autofahren ist nur im Schritttempo erlaubt, Müll wird getrennt und Wasser sparsam genutzt. Die Nachtruhe beginnt, wenn die Nachbarn schlafen gehen. Durchaus sehr sinnvolle Regeln, die hier auch zu funktionieren scheinen.

Ich bedanke mich bei Stéphanie für die informative Tour, flüchte in meine Unterkunft und freue mich auf einen ausgedehnten Mittagsschlaf. Anders als die ursprünglichen Bungalows von früher, die weder Elektrizität noch Wasseranschluss hatten, verfügt meine Ecolodge über eine Kochnische mit auffüllbarer Wasserpumpe, einem Gaskocher und einem Kühlschrank. Im Grunde ist es ein Zelt, das auf einem festen Holzboden von ungefähr zwanzig Quadratmetern festgemacht ist. Es ist so hoch, dass ich darin aufrecht stehen kann. Vor dem Eingang befindet sich sogar eine kleine Terrasse. Alles sehr schlicht, aber völlig ausreichend.

Nachdem ich aus einem langen, erholsamen Mittagsschlaf aufgewacht war, beschloss ich, in das Einkaufszentrum zu gehen. Trotz kühler Temperaturen lasse ich mein Leinentuch zurück. Die meisten Menschen um mich herum laufen *unten ohne* herum, haben als einziges Kleidungsstück ein Hemd oder einen Pullover an. An diesen Anblick musste ich mich definitiv noch gewöhnen.

Auch im Supermarkt nackt an der Kasse zu stehen, fühlte sich komisch an, vor allem weil die Mitarbeiter Arbeitskleidung tragen und beim Bezahlen mein bestes Stück direkt vor dem Gesicht der Kassiererin baumelte. Als sehr praktisch hingegen empfand ich das Nacktsein später beim Gang zur Dusche, bei dem der ganze Auszieh- und Anziehvorgang entfiel. Auch das unwohle Gefühl aus dem Supermarkt war weg, da hier alle nackt waren.

Und da war er wieder, dieser Herdentrieb, das Bedürfnis, zu einer Gruppe zu gehören. Als einziger Nackter unter Angezogenen fühlte ich mich genauso komisch wie als einziger Angezogener unter Nackten.

Momentan fühlte ich mich aber sowohl mit als auch ohne Kleidung etwas verloren, unabhängig davon, wo genau ich gerade war. In den letzten Tagen hatte sich ein Gefühl in mir festgesetzt, das ich sonst nur sehr selten habe. Hätte ich eine feste Heimat, würde ich es als Heimweh bezeichnen. So bleibt mir aber nur die Frage, wo ich eigentlich hingehöre.

10.06.2018, BARCELONA · HEIMATGEFÜHLE

Gestern, nach dem dritten Radler am Strand, schien die Sonne gar nicht mehr so stark zu sein. Das sieht meine Haut heute anders, denn die strahlt wie ein Krebs. Meine Freunde, mit denen ich gerade am Frühstückstisch sitze, sehen nicht besser aus. Bei Tostada, Huevos und Café con leche lassen wir die letzte Nacht Revue passieren. Jeder trägt seinen Teil zu der Geschichte bei, die wir uns wahrscheinlich noch in zehn Jahren erzählen werden. Wie wir Bier in die überteuerte Disco geschmuggelt und im Casino innerhalb von 10 Minuten 100 Euro verspielt hatten und wie wir zu viert auf einem Roller an der Strandpromenade Barceloneta entlanggefahren waren. Auch wenn mir meine Kopfschmerzen gerade beweisen, wie unvernünftig all das war, bin ich überglücklich.

In den vergangenen drei Tagen gab es keinen Naturismus, dafür eine gehörige Portion Nostalgie. Ein paar meiner Freunde hatten den Trip nach Barcelona schon lange geplant. Dankbar hatte auch ich die Chance ergriffen, mich für drei Tage aus dem Nudistencamp abzuseilen, um mein Bedürfnis nach Heimat und Zugehörigkeit zu stillen. Obwohl ich in Montalivet mit offenen Armen empfangen wurde, gleich zu Beginn tolle Menschen kennenlernte und eine wunderschöne Natur um mich herum hatte, ging es mir alles andere als gut. Das Nacktsein sorgte für eine gewisse Verbundenheit. Die hatte jedoch nicht die Tiefe, die mir gerade so sehr fehlte. Das

Gefühl, verloren zu sein, nagte an mir. Es wurde sogar so stark, dass ich die lange Autofahrt nach Barcelona ohne zu überlegen in Kauf nahm, um mir hier eine Dosis Heimat abzuholen.

Durch meine lange Zeit im Ausland gepaart mit Interessen, die sich in unterschiedliche Richtungen entwickelt hatten, hatte sich mein Freundeskreis komplett verändert. Kontakte mit alten Freunden, deren einzige Basis früher in der gemeinsamen Postleitzahl bestand, waren abgebrochen. Dafür sind neue Beziehungen entstanden, die eine gemeinsame Wertebasis haben, ein aufrichtiges Interesse aneinander und eine Sehnsucht, die uns verband. Die meisten Menschen, die mir heute wichtig sind, kennen allerdings nur den Sebastian der letzten fünf Jahre. Sie kennen mich nicht als Student, als Angestellter oder als Klassenclown, auch nicht mit all den Selbstzweifeln und Ängsten. Sie kennen mich als selbstsicheren Unternehmer und als Globetrotter, der sein Leben im Griff zu haben scheint.

Teilweise hatte ich selbst alte Freunde weggestoßen, weil sie mich zu sehr an einen Teil von mir erinnerten, der ich nicht mehr sein wollte. Wie der Jugendliche, der eine Maske aufsetzte, um Anerkennung zu finden. Oder wie der junge Mann, der fehlende Selbstliebe mit oberflächlichen Beziehungen und Konsum kompensierte.

Ein paar gute Freunde aus meinen Zwanzigern sind jedoch geblieben. Sie erinnern mich in positiver Weise an meine Vergangenheit und daran, dass diese genauso zu mir gehört wie die Gegenwart. Diese Gruppe von Freunden traf ich hier in Barcelona. Ich kenne sie aus Berliner Studienzeiten, teilweise sogar noch aus der Schule. Zwar hatten wir schon länger nicht mehr die intensivsten Beziehungen, aber einmal im Jahr haben wir es immer geschafft, uns für ein langes Wochenende irgendwo in Europa zu treffen. Die Tage verbrachten wir meist mit Sightseeing, Strand und Aktivitäten, nachts machten wir die Bars unsicher. Wir sprachen nicht viel über Dinge, die uns wirklich bewegten. Meist lachten wir über alte Lamellen. »Wisst ihr noch, wie Marcel sich damals in Valencia beim Schulterkampf im Wasser einen Wirbel ausgerenkt hat?« oder »Wie wir mit diesen Chemiestudentinnen am Hafen von Faro Selbstgebrannten getrunken haben!« Jedes Jahr wurden die Erzählungen etwas bunter und wir amüsierten uns alle prächtig.

An diesem Wochenende ging es also weder um Selbsterkenntnis noch darum, besonders vernünftig zu sein. Spaß war alles, was zählte. Und das tat mir verdammt gut.

Nach dem Katerfrühstück verabschiede ich meine Freunde, die ich wohl dieses Jahr nicht mehr wiedersehen werde. Sie nehmen alle den gleichen Flug in Richtung Berlin.

Ich hingegen bleibe hier, laufe ziellos durch die Straßen. Umringt von Menschenmassen steigt plötzlich ein Schwall von Einsamkeit in mir auf, der sich bereits in Montalivet angebahnt hatte.

Was zum Teufel mache ich hier eigentlich?
Sollte ich nicht mit meinen Freunden im Flieger sitzen?
Eine echte Heimat finden, einen festen Freundeskreis?
Warum fühle ich mich gerade so allein? Wo kommt diese
Sehnsucht nach einem Zuhause auf einmal her?

Sicher zwei Stunden lang laufe ich ziellos umher, bis sich die Schmerzen vom Kopf in die Füße verlagert haben. Noch beladen mit Selbstmitleid hole ich das Auto aus dem Parkhaus und mache mich zurück auf den Weg nach Montalivet. An den Ort, der noch für weitere zwanzig Tage mein Zuhause sein soll.

Länger als ein paar Monate hatte ich mich in den letzten Jahren selten im gleichen Land aufgehalten. Es gab dabei durchaus einige Plätze, an denen ich mich heimisch fühlte, aber auch dort zwang mich eine innere Unruhe immer wieder zum Weiterziehen. Oft packte ich meine Sachen, sobald ich mit mir selbst oder den Umständen unzufrieden war. Es hat eine Zeit gedauert, bis mir klar geworden war, dass für mich jede neue Reise nicht nur eine Suche, sondern auch ein Weglaufen bedeutete. Das Problem dabei war, dass ich zwar so schnell laufen konnte, wie ich wollte, mich selbst aber überall hin mitnahm. Irgendwann musste ich also anhalten und mir anschauen, was meine Unzufriedenheit ausgelöst hat, anstatt sie vergebens abschütteln zu wollen.

Als ich es aus der Stadt heraus auf die Schnellstraße geschafft habe, lässt der Verkehr nach. Ich fahre auf der rechten Spur mit maximal hundert Stundenkilometern. Nichts drängt mich. Ich habe keine Eile, keinen Druck, aber auch keine Vorfreude auf meine Destination. Ich fühle mich verloren und denke darüber nach, was Heimat für mich eigentlich bedeutet.

Was braucht es, damit ich mich irgendwo verankert fühle?
Was, um dort auch anzukommen?

Schon lange hat ein *Zuhause* für mich nichts mehr mit einer Bleibe an einem konkreten Ort zu tun. Es sind vielmehr Gefühle und Verbindungen, die einem Ort ein Heimatgefühl verleihen. In Chiang Mai habe ich das genauso wie in Berlin oder auf Bali. Dort komme ich an, weiß, wie ich am besten vom Flughafen in die Stadt gelange, kenne meine Lieblingscafés und treffe bekannte Menschen. Aber nach sechs Jahren immer wieder wechselnden Aufenthalten in Asien ist mir auch bewusst geworden, dass ich dort nie komplett ankommen werde. Es ist eher wie ein aufregender Flirt oder eine Affäre, die gut ist, solange sie andauert. Sobald es jedoch um eine langfristige Perspektive geht, hält diese Beziehung nicht mehr stand. So sehr ich asiatische Kulturen schätze, fehlt es mir dort an Tiefe, Aufrichtigkeit und Integrität. Dazu kommt das ständige Visaproblem, das mir bei jeder Einreise zeigt, dass ich eben doch immer nur ein Besucher bin.

Am vergangenen Wochenende gaben mir meine Freunde das Gefühl, *hier* richtig zu sein. Nicht in Barcelona, sondern mit ihnen und all den Erinnerungen, die eine mit diesem Gefühl einhergehende Wärme in der Magengegend auslösten. Gleichzeitig sagte jedoch mein

Kopf, dass ich genau dieses Zuhause bewusst verlassen hatte. Es war mir zu eng geworden, hatte nicht mehr zu mir gepasst. Es war also wohl eher das bekannte, bequeme Empfinden einer Gewohnheit als ein echtes Heimatgefühl, was sich da in mir breitmachte.

Auch wenn ich es im Moment nicht wahrhaben möchte, weiß ich, dass dieses Gefühl von Sicherheit und Geborgenheit aus meinem Inneren kommen muss. Partner, Freunde oder ein Fußballverein können mir vorübergehend Halt geben, jedoch keine Heimat, solange ich sie selbst nicht in mir trage.

Ist also ein Ort wie Montalivet nicht perfekt dafür, die innere Unruhe loszulassen und mehr bei mir anzukommen?

Es ist bereits dunkel geworden. Erst nachdem einige vorbeifahrenden Autos hupen, bemerke ich, dass mein rechtes Abblendlicht kaputt ist. Meine Stimmung ist aber gerade zu gleichgültig, um mich darüber zu ärgern. Also ergebe ich mich dem Schicksal, fahre auf einen verlassenen Rastplatz und lege mich in den Kofferraum meines Kombis. Ich telefoniere noch mit Melanie, klage ihr mein Leid. Sie schafft es, mich wieder etwas aufzumuntern. In einer Woche wird sie in Bordeaux landen. Sie ist es, ein Stück *Heimat*, an das ich mich beim Einschlafen klammere.

18.06.2018, BORDEAUX • ANGEKOMMEN

»1 hour delayed« steht auf der Anzeige für das Flugzeug aus München, in dem Melanie sitzt. Ich suche nach etwas Essbarem, begnüge mich aber dann mit einem einfachen Kaffee und damit, einfach nur aus dem Fenster zu starren.

Nachdem ich von Barcelona wieder in Montalivet angekommen war, verließ ich drei Tage lang kaum meine Ecolodge. Zu essen gab es Dosenfutter, über mein Handy lief melancholische Musik. Ich hatte mich selbst angestunken und war so unglaublich unzufrieden mit mir selbst und der Welt, wie schon lange nicht mehr.

Solche antriebslosen Phasen kamen bei mir sonst sehr selten vor. Und sobald sie da waren, wusste ich, dass ich aktiv werden musste. Mit letzter Kraft zwang ich mich also dazu, ins Fitnessstudio, zum Strand oder zum Grillen mit den Nachbarn zu gehen. Auf langen Spaziergängen beobachtete ich herumspringende Eichhörnchen und vorbeiziehende Wolken. Ich redete mir dann einfach so lange ein, dass mir diese Dinge Spaß bereiteten, bis sie es tatsächlich taten. Selbstverarschung mit System. Solange es funktionierte, sollte es mir recht sein.

Und es funktionierte auch jetzt, denn mit jedem Tag verblassten die Gedanken an das, was mir hier fehlte. Endlich konnte ich diesem Ort eine echte Chance geben, wodurch ich mich zunehmend an den schönen Seiten von Monta erfreute konnte. Vor allem die viele Zeit in der Natur gab mir eine Verbundenheit zurück, die ich so sehr vermisst hatte.

An die Regeln hatte ich mich mittlerweile gewöhnt. Auch wenn ich mir in manchen Situationen Hosentaschen wünschte, war das Nacktsein am Strand oder zum Duschen äußerst praktisch. Ein Campingfan ist aus mir in den letzten Wochen dennoch nicht geworden. Nachts, wenn die Blase drückte, im Dunkeln schlaftrunken zum Toilettenhäuschen zu torkeln oder dreckiges Geschirr zum nächsten Abwaschplatz zu bringen oder auch den Regen wie Hagelkörner auf dem Zeltdach zu hören – das waren die Kleinigkeiten, die mich beim Camping immer noch nervten.

Aber das ist Kritik auf hohem Niveau, ich weiß, denn abgesehen von den kleinen alltäglichen Herausforderungen gefiel mir dieses schlichte Leben. Ich versuchte, meine innere Unzufriedenheit nicht auf Monta zu projizieren.

Was mich allerdings wirklich begeisterte, waren die Menschen, die dieser Ort anzog. Politiker, Schauspieler, Künstler und Alt-Hippies, die allesamt faszinierende Geschichten zu erzählen hatten. Die meisten von ihnen waren bereits als Kinder mit ihren Eltern hier hergekommen und führten jetzt diese Tradition mit der nächsten Generation fort. Bei Picknicks am Strand, Barbecues im Camp oder beim Fußballschauen in der Strandbar gab es wenig Small Talk, dafür aber tiefe Gespräche über alles, was uns bewegte.

Die meiste Zeit ließ ich allerdings eher faul beim Lesen oder beim Löcher-in-die-Luft-Starren verstreichen. Ein Holländer fand passende Worte, um das entschleunigte Leben in Monta am besten zu beschreiben: »An manchen Tagen muss man aufpassen, dass man beim Gehen nicht umkippt.«

Die Nähe zur Natur sorgte dafür, dass ich richtig gut schlafen konnte und mir nie Stress machen musste, obwohl die To-do-Liste zum Abarbeiten lang war. Ein Tag glich dem anderen. Der Alltag war wie in einem Dorf. Immer wieder liefen mir bekannte Gesichter über den Weg, wir tauschten den neuesten Klatsch und Tratsch aus, verabredeten uns für den Abend. Es war ein Leben im Moment. Zukunftspläne beschränkten sich darauf, an welchem Strandabschnitt wir uns am nächsten Tag treffen wollten und wer den Salat für den Grillabend mitbringen sollte. Kaum jemand interessierte sich für die Wettervorhersage der kommenden Wochen. Wir schauten einfach in den Himmel und ließen uns von Sonne und Regen leiten.

So sehr ich das Leben in Großstädten, vor allem in Berlin, immer gemocht habe, gibt es eine Sache, die mich zunehmend abstößt. Leute sind wochenlang im Voraus verplant. Sie rennen von einem Termin zum nächsten. Wer nicht mindestens auf drei Partys am Freitagabend tanzte, hätte etwas falsch gemacht. Das zeigt sich nicht nur im hohen Tempo auf den Bürgersteigen, sondern vor allem in den gestressten Gesichtern der Großstädter. Es ist fast unmöglich geworden, spontan bei Freunden zu klingeln oder sich einfach mal auf ein Bier am nächsten Tag zu treffen. Hauptsache immer schwer beschäftigt lautet die Devise. Freiraum für Spontaneität ist Fehlanzeige.

Weil es mir jedoch schwerfällt, mich von etwas bewusst abzugrenzen, tendiere auch ich dazu, mich diesem Tempo anzupassen und meinen Kalender mit Terminen vollzuknallen. Im Ergebnis hatte ich so zwar nie Langeweile, kann das Ganze aber mittlerweile nicht mehr als positiv bewerten.

Ein Blick auf die Anzeige verrät, dass der Flieger vor ein paar Minuten gelandet ist. Ungeduldig gehe ich zum Ankunftsbereich, in dem sich bereits die ersten Leute in die Arme fallen. Obwohl ich nicht gern fliege, haben Flughäfen eine ganz besondere Magie auf mich. Große Abenteuer beginnen hier, genauso wie sie hier enden. Tränenreiche Abschiede und emotionale Wiedersehen zeigen Menschen von ihrer verletzlichen, ehrlichen Seite.

Melanie kommt strahlend auf mich zu, wir umarmen uns innig und erleichtert, aber nach ein paar Wochen Trennung brauchen wir wie immer etwas Zeit, um uns wieder aneinander zu gewöhnen. Auf der Rückfahrt halten wir in einem marokkanischen Restaurant, bestellen Tajine mit Couscous. Wir tauen allmählich auf, sind glücklich, wieder vereint zu sein. Obwohl wir uns erst vor einem halben Jahr zum ersten Mal begegnet sind, werde ich das Gefühl nicht los, Melanie schon deutlich länger zu kennen. Beim Essen merke ich zudem einmal mehr, dass Heimat nicht viel mit einem bestimmten Ort zu tun hat. Es ist vielmehr ein Zustand von Ruhe, den ich gerade in meinem Inneren erreiche. Der Anker, der mir momentan genau dabei hilft, ist Melanie. Trotz all der vorübergehenden Trennungen bekam ich von ihr die Stabilität, die ich im Moment brauchte.

Zurück im Naturisten-Camp gebe ich ihr eine kurze Tour, zeige ihr den Strand, ein paar Läden und Restaurants. Mein Nachbar begrüßt mich mit einem frechen Grinsen und meinem Spitznamen Baboon, auf deutsch Pavian. Die Bezeichnung für Neuankömmlinge im Camp, deren Hintern anfangs käseweiß ist und nach dem ersten Sonnenbad eine rote Farbe bekommt. Diesen Spitznamen muss ich mir wohl noch so lange gefallen lassen, bis die bisher verdeckten Körperteile eine leichte Bräunung bekommen würden. Nach einem Schwätzchen mit ihm gehe ich in meine Ecolodge, in der Melanie bereits nackt auf mich wartet. Die Regeln muss ich ihr anscheinend nicht mehr erklären.

29.06.2018, MONTALIVET • DIE HÜLLEN FALLEN

»We have seen each other naked, so let's cut the bullshit and get real!«

So beschreibt Jean-Yves aus Andorra äußerst treffend die spezielle Stimmung in Montalivet. Sobald also die äußeren Hüllen einmal gefallen wären, sei die Distanz beim Kennenlernen deutlich kleiner. Dann wären wir verletzlicher, wodurch es auch weniger Small Talk benötigen würde, um sich zu beschnuppern.

Oberflächliche Gespräche hatte ich hier tatsächlich kaum. Anstelle dessen viele echte Begegnungen mit faszinierenden Menschen. So vorurteilsfrei ich eigentlich gern wäre, so sehr lasse ich meine Meinung doch durch Klamotten und das äußere Erscheinungsbild beeinflussen. Ist die Person schwarz oder weiß, jung oder alt, dick oder dünn, gut oder nachlässig gekleidet? Es gibt genügend Studien, die zeigen, dass wir dieses Bias ständig unterbewusst anwenden. Richter, Personaler, Geheimagenten, sie alle liegen immer wieder falsch bei der Einschätzung ihres Gegenübers. Am Beispiel eines augenöffnenden Experiments ging es darum, Musiker für ein Orchester einzustellen. Das Vorspielen fand einmal hinter einer Trennwand und einmal mit direktem Blick auf die Jury statt. Die deutlich bessere Auswahl wurde getroffen, als nur die Musik, nicht aber das Aussehen, in die Bewertung einfloss.

Genau diese unterbewusste Bewertung kann auch ich bestätigen. Denn, ob ich das nun bewusst möchte oder nicht, ertappe ich mich oft dabei, dass ich mich durch das Äußere von jemandem angezogen oder abgestoßen fühle. Mit Leuten, die mir wegen ihres Auftretens sympathisch erscheinen, unterhalte ich mich viel eher. Dieses Schubladendenken führt aber oft zu langweiligen Gesprächen. Ganz anders in Monta, denn hier wird man nicht anhand von Kleidung und Schmuck bewertet. Hin und wieder ging es zwar darum, wer den tollsten Campervan hat, ansonsten fiel der *Schwanzvergleich* jedoch aus. Genau deshalb war das Verhältnis von anregenden Unterhaltungen und schwerfälligem Small Talk hier um ein Vielfaches positiver.

Jörg, ein Unternehmer und kreativer Kopf im Vorruhestand, bei dem wir uns heute Abend getroffen haben, macht eine neue Flasche Rotwein auf. Der Grill ist längst erloschen. Mit vollen Gläsern stoßen wir an, auf Monta und darauf, dass wir uns begegnet sind. Von der großen Runde des Barbecues sind nur noch eine Handvoll Leute übrig. Neben meinem Nachbarn Pio und dem Gastgeber Jörg sind es vor allem der Dichter Mick und der Franzose Nicolas, die mich hier adoptiert haben und mir ans Herz gewachsen sind. Die Gesprächsthemen dieses Abends reichen von lustigen Anekdoten aus dem eigenen Leben bis hin zu philosophischen Abhandlungen über Liebe, Leid und Leidenschaft.

Pio sitzt auf seinem Campingstuhl als Einziger nackt. Er verkörpert den Naturismus wie definitiv sonst niemand, den ich in diesem Monat getroffen habe. Wir anderen hatten genügend Argumente dafür gefunden, unser Nicht-nackt-Erscheinen rechtfertigen zu können. Die Gründe mochten an den Haaren herbeigezogen sein, aber sie sorgten dafür, dass plötzlich im Nackedeicamp der Nackte zum Außenseiter wurde. Innerlich bewunderte ich die starke Haltung von Pio, der im Camp als Handwerker schaffte. Schon faszinierend, wie dieser Herdentrieb funktionierte. Je nach Rahmen wird ein anderes Verhalten als völlig normal empfunden. Das ist übrigens auch bei all der Offenheit hier in Monta so.

Ähnlich wie in den Vormonaten während meiner ersten Experimente durfte ich auch hier meine ursprüngliche Meinung korrigieren. Naturismus ist kein dogmatisches Nacktsein, es ist die Nähe zur Natur. Entschleunigung, Hilfsbereitschaft und bewusstes Zusammensein stehen zumindest hier in Montalivet für die meisten Menschen, mit denen ich gesprochen habe, im Vordergrund. Wo Nackerte an der Münchner Isar, Nackt-Yogis und Nackt-Läufer oder FKK-Kreuzfahrten noch fragende Blicke auf sich ziehen, redet im Naturistencamp niemand darüber. Dieser Selbstverständlichkeit ist auch mein eigenes Schamgefühl gewichen.

Als wir uns gegen zwei Uhr verabschieden, sind die Umarmungen herzlich. Ob wir weiterhin in Kontakt bleiben werden, wird sich zeigen, zumindest waren es für die Zeit in Monta sehr intensive Beziehungen.

In der zweiten Juni-Monatshälfte konnte ich schließlich verstehen, warum so viele Besucher bereits in der dritten Generation Jahr für Jahr immer wieder zurückkommen. Dieser wahrhaft magische Ort hat auch mich in seinen Bann gezogen. Das lag jedoch nicht am Nacktsein und schon gar nicht am Campen, sondern an den Menschen, die ich hier treffen durfte.

Vor dem Schlafengehen setze ich mich auf die kleine Terrasse vor meiner Ecolodge. Morgen in aller Früh werden wir in Richtung Spanien aufbrechen, aber noch bin ich zu aufgewühlt, um mich neben Melanie ins Bett zu legen. In der nächtlichen Stille verabschiede ich mich schon einmal innerlich von Monta. Als ich darüber nachdenke, was mich dieser Ort gelehrt hat, muss ich an die biblische Geschichte von Adam und Eva denken.

Die beiden Urmenschen, die im Garten Eden in perfekter Harmonie mit sich selbst und allen anderen Lebewesen lebten. Jeden Tag hatten sie lange Gespräche mit Gott. Sie kannten nichts außer der unverfälschten Wahrheit. Sie sahen die Welt genau so, wie sie war, als einen Ort voller Frieden, Glück und Liebe.

Mitten in diesem Paradies befanden sich auch zwei Bäume. Der Baum des Lebens stand für Fülle. Der Baum des Todes, der auch als Baum der Erkenntnis bekannt war, hingegen für den Verfall. Der Baum der Erkenntnis trug saftige Früchte, die wunderbar rochen. Aber Gott warnte Adam und Eva davor, sich nicht von dem Geruch verführen zu lassen. Er verbot ihnen sogar, von dem Baum zu essen.

Eines Tages kam ein gefallener Engel auf die Erde. Der Teufel schickte ihn als seinen Boten ins Paradies, um dort Lügen zu verbreiten. Der Engel nahm die Form einer Schlange an und versteckte sich im Baum der Erkenntnis. Als Adam und Eva an dem Baum vorbeiliefen, begann die Schlange, ihre Lügen zu erzählen. Unschuldig und voller Neugier hörten beide aufmerksam zu. Wie sollten sie auch wissen, dass ihnen nicht die Wahrheit erzählt wurde?

Nachdem sie den Lügen der Schlange lang genug zugehört hatten, veränderte sich langsam ihre Umgebung. Plötzlich verstanden sie, was gut und schlecht, richtig und falsch war. Sie fingen an, die Pflanzen und Tiere um sie herum zu begutachten und sich Meinungen darüber zu bilden. Als Adam und Eva sich gegenseitig anschauten, beurteilten sie auch sich selbst. Zum ersten Mal erkannten sie bewusst, dass sie nackt waren. Sie bedeckten ihre Blöße mit Blättern, weil sie sich plötzlich schämten. Scham, Schuld, Bestrafung, Beurteilung – all diese neuen Empfindungen wurden durch die Lügen der Schlange geweckt.

Beladen mit Schuldgefühlen versteckten sich Adam und Eva, um der Strafe Gottes zu entgehen. Ab diesem Tag entfernten sie sich immer weiter von ihrer Unschuld und damit auch im Endeffekt von Gott. Die beiden brauchten überhaupt keine göttliche Bestrafung mehr, denn durch all das neue Wissen machten sie sich ihr Leben ganz allein zur Hölle.

Ich frage mich, wer die Schlange in unserer Gesellschaft ist.

Wie würden wir uns verhalten, wenn wir nicht all diese gesell-schaftlichen Konventionen irgendwann erlernt hätten?

Kleine Kinder schämen sich noch nicht für ihre Nacktheit. Warum auch? Sie sind perfekt so, wie sie sind. Dann aber lernen sie, wie sie auszusehen hätten, und welche Kleidung sie tragen, wie sie sich schminken oder die Haare machen sollten. Erst dann vergleichen, bewerten und verurteilen sie.

Ich werde in Zukunft vielleicht nicht als nackter Rebell durch die Lande spazieren, aber ich nehme mir fest vor, dem Äußeren noch weniger Beachtung zu schenken, als das bisher schon der Fall ist. Und ich nehme mir fest vor, öfter mit genau der Person zu sprechen, die mir auf den ersten Blick am unsympathischsten erscheint. Ich möchte stets hinter die potenzielle Maskerade schauen und mich vom Leben mehr überraschen lassen.

7

DER MÜLLSAMMLER

BEQUEMLICHKEIT • UNWISSENHEIT • DOPPELMORAL

•

VERANTWORTUNG • 80/20-REGEL • ACHTSAMKEIT

50 Kilogramm Haushaltsmüll produziert der Durchschnittsdeutsche jeden Monat. Das hätte mir einen Hexenschuss beschert, denn den kompletten Juli über trug ich alle von mir selbst verursachten Abfälle auf dem Rücken. Dabei konnte ich feststellen, dass sich ein Großteil meines Mülls mit nur wenig Aufwand vermeiden ließ, sofern ich Bequemlichkeit und Unwissenheit reduzierte. Spätestens hier habe ich auch begriffen, dass gesunde Gewohnheiten anstecken.

02.07.2018, SAGRES • DOPPELMORAL

»No bag, please.«, sage ich der Dame hinter dem Tresen, die gerade meine Pastéis de Nata einpackt. Sie legt die Tüte weg und holt eine Serviette. Als ich sie auch noch um »No napkin, please.« anhalte, ist sie spürbar genervt und reicht mir das Gebäck auf einer Pappschale. Schon jetzt wird mir klar, dass ich in den kommenden Wochen vermutlich viele solcher Gespräche führen werde. Hygienevorschriften und Unverständnis werden dafür sorgen, dass man mich komisch anschaut, wenn ich Verpackungen abbestelle oder meinen Kaffee an der Tankstelle im Thermobecher haben möchte.

Vor ein paar Minuten sind wir in Sagres angekommen, dem südwestlichsten Zipfel Europas. In den letzten drei Tagen ging es über San Sebastian quer durch das spanische Hinterland bis hinunter zur Algarve. Wir schliefen im Kombi, so nah am Strand, dass wir morgens aus der Kofferraumklappe heraus das Salzwasser riechen konnten. Wir hatten im Hinterkopf, eine neue Heimat für das kommende Jahr finden zu wollen. Frankreich und Spanien waren aus dem Rennen, aber Portugal entwickelte sich zu einem ganz heißen Favoriten. Vor allem die Südküste erschien uns dafür umwerfend.

Spontan quartieren wir uns in dem kleinen Küstenort Sagres ein, der uns auf Anhieb gefiel. Es tat gut, mal wieder auf diese unbekümmerte Weise zu reisen. Viel zu sehr war mein bisheriges Jahr durchgeplant gewesen. Nachdem wir in ein Hotel eingecheckt haben, bestelle ich mir im Restaurant nebenan einen Cappuccino, wobei ich nur mit Mühe, aber erfolgreich alle Servietten, Zuckerpackungen und Plastiklöffel abwehren kann. Lediglich beim Kassenbon bin ich hilflos. Der wandert direkt in meinen Müllbeutel, den ich ab heute für einen Monat lang auf dem Rücken tragen werde. Mit Hilfe der Bedienung male ich mir ein Schild, das auf portugiesisch sagt: »Hallo, ich versuche meinen Müll zu reduzieren. Bitte keine Plastiktüten, Servietten, Plastikbecher oder -besteck.« Auf die Blicke darauf bin ich schon jetzt gespannt.

Der deutsche Durchschnittsbürger verursacht in einem Monat ungefähr 50 Kilogramm Haushaltsmüll. Damit liegen wir Deutschen zwar noch hinter den Dänen, Norwegern, Schweizern und Isländern, produzieren aber dennoch mehr Müll als der europäische Durchschnitt. Gesamtdeutschland kommt pro Jahr auf über 45 Millionen Tonnen privaten Haushaltsmüll. 45 Millionen Tonnen! Das ist fast zehn Mal so viel, wie das Burj Khalifa, das mit 828 Metern höchste Gebäude der Welt, wiegt. Der Großteil des Mülls sind Verpackungen, von denen die meisten mehr oder weniger überflüssig sind. Stündlich kommen nach Berechnungen der Deutschen Umwelthilfe zum Beispiel 320.000 Wegwerf-Kaffeebecher dazu.

Eines der größten Probleme jeder Art von Müll ist Plastik. Laut einer Hochrechnung hat die Menschheit seit der Entwicklung des Kunststoffes in den fünfziger Jahren weltweit mehr als 8 Milliarden Tonnen davon produziert. Also so ziemlich genau eine Tonne für jeden, der derzeit auf unserem Planeten lebt. Der größte Teil davon befindet sich heute in unterirdischen Mülldeponien oder in den Ozeanen. Einkaufstüten im Meer, an denen Fische und Vögel elendig verenden, immer mehr Schutthalden unter dem Boden und darüber hinaus Mikroplastik in vor allem Kosmetika ist nur die Spitze des globalen Müllproblems.

Kunststoff hat uns Wohlstand beschert, weshalb ich es gar nicht verteufeln möchte. Das Problem dabei ist jedoch die gleichzeitige, fast ausschließliche Einmalnutzungshaltung unserer Wegwerfgesellschaft. Die meisten Verpackungen landen bereits im Jahr ihrer

Herstellung im Müll. Recycling schafft hier nur wenig Abhilfe, denn zur Wiederverwendung werden nur neue Ressourcen verbraucht, um die Produkte ein paar Monate später wieder wegzuwerfen.

Wir Deutschen sind zwar mit einer Recyclingquote von mehr als zwei Dritteln Rekordhalter, doch diese Statistik erzählt nicht die ganze Geschichte. Als recycelt zählt nämlich grundsätzlich alles, was in irgendeiner Weise eine Recyclinganlage durchläuft. Dazu gehören auch Kunststoffgemische und die 50 Prozent Fehlwürfe, die in gelben Tonnen landen, aber nicht wiederverwendet werden können. Sie werden verbrannt oder ins Ausland exportiert. Damit ist das Problem nur verlagert, jedoch nicht gelöst. Wichtiger als die Recyclingquote wäre die generelle Vermeidung von Verpackungen und Plastikprodukten, und zwar bevor sie überhaupt entstehen. Wie so oft müsste auch hier das Problem an der Wurzel bekämpft werden, anstatt nur zu versuchen, die Krankheit später zu lindern.

All das sind ausschließlich Rechercheergebnisse, die jedoch nicht widerspiegeln, wie ich mit meinem eigenen Müllproblem in der Vergangenheit umgegangen bin. Auch wenn ich in der Regel wenig konsumiert und stets versucht habe, auf zum Beispiel Wegwerfbecher und Plastiktüten zu verzichten, habe ich mir doch recht selten Gedanken um meinen verursachten Müll gemacht. Es war eigentlich nur ein Mix aus Unwissenheit und Faulheit, der bisher dafür gesorgt hatte, dass ich vor allem auf Reisen alle zwei Tage einen Müllsack füllen konnte, der hauptsächlich aus Plastikflaschen, Dosen und Verpackungen für Kosmetika, Lebensmittel und To-go-Essen bestand.

Um dieser Bequemlichkeit in meinem Müllsammler-Monat keine Chance mehr zu geben, will ich ab sofort jeglichen selbst verursachten Abfall, der nicht natürlich abbaubar ist, in einem Turnbeutel auf dem Rücken tragen. Dieser kleine Trick wird meinem Bewusstsein beim Einkaufen und Bestellen schon auf die Sprünge helfen. Denn ich weiß bereits jetzt, dass ich jede einzelne Verpackung auf dem Rücken spüren werde. Beim deutschen Durchschnitt von

50 Kilogramm würde ich am Monatsende zwar einen Hexenschuss haben – aber das war ohnehin nicht mein Ziel.

Am Abend sind wir bereits auf halbem Weg zu einem Restaurant, das uns empfohlen worden ist, als Melanie mich auf einmal fragt, ob ich denn auch meine Utensilien dabei hätte. Mist, wie konnte ich die nur vergessen. Es kann doch nicht so schwer sein, beim Verlassen des Zimmers daran zu denken. Laufe ich nun den Kilometer zurück oder will ich etwas Müll auf mich nehmen? Es ist erst Tag zwei meines aktuellen Selbstversuchs, weshalb ich nicht jetzt schon nachgeben will. Schnell gehe ich zurück ins Hotel, hole meinen Spork, ein Zwitter aus Löffel und Gabel, meine Trinkflasche und einen Container für Essensreste.

Auf dem Weg kommt mir das bekannte Marshmallow-Experiment in den Kopf. Eine Studie, die Ende der 60er- und Anfang der 70er-Jahre an der Stanford-Universität durchgeführt wurde. Kinder im Alter von drei bis fünf Jahren saßen dabei allein in einem Raum und auf den Tisch vor ihnen wurde ein Marshmallow gelegt. Den Kindern wurde gesagt, dass sie die Süßigkeit sofort essen dürften. Wenn sie aber 15 Minuten warten würden, ohne sie zu essen, bekämen sie noch eine zweite Nascherei. Einige Kinder gaben ihrem ersten Verlangen sofort nach, andere hielten sich die Hände vor die Augen oder streichelten das Marshmallow, um sich vom Wunsch nach der Süßigkeit abzulenken. Ein Drittel der Kinder schaffte es, 15 Minuten lang durchzuhalten, um die Belohnung einer weiteren Süßigkeit zu erhalten. Ungefähr 20 Jahre später wurde die weitere Entwicklung der Kinder aus dem Experiment bewertet. Diejenigen, die damals das Marshmallow nicht sofort gegessen hatten, konnten bessere Schulabschlüsse vorweisen und waren kompetenter als die ungeduldigeren Testpersonen.

Auch wenn die Studie stark kritisiert wird, zeigt sie aus meiner Sicht einen wichtigen Punkt auf: Geduld wird im Leben oft belohnt. Wenn man also etwa eine Belohnung aufschiebt, kann sie zukünftig potenziell höher ausfallen. Diese Erfahrung durfte auch ich selbst schon sehr oft machen. Wie in meiner Selbständigkeit, in der ich anfangs für wenig Geld oder sogar kostenlos arbeitete. Oder beim Fitnesstraining und dem Warten auf sichtbare Resultate, bei Weiterbildungen und Finanzanlagen mit einer geduldigen Zuversicht oder auch in Beziehungen – es war immer wieder das Gleiche.

Das Leben ist kein Sprint, sondern ein Marathon. Man kommt nicht mit nur einem Schritt vom Start ins Ziel. Bis dorthin sind es eher viele kleine Schritte, für die es jedoch Geduld braucht.

Wie bei allen anderen meiner Selbstversuche wird es auch diesen Monat wieder darum gehen, alte Muster zu durchbrechen und neue Gewohnheiten zu etablieren. Ich bin von daher auch jetzt fest entschlossen, meiner Bequemlichkeit nicht nachzugeben, sondern in Zukunft einfach besser vorauszuplanen. Meine kleine Belohnung für den zusätzlichen Weg zurück zum Hotel ist der zumindest ein wenig eingesparte Müll, den ich sonst bis zum Monatsende auf dem Rücken hätte tragen müssen.

06.07.2018, LISSABON • VERHÄLTNISMÄSSIGKEIT

Fünfzehn Euro und dreißig Cent. Ich schaue in die Baumwolltüte, in der nur Nudeln, Salz, Tee und Cashewnüsse liegen. Erschrocken reiche ich der netten Verkäuferin einen Zwanziger.

Maria Granel heißt der Unverpackt-Laden, in dem ich eigentlich meinen gesamten Monatseinkauf machen wollte. Mit wiederverwendbaren Beutelchen und Schächtelchen im Gepäck war ich etwas zu naiv in dieses Geschäft gegangen, das zwar für meine Bedürfnisse perfekt, aber gleichzeitig unglaublich teuer war.

Alles wird hier lose verkauft und ausschließlich in selbst mitgebrachte Mehrwegverpackungen abgefüllt. Die Dame hinter dem Tresen freut sich über mein Interesse, vor allem, weil sonst nicht viele Kunden kommen. Einige wagen sich vielleicht herein und schauen sich auch begeistert um, gehen beim Blick auf die Preise dann aber doch weiter zum Discounter-Supermarkt um die Ecke. Mitfühlend nicke ich, kann aber verstehen, dass sich bei einem Durchschnittsgehalt von 850 Euro nur wenige Portugiesen den Einkauf *ohne Verpackungen* leisten können.

Müllvermeidung scheint also genauso wie gesunde Ernährung ein paradoxer Luxus zu sein, da auch die ungesunden Massenprodukte mit den längeren Importwegen deutlich kostengünstiger sind als die gesunden, nachhaltigen Alternativen. Das stimmt mich nachdenklich.

*Ist es nicht komisch, dass schlechte Angewohnheiten durch
billige Preise auch noch gefördert werden?*

Letztendlich musste ich die Produkte für meinen täglichen Bedarf
woanders besorgen, denn schon allein die lange Fahrt zum Unverpackt-Laden war im Sinne einer Nachhaltigkeits-Philosophie unverhältnismäßig. Obst und Gemüse bekam ich verpackungsfrei
auch auf dem Markt in der Nähe meiner Wohnung, genauso wie
das Brot beim hiesigen Bäcker. Für den Einkauf von losen Lebensmitteln hatte ich neben einem Stoffbeutel auch immer Obst- und
Gemüsenetze dabei, die zwar an der Kasse komisch beäugt, aber
akzeptiert wurden.

*Es ist doch wirklich verrückt, dass, obwohl Mutter Natur
Bananen, Gurken oder Melonen so clever und eigentlich bereits
ausreichend verpackt hat, wir diese dann aber trotzdem noch
einmal in Plastiktüten stülpen, oder?*

In anderen kleinen Eckläden in der Nähe bekam ich losen Reis,
Nudeln und Linsen, die ich in Container aus Aluminium oder Glas
einfüllen konnte. Deutlich schwieriger wurde es beim Kauf von
Eiern, Milch, Öl, Gewürzen oder Joghurt. Auf viele Lebensmittel
verzichtete ich von daher komplett, bei anderen nahm ich Verpackungen in Kauf – bewusst, aber mit einer damit einhergehenden
höheren Wertschätzung.

Zurück im Apartment, das wir uns für vier Tage gemietet hatten,
packe ich stolz meine Beute aus und befriedige den kleinen Hunger.
Das unverpackte Brot mit Tomaten vom Markt und nur mit Salz
gewürzt schmeckt deutlich besser als ein fertiges Sandwich aus einer Plastikverpackung. Um das angeschnittene Brot und die halbe
Tomate frisch zu halten, wickele ich beides in abwaschbare Wachs-
tücher ein. Diese Frischhaltetücher aus Öko-Tex-Baumwolle und

natürlichem Bienenwachs hatten mir in den vergangenen Tagen schon wertvolle Dienste geleistet.

In weiser Voraussicht auf mein Experiment in diesem Monat hatte ich bereits vor der Reise nach Frankreich einige Utensilien wie diese bestellt. Unter anderem waren das auch eine Wasserflasche mit eingebautem Wasserfilter, ein Thermobecher für Tee, Stofftaschentücher, Alu-Boxen, Natron als Wunderwaffe und weitere Gegenstände, die mir bei der Müllvermeidung helfen sollten. Die Doppelmoral hinter all diesen an sich nachhaltigen Produkten war, dass sie von Amazon in Einzellieferungen und in unendlich viel Verpackung gewickelt quer durch Deutschland gefahren wurden. Ich beruhigte mein Gewissen damit, dass ich schlichtweg keine Zeit hatte, all die Einkäufe erst vor Ort zu erledigen. Aber wenn ich ganz ehrlich zu mir war, war es doch wieder nur die Bequemlichkeit, die wie so oft in der heutigen Zeit ein Feind von Nachhaltigkeit ist.

Im Badezimmer unserer temporären Unterkunft standen Zahnkreide mit Xylit, Ajona-Zahncreme-Konzentrat und eine Bambus-Zahnbürste, Naturseife, Rasierhobel und Rasierseife sowie ein festes Deodorant aus Palmarosa-Öl. Meine *Dr. Best*-Zahnbürste habe ich bisher genauso wenig vermisst wie ein parfümiertes Duschbad oder silikonhaltiges Shampoo. Nach dem Waschen mit Seife und Seifenbeutel fühlte sich die Haut an wie nach einem Peeling. Gewöhnungsbedürftig war lediglich die Umstellung von Rasierer mit Wegwerfklingen und Rasierschaum zu Rasierhobel und Rasierseife.

Was für mich gar nicht funktionierte, war die Alternative zum Deoroller. Das feste Palmarosa-Öl bröckelte unter meinen Achseln stets ab wie getrocknete Farbe. Ansonsten war es erstaunlich leicht, im Badezimmer auf sämtliche Plastik- und Wegwerfverpackungen zu verzichten. Erst kürzlich habe ich gelernt, dass sich in Duschbad, Zahnpasta und Cremes aus der Drogerie Mikroplastik befindet, das im Abfluss und später im Meer landen würde. Außerdem könnte aktuell niemand mit Sicherheit sagen, welche Langzeitwirkungen diese mikroskopisch kleinen Plastikkügelchen auf unsere Gesundheit hätten.

Ich frage mich, warum ich das bisher noch nicht gewusst hatte. War das meine Ignoranz? Oder läuft hier etwas mit unserem Bildungssystem gewaltig falsch?

Zum Abendessen sind wir mit Freunden im Lissaboner Stadtteil Bairro Alto zum Essen verabredet. Im Restaurant Müll zu vermeiden, fiel mir mittlerweile nicht mehr schwer. Einfach keine Getränkedosen bestellen, Servietten und Strohhalme ablehnen, eigene Behälter für die Reste mitnehmen und immer den Spork dabeihaben. Abfall entsteht natürlich trotzdem, fernab von meinem Blickfeld, sowohl in der Küche als auch bei der Produktion all der Lebensmittel, die auf meinem Teller landen. Den bekomme ich nicht zu Augen, bin aber für ihn durch meinen Konsum mitverantwortlich. Ich will mich dem in Zukunft bewusst stellen, aber für den Moment ginge das zu weit.

Als ich mein blau-weiß-gesprenkeltes Stofftaschentuch zücke, um meine Finger sauber zu machen, komme ich mir sogar ziemlich hip vor. Meine Freunde schauen eher verdutzt, nennen mich einen Großvater. Nachdem die Scherze abgeklungen sind, beginnen wir aber doch mit einer ernsthaften Diskussion über unsere kontroverse Wegwerfgesellschaft.

So erging es mir oft in den letzten Tagen. Erst werde ich entgeistert angeschaut, dann an- oder ausgelacht, bevor zumindest bei einigen meiner Gegenüber ein Denkprozess startet. In den Gesichtern von Verkäufern steht oft geschrieben: »Warum lehnt dieser Typ denn die so praktischen Verpackungen ab? Schließlich kosten die doch nichts.« Die meisten tun mich wahrscheinlich als Sonderling ab. Aber wenn es nur ein paar zum Nachdenken anregt, mache ich mich auch gern weiterhin lächerlich.

15.07.2018, PORTO • LERNEN DURCH SCHMERZ

Ein paar hundert Franzosen feiern auf dem Rathausplatz den Sieg ihrer Mannschaft. Mit 4:2 hat Frankreich gerade Kroatien besiegt. Nachdem Portugal schon im Achtelfinale der Fußball-Weltmeisterschaft gescheitert war, hielt sich die Stimmung in der sonst so fußballbegeisterten Stadt jedoch in Grenzen. Das Ergebnis war mir egal, hatte ich doch meinen ganz eigenen Kampf zu bestreiten. Seit drei Stunden standen wir in der Hitze, auf meinem Rücken ein Beutel mit Müll, der mit jeder Minute schwerer wurde. Zur Monatshälfte wiegt der Müllbeutel zwar erst ein gutes Kilogramm, kaum spürbar beim Aufsetzen, aber hier beim stundenlangen Stehen war er eine zunehmende Qual.

Eine kleine Unaufmerksamkeit zwei Abende zuvor sorgte daneben dafür, dass sich zu dem leichten Papiermüll aus Servietten, Kassenbons, Teebeuteln und einer Eierpappe eine Bierflasche gesellte. Diese verhältnismäßig schwere Glasflasche musste ich nun bis zum Monatsende mit mir herumtragen, weshalb mir das *Bierflaschen-Malheur* gut in Erinnerung bleiben sollte.

An den vergangenen zwei Tagen hielten wir für die über 170 Teilnehmer unsere halbjährliche *Citizen Circle*-Konferenz in Portos ehemaligem Zollamt ab. Als wir am Freitagabend nach einem langen Konferenztag endlich etwas Ruhe fanden, lief ich mit meinen Geschäftspartnern durch die Altstadt. Tim schlug vor, eine Pause einzulegen. Freudig kam er mit vier Flaschen *Super Bock* aus dem Supermercados. In einem unüberlegten Moment der Schwäche griff ich zu dem mir angebotenen Flaschenbier, wir prosteten uns zu und genossen den kühlen Gerstensaft. Erst als das Bier leer war, wurde mir der kleine Fauxpas bewusst. In einem Moment der Unaufmerksamkeit hatte ich zehn Minuten Genuss gegen zwei Wochen Rückenschmerzen getauscht. Bis heute bestreitet Tim, dass es sich um einen Hinterhalt gehandelt hat, wobei ich da so meine Zweifel habe.

Es war wirklich anstrengend, in Bezug auf jegliche potenzielle Müllverursachung ständig wachsam zu sein. Besonders nach langen Tagen wie diesem. Seit dem frühen Morgen waren wir umringt von Menschen, koordinierten den Einlass, standen auf der Bühne und kümmerten uns um das leibliche Wohl der Teilnehmer. Am Abend fehlte dann einfach die mentale Kraft, um das Bewusstsein weiterhin ganz oben zu halten. Aber genau dafür war schließlich mein Müllbeutel da. Er erinnerte mich vor allem daran, dass jeder Moment der Schwäche eine Konsequenz hatte.

Nach dem Fußballspektakel laufe ich die zwei Kilometer zurück zu unserem gemieteten Apartment in der Nähe der Campanhâ-Station. Auf dem Rückweg sehe ich überall Müll. Plastikbeutel wehen über die Straßen, der Boden ist mit Zigarettenkippen gepflastert, die Abfalleimer randvoll.

Obwohl mein ganzer Körper gerade schmerzt und die Riemen des Beutels bereits tiefe Abdrücke auf den Schultern hinterlassen haben, war ich selbst bisher mit nur einer Handvoll Müll ausgekommen. Als ich mir diese Errungenschaft ins Gedächtnis rufe, verbessert sich meine Laune schlagartig. Sogar die Schmerzen lassen nach. Es ist leicht, sich selbst zu kritisieren und dabei die positiven Seiten zu vergessen. Die Bierflasche auf dem Rücken erinnerte mich eigentlich nur daran, dass ich immer eines tun kann: mein Bestes zu geben. Hin und wieder möchte ich eben auch genießen, mir Fehltritte erlauben und unvernünftig sein. Auch wenn das bedeutet, dass ich die Konsequenzen für den Rest des Monats auf meinem Rücken tragen muss.

Hierin liegt ein großes Problem, das auch als Tragik der Allmende bekannt ist. Dass wir eben in vielen Bereichen die Konsequenzen unserer Handlungen nicht selbst tragen. Im Wettbewerb um knappe natürliche Ressourcen und Gemeingüter entsteht ein Wettstreit, bei dem alle Teilnehmer ihren Nutzen maximieren wollen. Im Ergebnis werden Meere überfischt, Abwässer in Flüsse geleitet, Böden überdüngt, Tierarten ausgerottet und die Atmosphäre verschmutzt. Nicht die Nutznießer, zu denen ich mich selbst zähle, kommen für die langfristigen Kosten auf, sondern die kommenden Generationen und Menschen, die in Regionen leben, die nur wenig Einfluss auf das Weltgeschehen nehmen.

Würden wir immer noch so sorglos mit der Natur umgehen, wenn wir die direkten Konsequenzen wortwörtlich auf dem Rücken tragen müssten?

Zuhause angekommen lege ich erleichtert den Müllbeutel in die Ecke. Ich klappe meinen Laptop auf, scrolle kurz durch meine E-Mails und werfe einen Blick in die Facebook-Gruppe, die ich im Zuge meines Müllsammler-Monats gegründet hatte. Zwei Dutzend Mitstreiter haben sich mir bereits angeschlossen. Wir tauschen Müllvermeidungstipps aus und posten jeden Sonntag Bilder unseres Wochenmülls. Wie auch schon bei den vorangegangenen Experimenten war ich dankbar, so viel Unterstützung von den Menschen um mich herum zu bekommen. Auf einem Foto ist zu sehen, wie jemand beim Morgenlauf den Müll von den Straßen in der Nachbarschaft aufsammelt. Ein anderer beschreibt, wie er eigene Seife und Waschmittel hergestellt hat. Wir feuern uns gegenseitig an, ohne dabei in Aktivismus zu verfallen. Müllvermeidung kann also durchaus Spaß machen, vor allem, wenn es sich nicht wie Zwang anfühlt, sondern spielerisch gestaltet wird.

In der Küche wärme ich eine Kartoffel-Karotten-Suppe auf, die übrigens ein erstklassiges Zero-Waste-Gericht ist. Während die Suppe vor sich hinköchelt, checke ich meine hauseigene Bioabfallverwertungsanlage. Um meine organischen Abfälle zu recyceln, setze ich einen sogenannten Bokashi-Eimer ein. Dort wandern Bioabfälle hinein, deren Kompostierung mit Hilfe von Mikroorganismen beschleunigt wird. Einmal am Tag gebe ich eine Schippe Ferment hinzu, ab und an lasse ich die entstandene Flüssigkeit ab. Die Zersetzung des angesammelten Biomülls hatte nach der ersten Befüllung erstaunlich schnell begonnen. Üble Gerüche gab es nicht. So ein Bokashi-Eimer ist echt praktisch, wenn man keinen Kompost im Garten hat und sich über Dünger für Pflanzen und Balkonkräuter freut. Eine Alternative dazu wären noch Wurmkisten, die ihren Namen nicht umsonst haben. Das war mir aber für den Transport im Auto doch etwas zu wild, ist aber sicher für Wohnungen mit viel Platz eine gute Option.

Mit vollem Bauch lege ich mich aufs Sofa und lasse die letzten Tage Revue passieren. Nach drei Konferenztagen war ich glücklich, aber auch erschöpft. Melanie und ich hatten uns in Porto verliebt. Wir waren uns darüber einig, dass diese Stadt für das kommende Jahr ein neues Zuhause werden könnte.

27.07.2018, SAN SEBASTIAN • DIE 80/20-REGEL

Lange nach Sonnenuntergang checken wir in einem Hotel ein. Es ist der einzige Zwischenstopp auf dem langen Weg von Porto nach München. Auf der zehnstündigen Fahrt nach San Sebastian blieb genügend Zeit für ein vorläufiges Fazit zu meinem Müllsammler-Experiment. Im Kofferraum lag nicht nur mein Müllbeutel, sondern auch der gut gefüllte Bokashi-Eimer mit den kompostierten Bioabfällen. Das Gewicht des Müllbeutels nahm zwar jeden Tag zu, aber letztendlich waren es selbst kurz vor Monatsende gerade einmal 2 Kilogramm. Etwas mehr, als der Durchschnittsdeutsche nur an einem Tag an Müll produziert.

Ehrlich gesagt war ich überrascht, wie leicht sich ein Großteil des normalerweise anfallenden Haushaltsmülls vermeiden ließ. Jute statt Plastik, Großpackungen anstatt hotelüblicher Mini-Einheiten, Wasserflasche und Isobecher anstelle von PET-Flaschen und To-go-Bechern, Obst und Gemüse ausschließlich unverpackt, Seife statt Duschgel und Shampoo sowie keine Strohhalme oder Servietten mehr. All diese Dinge ließen sich problemlos in den Alltag integrieren. Mit diesen recht simplen Maßnahmen konnte ich geschätzt 80 Prozent aller Abfälle vermeiden. Das Pareto-Prinzip. Kleiner Einsatz mit hohem Ertrag. Für die letzten 20 Prozent wäre der Aufwand unverhältnismäßig hoch gewesen. Sie hätten mich über eine Schwelle gestoßen, in denen ich die Disziplin und Entbehrungen nicht langfristig auf mich hätte nehmen wollen.

Nachdem ich viele Blogs und Studien gelesen, mir Initiativen angeschaut und bei einem Beach-Clean-up in Sintra mit Menschen aus der Zero-Waste-Bewegung gesprochen hatte, war ich zwiegespalten. Wie auch in anderen Lebensbereichen löste bei mir der krampfhafte 100-Prozent-Anspruch einen Widerstand aus. Müllvermeidung sollte sowohl gesamtökologisch sinnvoll als auch praktisch anzuwenden sein, sonst verliert man schnell die Motivation. Wenn ich beispielsweise erst zehn Kilometer zu einem Unverpackt-Laden fahren muss, um dort Kleinigkeiten einzukaufen, dann passt das ökologische Verhältnis nicht. Genauso fraglich ist die Verhältnismäßigkeit, wenn ich nachhaltige Alternativen zu Einwegprodukten bestelle, die sich jedoch durch ihren Versand wiederum negativ auf die Klimabilanz auswirken.

Es ist gut, dass es radikale Klimaaktivisten gibt, die mit Leidenschaft für ihre Sache kämpfen. Genauso braucht es diese Vorreiter in anderen Bereichen wie Gleichberechtigung, Bildung, Politik, Tierschutz oder sozialer Gerechtigkeit. Jeder sollte sich genau dem Zweck hingeben, zu dem er sich berufen fühlt. Aber ich kann nicht auf allen Spielfeldern nach Perfektion streben, stets informiert sein und auch nicht ständig meine Handlungen hinterfragen. Das ist einfach zu anstrengend. Außerdem glaube ich auch nicht, dass politischer oder gesellschaftlicher Aktivismus einzig in einem äußeren Konflikt stattfinden kann. Vielmehr inspirieren wir uns doch gegenseitig, wenn wir einen inneren Wandel vollziehen. Vor allem wenn wir vorleben, anstatt zu predigen.

Was ich aber immer tun kann, sind 20 Prozent. Mit relativ wenig Einsatz kann ich also große Ergebnisse erzielen. Wie zum Beispiel alle paar Monate ein Clean-up am Strand oder im Park mitmachen, Mehrwegverpackungen nutzen, immer einen Stoffbeutel zum Einkaufen und einen Isobecher für meinen Kaffee dabei haben. Jede noch so kleine Sache spielt eine Rolle. Auch wenn es für mich nur Kleinigkeiten sind, die jedoch aufaddiert bedeutsame Auswirkungen auf unseren blauen Planeten haben, der es uns spätestens morgen danken wird.

Das Hotelrestaurant hat bereits geschlossen. Unsere Lust, noch einmal in die Stadt zu fahren, hält sich in Grenzen. Also sammeln wir alle noch übriggebliebenen Lebensmittel zusammen, die wir aus Porto mitgenommen haben. Ein paar Äpfel, Bananen, Reiswaffeln und Nüsse. Nicht unbedingt ein Festmahl, aber genug, um unseren Hunger zu stillen.

Es war ein erfreulicher Nebeneffekt in diesem Monat, dass die Ernährung sogar ohne größere Achtsamkeit sehr natürlich ausfiel. So kamen etwa Fast Food, Softdrinks und Fertigessen nicht in Frage, da diese auch den meisten Müll produzierten. Je weniger Verpackung das Essen hat, desto gesünder ist es in der Regel. Ein Grundsatz, den ich nach dem Essen in mein Journal schreibe und doppelt unterstreiche.

Gesunde Gewohnheiten bedingen sich untereinander. Das hatte ich bereits als Frutarier, Muskelmann und Selbstversorger gelernt. Je ungesünder ich mich ernähre, desto mehr Abfall produziere ich und desto schlechter ist dies für meine Fitness und damit auch für mein Wohlbefinden. Diese Spirale dreht sich stets in beide Richtungen. Alles beginnt mit einem winzig kleinen Stein, der mit einer Entscheidung für oder gegen etwas und mit der nachfolgenden Aktion ins Rollen gebracht wird.

31.07.2018, STORKOW • AUSMÜLLEN

Zum Monatsende ist es an der Zeit für eine Bestandsaufnahme. Den bereits stark zersetzten Inhalt des Bokashi-Eimers kippe ich auf den Kompost im Garten meiner Eltern. Dann schütte ich den kompletten Inhalt meines Müllbeutels aus. Auf dem Boden liegen nun Kassenbons, Parkscheine und Flyer, die mir ohne mein Zutun ans Auto geklemmt wurden, Getränkedosen, eine Bierflasche und Plastikbecher, Servietten, Eierpappen, Klopapierrollen und ein paar Papiertüten vom Bäcker, Papierverpackungen von Zahnpasta, Deostein, Milch, Mehl und anderen kleinen Dingen, die ich nicht lose kaufen konnte, sowie Kunststoffverpackungen für Hackfleisch, einen Ersatzfilter für meine Trinkflasche und kleine Fetzen Frischhaltefolie. Einen Großteil aller Abfälle konnte ich problemlos recyceln. Kunststoff und Verpackungen mit gemischten Stoffen beschränkten sich auf ein Minimum. Wenn ich Glas, Papier und Bioabfälle abziehe, ist der Plastikanteil meines Mülls verschwindend gering. Ich mache ein Foto und poste es stolz in unserer Facebook-Gruppe.

Fast all mein Müll in diesem Monat lässt sich auf Momente von Unaufmerksamkeit, Schwäche oder Bequemlichkeit zurückführen. Das gilt für Plastikbecher, einige Trinkdosen, eine Packung Haribo oder Servietten, die ich im Restaurant vergessen hatte abzubestellen. Es war oft mühsam, Verkäufern oder Kellnern begreiflich zu machen, dass ich keinerlei Verpackungen haben möchte. Aber auch daran hatte ich mich irgendwann gewöhnt und hoffentlich auch andere Menschen zum Nachdenken angeregt.

Wie schon bei den anderen Selbstversuchen der vergangenen Monate hat sich auch die Müllvermeidung nicht nach Zwang oder Entbehrung angefühlt, sondern durch den spielerischen Charakter eher wie eine angenehme Herausforderung, die ich unbedingt meistern wollte. Wenn ich meine neuen Gewohnheiten weiterhin als Spiel betrachte, das ich auch in Zukunft gewinnen möchte, konzentriere ich mich stets auf den Gewinn, anstatt immer nur den Verzicht zu sehen. Und nach einem Monat kann ich nun auch die neuen Routinen, die sich für mich sinnvoll anfühlen, verinnerlichen.

Was für mich selbst aus diesem Experiment mit Sicherheit bleiben wird, sind zwei Dinge. Erstens, wenn ich die Konsequenzen meiner Handlungen selbst tragen muss, gehe ich sehr viel bewusster durch meinen Alltag. Und das gilt nicht nur für verursachten Müll. Zweitens, es gibt immer einen bequemen und einen richtigen Weg. Einen kleinen Teil meiner Bequemlichkeit aufzugeben, kostet mich nicht viel Kraft, kann aber bereits bedeutend positive Auswirkungen haben. Und die Gewissheit, das Richtige zu tun, verstärkt die gesunden Gewohnheiten noch zusätzlich.

8

DER EINSIEDLER

**EINSAMKEIT · DUNKELHEIT ·
MELANCHOLIE
·
STILLE · VERBUNDENHEIT ·
TRANSZENDENZ**

Bewaffnet mit Essensvorräten, Zeichenstiften, Ukulele und Lesestoff bin ich in eine schwedische Blockhütte gezogen. In der sozialen Isolation wurde mir der Unterschied zwischen Alleinsein und Einsamkeit bewusst. Der Verstand hatte Pause, dafür wurde das Unterbewusstsein umso aktiver. Die Stille und Langeweile in der Zurückgezogenheit ließen mich verstehen, was mein Innerstes zu sagen hatte. Einiges war erfreulich, anderes wollte ich lange Zeit nicht hören.

02.08.2018, ROSTOCK • STURMFREIE BUDE

Kurz vor Mitternacht fahre ich in den Bauch der Autofähre. In wenigen Minuten werden wir nach Trelleborg ablegen. Mit gemischten Gefühlen stehe ich wenig später auf dem Deck und schaue zu, wie wir uns immer weiter vom Festland entfernen. Auf diesen Monat habe ich mich sehr gefreut, gleichzeitig ist jedoch mein Respekt vor der kommenden Einsamkeit groß. Die nächsten vier Wochen werde ich komplett abgeschnitten von der Zivilisation leben. Keine Nachbarn, kein Telefon, kein Internet. Für dieses Experiment gibt es wohl kaum eine bessere Gegend als das schwedische Hinterland, in dem nicht die Ortschaften, sondern die Häuser Namen haben.

Wenn ich so darüber nachdenke, habe ich noch nie mehr als 24 Stunden allein verbracht. Und vor allem nicht komplett isoliert, ohne andere Menschen zu sehen, mich zu unterhalten, zu telefonieren oder zumindest Textnachrichten zu schreiben. Es gab schon einmal Tage, die ich ausschließlich in meiner Wohnung verbrachte. Aber selbst dann kam der Pizzabote vorbei oder ich telefonierte mit Freunden. Echte soziale Isolation war das nicht. Obwohl ich in den vergangenen Jahren darauf geachtet hatte, ausreichend Zeit nur für mich zu haben, hatte ich immer Kontakt zu Menschen. Selbst als ich vor einem Jahr für zehn Tage in einem thailändischen Schweigekloster war, gab es soziale Verbindungen, wenn auch nur nonverbal.

Wenn früher einer meiner Freunde am Freitagabend zuhause blieb, fragte ich gleich besorgt nach, ob alles okay wäre. Aus Angst, etwas zu verpassen, war ich ständig auf Achse, hatte immer Leute um mich herum. Introvertiert zu sein, bewirkte damals stets negative Assoziationen. Ich wollte aber der coole Typ sein, der sich auf jeder Party wohlfühlt, und nicht der schüchterne Außenseiter. Dafür zwang ich mich in eine Rolle, die mir eigentlich gar nicht stand. Aber so hatte ich es schließlich gelernt, im Fernsehen, in der Schule, auch später auf der Arbeit und im Studium. Ob bei Vorstellungsgesprächen oder Gruppenarbeiten, oft wurde der belohnt, der sich in den Vordergrund drängte und besonders laut war.

Heute weiß ich, dass ich nur vor der Gesellschaft mit mir selbst geflohen bin. Dass sowohl introvertierte als auch extrovertierte Anteile in mir schlummern. Dass ich beide Seiten ausleben darf, ohne sie bewerten zu müssen. Ich genieße es, in Gruppen von Menschen zu sein, die mich inspirieren. Dort hole ich mir neue Impulse, habe Spaß und befriedige meine sozialen Bedürfnisse. Aber ich durfte ebenso lernen, dass solche Gruppensituationen auch viel Energie kosten. Wieder aufladen kann ich meine Akkus am besten, wenn ich in kleinen vertrauten Kreisen unterwegs bin oder in der Alleinzeit, nur mit mir selbst.

Am nächsten Morgen legen wir in Trelleborg an. Vom Fährhafen geht es mit dem Auto vier Stunden lang über Malmö, Helsingborg und Ljungby in die Region Ydre. 50 Kilometer vor meiner Destination halte ich an einer Tankstelle an. Obwohl die Tanknadel erst auf der Hälfte steht, habe ich das Bedürfnis, mich bereits jetzt von der Zivilisation zu verabschieden. Mit den letzten Worten, die ich für diesen Monat mit einem Menschen wechseln sollte, bedanke ich mich beim Kassierer, der meine überschwänglichen Gesten verständlicherweise nicht einordnen kann. Vor der Weiterfahrt schaue ich ein letztes Mal in meine E-Mails und schreibe noch ein paar Nachrichten an Melanie, meine Familie und enge Freunde, die um meine Situation Bescheid und meinen letzten Gruß in die Zivilisation zu schätzen wissen.

Mit noch 800 Einwohnern ist Österbymo das letzte richtige Dorf vor meinem Ziel. Noch 14 Kilometer. Nach dem Ortsausgangsschild verlasse ich die geteerte Straße, um auf einer Schotterpiste durch den wilden schwedischen Wald zu fahren. Meine neue Vermieterin hatte mir im Vorfeld eine selbstgezeichnete Karte zugeschickt, ohne die ich mich wohl hoffnungslos verfahren hätte. In dieser Gegend wird menschlicher Kontakt tatsächlich sehr unwahrscheinlich sein.

Das Haus Bränna liegt etwas abseits von einer Straße, die ein paar Kilometer weiter in einer Sackgasse mündet. Trotz großer Müdigkeit begebe ich mich sofort auf Entdeckungstour. Hinter dem Haus befindet sich eine versteckte Terrasse. Der Garten ist riesig und zu meiner Freude gibt es sogar eine Hängematte. Auf zwei Etagen ist genügend Platz für eine vierköpfige Familie. Die Farbe an den Wänden ist abgeblättert, die Möbel haben auch schon bessere Zeiten gesehen, aber das Haus ist mit allem Nötigen ausgestattet, was das Einsiedlerherz begehrt. Dank einer Anleitung für Gäste kann ich mich mit der Elchabwehranlage vertraut machen, ein wenig über die Umgebung erfahren und lernen, welche wilden Beeren ich besser nicht essen sollte. Dann siegt jedoch mein Schlafmangel über die Aufgeregtheit. Noch angezogen lege ich mich auf das Sofa, wo ich nach wenigen Sekunden in einen langen, friedvollen Schlaf falle.

Ich muss sicher für drei oder vier Stunden eingenickt sein. Genau kann ich es nicht sagen, denn seit ich angekommen bin, hatte ich auf keine Uhr geschaut. Bei allem Laisser-faire gibt es heute jedoch noch eine Aufgabe. Im Kofferraum warten Lebensmittel, die ausgeladen werden wollen. Vor der Abreise stand ich vor der großen Herausforderung, für einen gesamten Monat Vorräte zu besorgen. Das war schwieriger als gedacht. Wann hamstern wir schließlich sonst

Essen für eine so lange Zeit? Wir bekommen ja theoretisch rund um die Uhr alles, was wir begehren.

Aus Angst vor dem Hungertod hatte ich beim Einkaufen im Großhandel ordentlich zugeschlagen. In der Küche verstaue ich Großpackungen Kartoffeln, Nudeln, Reis und Salami. Für Vitamine sollen Gewürze, Zwiebeln, Salatgurken, Äpfel, Orangen, Zitronen und Weißkohl sorgen. Joghurt, 30 Eier sowie jeweils zwei Liter Crème fraîche und Kokosmilch wandern von der Kühlbox in den Kühlschrank. In den Hängeschrank darüber räume ich Konserven mit Eintöpfen, geschälten Tomaten, Mais und Erbsen. Für süße Gelüste kommen noch Himbeeren, Apfelmus, Schokolade und Kekse auf die Ablage. Kaffee und Alkohol habe ich ganz bewusst nicht mitgenommen, dafür aber ausreichend Tee und einen Kasten Rhabarbersaft. Schon direkt nach dem Ausladen wird mir klar, dass die Rationen gut und gern für drei Monate reichen würden. Auf meinen ersten längeren Reisen packte ich immer zu viele Klamotten ein, mittlerweile reicht ein Handgepäckstück völlig aus. Bei Lebensmitteln brauche ich anscheinend noch etwas Übung, um mich von dem Mangeldenken, möglicherweise verhungern zu können, zu lösen.

Voller Tatendrang laufe ich durch das Haus, schiebe ein paar Möbel hin und her und richte mir eine gemütliche Sitzecke direkt am Fenster ein. Eine komplette Wohnzimmerwand nutze ich, um mir mit DIN-A3-großen Zeichenblättern eine Metaplanwand zu basteln. Dort zeichne ich einen Kalender zum Abhaken der Tage als Einsiedler ein und unterteile den Rest der Fläche in verschiedene Kategorien von Ideen über Erinnerungen bis hin zu Zukunftsplänen. Wenn ich meine Gedanken schon mit niemandem teilen kann, will ich sie zumindest für mich selbst festhalten.

Zufrieden schaue ich mich um. Mit einer aufgewärmten Kartoffelsuppe setze ich mich raus auf die Terrasse. Einen Monat lang werde ich keine Verpflichtungen haben, kann machen, was ich will, und vor allem Herr über verdammt viel Zeit sein. Es kommen mir Erinnerungen an die Zeit, in der mich meine Eltern als Jugendlicher allein zuhause ließen, in den Kopf. Sturmfreie Bude. Und das einen ganzen Monat lang.

06.08.2018, BRÄNNA • ACHTERBAHNFAHRT

Barfuß spaziere ich am frühen Morgen auf dem feuchten Moosrasen vor meiner Terrasse, atme die klare Waldluft ein und beobachte ein paar Vögel bei ihrem morgendlichen Bad in einer Pfütze. Der Regen hatte mich mehrmals aus wirren Träumen gerissen. Jetzt schießen durch meinen Kopf komplett unsortierte Gedanken, die keinen Sinn ergeben. Eine Weile stehe ich so da, warte auf den Moment, in dem es in ihm wieder ruhiger wird. Um mich herum ist es so still, dass die Gedanken besonders laut wirken. Wie zankende Kinder. Ich fühle mich bei diesem inneren Streit aber mehr als Außenstehender, als ein Teil davon zu sein.

Nach einer gefühlten Ewigkeit gehe ich rein und mache ein Kreuz im Kalender. Es fühlt sich an, wie ein Türchen im Weihnachtskalender zu öffnen. Ich hatte hier zwar unendlich viel Zeit, war Zeitmillionär, zumindest bis Ende des Monats, aber konnte diesen Reichtum nicht teilen. Es war gerade mal der vierte Tag als Einsiedler und schon hatte die emotionale Achterbahnfahrt begonnen.

Eigentlich hatte ich mir vorgenommen, einer Routine zu folgen. Das könne Halt in der Einsamkeit geben, empfahl ein Freund. Jeden Tag wollte ich also Ukulele spielen, Sport treiben, wandern, schreiben, zeichnen und dabei auch den Müßiggang nicht vergessen. Sogar feste Tageszeiten hatte ich für jede dieser Aktivitäten eingeplant. Pustekuchen. Anstatt mich nach meiner Agenda zu richten, machte ich nur das, wonach mir gerade der Sinn stand. Und das war nicht viel. In den ersten beiden Tagen genoss ich einfach nur die Alleinzeit. Doch schon am dritten Tag trieben mich neu aufgekommene Stimmungsschwankungen fast in den Wahnsinn. Mir fehlte schlichtweg der Antrieb für das, was ich mir eigentlich vorgenommen hatte.

Zum Frühstück gibt es einen frischen Smoothie aus Äpfeln, Bananen und Orangen. Seit dem Monat als Frutarier begleitet mich ein Mixer überallhin. Diese neue Gewohnheit ist zu einem Anker geworden, der mir Stabilität vortäuscht und jetzt auch meine Stimmung aufheitert. Aber schon im nächsten Moment denke ich daran, dass das Obst spätestens bis zum Ende der Woche aufgebraucht werden müsste. Was gäbe es dann zum Frühstück? Meine gute Laune verzieht sich wieder. So sentimental kenne ich mich überhaupt nicht. Mittlerweile sorgten schon Kleinigkeiten für unmittelbare Gefühlsausbrüche.

Was ist hier bloß los?

Wenn mein Kopf nicht will, dann muss der Körper eben vorausgehen. Ich mache mich also auf einen Streifzug durch den mystischen Wald vor meinem Haus. Einen 20-minütigen Fußmarsch entfernt soll der See Sommen liegen. Glasklares Wasser, angenehme Temperaturen und keine Menschenseele weit und breit sollten mich ablenken können.

Anstatt bereits die unberührte Natur auf dem Weg zu genießen, stampfe ich wie ein schwerfälliger Riese durch das Gestrüpp, das meine Beine zerkratzt. Die Mücken nerven mich solange, bis ich sie anschreie, dass sie endlich verschwinden sollen. Gerade könnte ich auch im Paradies sein und würde doch Dinge entdecken, über die ich mich aufregen könnte.

Doch so schnell lasse ich nicht locker, kämpfe mich durch das Dickicht, bis ich den See schließlich erreiche. Diese Stille hier, wie oft sehne ich mich im Alltag danach. Im Moment erscheint sie mir aber wie ein Albtraum. Fast wünsche ich mir ein paar vorbeifahrende grundlos hupende Autos, nervtötende Musik aus Lautsprechern oder menschliches Geschnatter, nur um die unerträgliche Lautstärke in meinem Kopf zu übertönen. Am Wasser halte ich es keine zehn Minuten aus. Ich konnte einfach nicht ruhig dasitzen und meinen Gedanken die Kontrolle überlassen.

Wieder zurück im Haus koche ich mir Bratkartoffeln mit Gemüse. Es macht mir durchaus Spaß, zu kochen, wenn genügend Zeit vorhanden ist. Das liebevoll gekochte Gericht dann aber allein zu genießen, stimmte mich wieder traurig. Ich schnappe mir ein Buch und lege mich in die Hängematte, die zu meinem Lieblingsplatz geworden ist. Lesen hält den Kopf beschäftigt, sorgt dafür, dass sich Gedanken nicht wieder verselbständigen. Nachdem ich ein komplettes Buch ausgelesen hatte, gelegentlich eingenickt war und Löcher in den Himmel gestarrt hatte, übermannte mich etwas, das mir bis dahin völlig unbekannt war: Langeweile.

Ständig sprechen Menschen davon, dass sie sich langweilen, nicht wissen, was sie tun sollen. Auch auf der Arbeit leiden sie unter Boreout. Dieses Gefühl konnte ich nie nachempfinden. Ich habe keine einzige Erinnerung daran, dass mir in 35 Jahren jemals langweilig war. Es gab immer irgendwelche Dinge zu tun. Meine Neugier sorgte stets dafür, dass ich mehr Ideen hatte als der Tag Stunden. Bisher war also Zeit für mich ein knappes Gut.

Gerade habe ich mehr als genug davon, aber keinen blassen Schimmer, was ich damit anfangen soll. Es einfach zu akzeptieren und die Stunden inhaltslos verstreichen zu lassen, fiel mir unglaublich schwer. Eine Stimme in mir flüstert mir zu, dass ich aber genau das zulassen müsste. Dass ich endlich mal die Kontrolle über meine Zeit abgeben, anstatt sie bis zum Rand mit Aktivitäten und neuen Eindrücken füllen sollte. Langeweile sei der Wächter zur eigenen Seele, stand in dem Buch geschrieben, das ich gerade gelesen hatte.

Was wartet dort aber auf mich? Und wie lange soll ich denn bitte noch warten?

Wie kann es sein, dass ich es jahrzehntelang erfolgreich geschafft habe, mich vor dem Alleinsein zu drücken? Vor dieser Stille, die plötzlich lang unterdrückte Gedanken an die Oberfläche spült? Es war wohl ein Schutzmechanismus. Etwas in mir wollte diese Gedanken nicht hören, wollte sie begraben, mit mal mehr und mal weniger sinnvollen Ablenkungen. Bereits jetzt, am vierten Tag in Schweden, wurde mir bewusst, dass dieser Monat viel härter werden wird als alle anderen meiner bisherigen Selbstversuche.

Um mich herum wird es dunkel. Hunger habe ich keinen, weshalb ich das Abendessen auslasse. Mit einem Glas Rhabarbersaft und Keksen setze ich mich auf die Terrasse. Dort schwelge ich in Erinnerungen und höre hin und wieder einen Elch in der Ferne röhren. Auf dem Laptop schaue ich mir Fotos von verflossenen Lieben an und lasse die letzten Jahre mit all den abenteuerlichen Reisen Revue passieren. Im Hintergrund läuft melancholische Musik. In diesem Moment bin ich froh, keinen schweren Rotwein dabei zu haben, der mit Sicherheit noch mehr Dramatik in die Situation gebracht hätte. Von Alkohol über Meditation bis hin zu Adrenalin gibt es so viele Möglichkeiten, den Kopf stumm zu schalten. Aber diesmal will ich die Stille, bewusst.

Und doch hatte ich spätestens beim Anschauen der alten Fotos das starke Bedürfnis, meine Gefühlsachterbahn mit jemand anderem zu teilen. All die schönen und traurigen Erinnerungen. Aber außer meinem Tagebuch und ein paar Vögeln war niemand da, dem ich mein Leid klagen konnte. Es mangelte mir zweifellos an Oxytocin. Ein Botenstoff, der bei Umarmungen oder liebevollen Berührungen durch andere Menschen ausgeschüttet wird und für ein angenehmes Körpergefühl sorgt. Ich vermisste Nähe. Das Gefühl, komplett allein auf dieser Welt zu sein, übermannt mich. Und ich konnte endlich begreifen, warum in vielen Bestrafungssystemen dieser Welt Isolationshaft als Foltermethode eingesetzt wird.

Ich weiß nicht, wie lange ich dort gesessen habe, aber irgendwann wurde es leiser. Die pochenden Kopfschmerzen verschwanden, die Gedanken drehten sich langsamer. Es war wie ein Erdbeben, das mit einem Mal verstummte. Ich habe es ausgehalten, ohne davor wegzurennen. Ganz sicher war es jedoch nur der Vorbote für die noch kommenden Beben, die mit einer deutlich höheren Magnitude einschlagen werden.

10.08.2018, WALD · EINSAMKEIT

In einem Buch über das Alleinsein habe ich gelesen, dass Defizite an körperlicher Nähe durch die Natur ausgeglichen werden sollten. Blumen riechen, den Boden spüren und Sonnenstrahlen aufsaugen. Also gehe ich wandern.

Orientierungslos irre ich im *Rocks Mosse*-Nationalpark umher, der direkt gegenüber meiner Unterkunft beginnt. Bewaffnet mit einer dilettantisch gezeichneten Karte mit völlig unrealistischen Abmessungen und einer Flasche Wasser hatte ich mich auf den Weg gemacht. Nach einer halben Stunde erklimme ich eine Anhöhe. In der Ferne kann ich einen großen See erkennen. Bis dorthin sollten es schätzungsweise nicht mehr als drei Kilometer sein. Die Umgebung besteht aus einer steppenartigen Mooslandschaft, die durch vereinzelte Baumgruppen unterbrochen wird. Da kein klarer Weg zu erkennen und die Karte ohnehin unnütz ist, präge ich mir zur Orientierung einige markante Punkte am Horizont ein. »Einfach nur einen Schritt vor den anderen setzen und dabei die Verbundenheit mit der Natur spüren.«, geht dabei durch meinen Kopf und sollte mich leiten.

Das gelang anfangs auch ganz gut, bis der Untergrund immer weicher wurde, mir Fliegen in Nase und Ohren krochen, mich eine Wespe direkt in die Kniescheibe stach und Sträucher meine Beine zerschrammten. Als ich nach langem Kampf endlich kurz vor dem

See stehe, sinke ich bis zum Bauchnabel im stinkenden Morast ein. Das reichte mir.

Ich kehrte also um, musste aber feststellen, dass ich die Orientierung verloren hatte. Die Fliegen waren erbarmungslos, gönnten mir keine Minute Pause. Mit dem T-Shirt über dem Kopf schlage ich mich durch die sumpfige Landschaft hinein in ein Waldstück, das mir aus der Erinnerung an meinen Hinweg nicht wirklich bekannt vorkam. Mit dem See im Rücken wollte ich immer geradeaus laufen, dachte ich zumindest. Einem kleinen Pfad folgend gelange ich zu einem Felsen, von dem aus ich zumindest wieder einen groben Überblick erhielt. Nach weiteren qualvollen Kilometern erreiche ich schließlich völlig dehydriert und genervt den Weg, der endlich zum Haus Bränna führt.

Erst zurück in der Unterkunft merke ich, dass mein Körper mit Flohbissen übersät ist. Der Mix aus Schweiß und Morast brennt in den offenen Wunden an Beinen und Armen. Das war definitiv alles andere als die liebevolle Umarmung, die ich mir von der Natur erhofft hatte.

Nach einer heißen Dusche setze ich mich auf die Terrasse und versinke in Selbstmitleid.

Was zum Teufel mache ich hier eigentlich?

Es ist das erste Experiment, in dem ich ernsthaft darüber nachdenke, aufzugeben. Die vorherigen Monate waren körperlich anstrengend, ja, und haben mir auch viel Disziplin abverlangt, aber waren noch lange kein Vergleich zu dieser quälenden Stille. Auf meinen Schultern diskutieren Engelchen und Teufelchen, was jetzt zu tun sei. Beide Seiten haben überzeugende Argumente. Aufgeben sei schließlich keine Niederlage, sondern mache Platz für Neues. Auf der anderen Seite könnten die inneren Widerstände ein Zeichen dafür sein, dass es hier wahnsinnig viel für mich zu lernen gebe. Meine beiden vermeintlichen Life-Coaches streiten, ohne zu einem Ergebnis zu kommen, so dass ich sie schließlich feuern muss. Stattdessen denke ich angestrengt darüber nach, was mir *eigentlich* fehlte.

Gestern hatte ich aus lauter Langeweile das Auto gewaschen. Die Handarbeit befriedigte mich kurzzeitig, war aber kein Ersatz für das Gefühl, das ich sonst beispielsweise beim Abhaken von To-do-Listen verspüre. Mir wurde bewusst, wie stark mich meine Arbeit im Alltag beschäftigt gehalten hat. Sie erfüllte mich mit Sinn. Jetzt, wo sie nicht mehr da war, entstand eine riesige Leere. Neben diesem inhaltslosen Vakuum fehlte mir vor allem der Zuspruch von anderen Personen. Ich sehnte mich nach Bestätigung. Auch wenn mein Selbstbewusstsein davon nicht abhängig ist, wurde es sonst zumindest durch Rückmeldungen von außen bestärkt.

Ohne Gesellschaft ist jedoch keiner da, der kritisiert oder in die Hände klatscht und sagt: »Toll gemacht, Sebastian!« Im Alleinsein muss dieser Selbstwert also aus der eigenen Akzeptanz kommen. Vieles erschien mir plötzlich sinnlos, wenn ich es nicht teilen konnte. Ohne den Zuspruch oder die Kritik ging es plötzlich nur um mich.

Erst hier und jetzt wurde mir klar, wie viele Dinge ich im Alltag nicht für mich machte, sondern für andere. Das beginnt beim Duschen, um für andere gepflegt und sauber zu sein, geht über die Arbeit, um andere zu beeindrucken, und hört danach auch noch lange nicht auf. Sonst wird also mein Tun immer durch Freunde, Kunden oder Blicke von Fremden bewertet. Zumindest bildete ich mir das ein. Hier, in der schwedischen Einsamkeit, bewerte aber nur ich. Und das ist ein verdammt hartes Los.

Was mir außerdem fehlte, war Ablenkung. In der Zivilisation werden alle Sinne ununterbrochen mit Eindrücken bombardiert. Gerüche, Geräusche, Farben, Bilder, alles ist ständig in Bewegung. Es fiel mir schwer, ohne diese Reizüberflutung klarzukommen. Normalerweise suche ich einfach woanders Stimulation, wenn es der momentanen Situation an Sinn fehlt. Das Vor-mich-Hinvegetieren hier erscheint mir bedeutungslos, jedoch gab es keine Ablenkungen, mit denen ich die Leere füllen konnte.

Der große Vorteil in der Einsamkeit war jedoch, dass mir hier eine Differenzierung zwischen vermeintlichen und echten Bedürfnissen gelang. Zu erkennen, wo fremde Erwartungen enden und die eigenen Empfindungen beginnen, ist keine leichte Aufgabe. Aber hier fiel es mir deutlich leichter, zu unterscheiden, was ich wirklich wollte und was ich dagegen nur wollte, weil es mir von anderen Menschen eingeredet worden war.

Weder die Werbeindustrie noch Zeitschriften oder Bekannte konnten mir nunmehr erzählen, dass ich nur dieses oder jenes essen, anziehen oder ändern müsste, um endlich glücklich zu sein. Nach all den Jahren, in denen so viele Menschen ihre Meinungen bei mir abgeladen hatten, durfte ich diese langsam wieder abtragen. Sie fühlten sich an wie eine Müllhalde, unter der sich ein Goldschatz befindet. Und wie beim Abschälen einer Zwiebel näherte ich mich Schicht für Schicht meinem wirklichen Wesenskern. Die Frage, die dabei ständig mitschwang, lautete:

»Wer bin ich eigentlich, wenn niemand zuschaut?«

Im Hintergrund läuft Ben Howard mit dem Song *Keep your Head up* in der Dauerschleife. Mit erhobenem Haupt und starkem Herzen möchte auch ich durch den noch verbleibenden Monat gehen. Bei dem Vers *»All I was searchin' for was me«* gröle ich lautstark mit.

Michelangelo wird nachgesagt, dass er die von ihm gefertigten Skulpturen schon sehen konnte, als noch ein einfacher Marmorblock vor ihm stand. Er musste lediglich die schon lebendigen Figuren aus dem Stein befreien. Mit dem Erwachsenwerden habe auch ich mit hohem Einsatz eine Identität ausgebildet, um welche herum ich mein Leben aufgebaut habe. Mit jedem Jahr hat sie sich weiter verfestigt. Mit jedem Jahr wurde es aber auch härter, mir einzugestehen, dass dieser äußere Anschein nicht lückenlos meiner Persönlichkeit entsprach. Es entstanden Widersprüche, ich musste mir gegenüber zugeben, dass ich nicht immer richtig lag und dass sich Menschen nur in meine Maske verliebt hatten, die ich jedoch nicht mehr tragen wollte.

Nein, ich kann und will nicht aufgeben. Dafür ist dieser Monat zu bedeutsam für mich. Ich möchte die Skulptur befreien, die noch im Marmorblock gefangen ist. Diesen Entschluss fasse ich jetzt ein für alle Mal und werde ihn nicht mehr hinterfragen. Ich will wissen, was sich da in meinem Inneren bemerkbar machen möchte. Und davon können mich weder juckende Flohbisse noch quälende Erinnerungen abhalten.

23.08.2018, ZUHAUSE • ALLEINSEIN

Selbst als ich schon lange wieder zurück im Haus war, hatte ich noch ein breites Grinsen im Gesicht. Bei einer erneuten Wanderung in meiner neuen sonst so einsamen Umgebung war mir ein Auto entgegengekommen. Der Fahrer hatte im Vorbeifahren lässig den Arm gehoben. Ich hatte verlegen zurückgenickt. Was für ihn nur eine flüchtige Geste war, bedeutete für mich den ersten menschlichen Kontakt seit drei Wochen. Noch Stunden später ließ mich diese Begegnung lächeln. Dieser kurze Moment der Verbundenheit zeigte mir, dass ich nicht allein war. Ein wohltuendes Gefühl.

Auf dem Rückweg erinnerte ich mich an das Schweigekloster, in dem ich vor ziemlich genau einem Jahr zehn Tage lang verweilt hatte. Damals hatte mich die Sehnsucht nach Ruhe in das thailändische Kloster geführt.

Die Regeln dort waren einfach. Keinerlei Kommunikation, weder mit den anderen Insassen noch mit der Außenwelt. Keine Ablenkung durch Lesen, Schreiben oder sonstigen Konsum. Keine feste Nahrung nach dem Mittagessen. Kein Fleisch und keine bewusstseinserweiternden Substanzen, was Kaffee einschloss. Auch kein Töten von Tieren, zu denen leider auch die Scharen von Kakerlaken in meinem bescheidenen Zimmer zählten.

Die Tage hatten mit einem Ritual um fünf Uhr morgens begonnen und mit dem Dharma-Talk, eine Art buddhistische Predigt, nach Sonnenuntergang geendet. Dazwischen wurde meditiert, im Sitzen, Laufen und Liegen. Diese zehn Tage waren hart. Noch schwerer als das Schweigen war mir der komplette Verzicht auf Informationsaufnahmen gefallen. Aber genau so sollte der Kopf eben beruhigt werden. Wir alle trugen weiße Meditationskleidung und mussten Augenkontakt stets vermeiden, wodurch das Kloster eher an eine Anstalt als an einen Ort der Erleuchtung erinnerte.

Dennoch hatte ich andere Menschen um mich herum, die zwar nicht redeten, aber zumindest einfach da waren. Diese Nähe und das Wissen, nicht allein zu sein, machte den entscheidenden Unterschied zu meinem Aufenthalt in Schweden.

Studien zeigen, dass ein Baby ohne Zuneigung nicht überleben kann. Dabei geht es gar nicht um die existenzsichernde Versorgung mit Nahrung, sondern um die Geborgenheit, die es mindestens genauso braucht.

Wenn zu früheren Zeiten ein Mensch aus seinem Stamm verbannt wurde, bedeutete das für ihn den sicheren Tod. Genauso wie bei Tieren, die aus ihrem Rudel verstoßen wurden. Wir scheinen uns zwar also grundsätzlich allein versorgen zu können, brauchen aber dennoch die Zugehörigkeit zu einer Gruppe.

Das habe auch ich ganz stark gespürt, als ich 2012 nach Shanghai gezogen und mich selbständig gemacht habe. Zwischen der alten und neuen Welt fühlte ich mich nirgendwo zugehörig, weshalb ich ein Jahr später alles daran setzte, eine Gemeinschaft von Gleichgesinnten ins Leben zu rufen. Genau diese Menschen, die meine Denkweise verstehen konnten, brauchte ich für mein Selbstbewusstsein und vor allem dazu, mich nicht allein zu fühlen.

Nach drei Wochen Einsamkeit in Schweden war jedoch mein Anspruch an Gesellschaft deutlich gesunken. Und dementsprechend konnte ich mich auch über einen simplen Handgruß eines Fremden stundenlang freuen.

Zurück in meinem Haus schaue ich in den Spiegel. Seit Monatsanfang hatte ich mich nicht mehr rasiert. Duschen ging ich auch immer seltener. Ich verfiel fast in Gleichgültigkeit, bis ich mich selber nicht mehr riechen konnte. Auch meine anfänglich ausgedehnten Kochsessions beschränkten sich mittlerweile auf das Aufwärmen von Dosenfutter. Der Joghurt war bereits sauer, die Eier aufgebraucht, im Kühlschrank gab es nichts Frisches mehr. Abwechselnd standen Kartoffeln, Nudeln und Eintöpfe auf dem Speiseplan. Das Essen ohne Gesellschaft war für mich zur reinen Energieaufnahme verkommen. Aber dieser Zustand der Gleichgültigkeit erscheint mir nicht negativ. Ganz im Gegenteil, er machte meine Zeit hier deutlich angenehmer.

»Gott, gib mir die Gelassenheit, Dinge hinzunehmen, die ich nicht ändern kann, den Mut, Dinge zu ändern, die ich ändern kann, und die Weisheit, das eine vom anderen zu unterscheiden.«

Ein Gelassenheitsgebet, das zu meinem Mantra wurde.

Mein typischer Tag im Holzhaus in Schweden begann nach dem Sonnenaufgang immer mit Ukulele-Spielen. Am Vormittag streifte ich meist durch den Wald oder schrieb Kurzgeschichten auf dem Laptop. Nach dem Mittagessen las ich ein paar Stunden oder starrte aus dem Fenster. Am späten Nachmittag schrieb ich wieder etwas, bevor ich in der Abenddämmerung lange Spaziergänge unternahm. Danach gab es Abendessen, gefolgt von einem Buch auf der Terrasse, bis mich die Müdigkeit überkam. Über den Tag hindurch machten mich Kleinigkeiten glücklich. Mittlerweile kann ich ein Kinderlied auf der Ukulele spielen. Das machte Spaß, auch wenn niemand klatschte. Ich spielte, ohne ein Ergebnis zu erwarten. Auf meinen Wanderungen beobachtete ich oft minutenlang, wie Rehe über die Felder sprangen. An den sonnigen Tagen ging ich mit Tee, Keksen und Lesestoff zum See. Dort saß ich und lauschte den Geräuschen, die aus dem Wald zu mir durchdrangen. Ich nahm mir die Zeit, all die Schönheit wahrzunehmen, die normalerweise ungesehen an mir vorbeigezogen wäre.

Heute ist einer dieser wolkenlosen Tage, weshalb mich mein Abendspaziergang zum See führt. Wo mich zum Monatsanfang noch Gestrüpp und Mücken genervt haben, sehe ich mittlerweile nur noch unberührte Natur in ihrer ganzen Pracht. Meine Hände streifen über die Büsche, die Füße balancieren über abgestorbene Bäume, Augen und Ohren nehmen alles wahr, was um mich herum passiert.

Das war Balsam für meine Seele. Es ist die Verbundenheit mit der Natur, die ich anfangs noch nicht begreifen konnte. Der Wald hatte sich nicht verändert, meine Wahrnehmung jedoch um 180 Grad.

Die Einsamkeit machte meinen Kopf leer. Die Gedanken wurden langsam klarer. Einige quälende Erinnerungen an zweifelhafte Entscheidungen oder nicht abgeschlossene Beziehungen sind in den letzten Tagen nicht wiedergekommen. Sie konnte ich genauso gehen lassen, wie Vorwürfe an mein jüngeres Selbst, das es damals einfach nicht besser wusste.

Zeitweise ist es in meinem Kopf so friedlich wie an der Wasseroberfläche, auf die ich gerade schaue. Ich schmeiße einen Stein ins Wasser und beobachte die nicht enden wollenden Wellen, die sich in alle Richtungen ausbreiten. Ganz wie meine Gedanken, die auch nur einen Anstoß benötigen, um sich dann wieder zu verselbstständigen. Ich beobachte, ohne zu beurteilen. Zumindest für diesen kleinen Moment habe ich Frieden mit mir geschlossen. Ich fühle mich angekommen. Und auch wenn ich immer noch die Tage bis zum Ende meines Experiments zähle, begreife ich das Alleinsein mittlerweile als Geschenk.

31.08.2018, LÖDDEKÖPPINGE • LÄRMVERSCHMUTZUNG

Ich bestelle einen Cappuccino, setze mich und beobachte das Geschehen. Um mich herum ist es wahnsinnig laut. Menschen rennen mit vollen Einkaufstüten durch das Shoppingcenter, von überall ertönen Musik und Werbedurchsagen, Kaffeemühlen rasseln, Babys schreien, Nachrichten flimmern im Fernsehgerät, die neuesten Sonderangebote an den Schaufenstern suchen meine Aufmerksamkeit. Als ich mein Handy einschalte, fallen Benachrichtigungen von Facebook & Co regelrecht über mich her. Schnell schalte ich es wieder in den Flugmodus. Mein Kopf dröhnt unter der Lawine an Eindrücken. Ein Gefühl, das ich momentan noch nicht zulassen möchte.

Auf dem Rückweg nach Trelleborg hatte ich einen Essensstopp eingelegt. Zurück in der Zivilisation galt mein erster Anruf Melanie. Nach 15 Minuten, in denen mein Redeanteil schon relativ gering war, musste ich erst einmal auflegen. Nicht dass mir das Sprechen schwerfiel, ich konnte nur die ganzen Informationen nicht verarbeiten. Das, was sonst tagtäglich auf mich einprasselt, ist mir gerade zu viel. Vor diesem Monat hatte ich das noch als völlig normal empfunden. Wahrscheinlich werde ich mich in ein paar Tagen auch wieder daran gewöhnen. Für den Moment erschien es mir jedoch völlig unbegreiflich, wie dieser Lärm Normalzustand sein könne.

In der einsamen Hütte, ohne ununterbrochene Berieselung und damit einhergehende Beeinflussung, war es still gewesen. Dort bekam der Kopf seine Ruhe, um lange Zeit nicht gedachte Gedanken an die Oberfläche zu holen. Nicht alles, was dort aus dem Verborgenen kam, war erfreulich. Aber in meinem letzten Monat in sozialer Isolation wurde mir bewusst, welch große Klarheit mir das Gespräch mit meinem Inneren brachte. Das galt sowohl für die Sonnenseiten, die ich ausleben durfte, als auch für die Schattenseiten, die mir begegnet sind.

Erst in den letzten zehn Tagen konnte ich das Alleinsein wirklich genießen. Nicht mehr die bedrückende Einsamkeit, sondern das Geschenk des Für-mich-Seins stand im Vordergrund. Weder das Reden noch Facebook hatten mir gefehlt. Gemangelt hatte es mir vor allem an Verbundenheit, an Nähe, an Bestätigung. Doch genau dieser Mangel zwang mich, eine tiefere Beziehung zu mir selbst zu suchen.

Im Alleinsein nahm mir auch niemand die Schmerzen ab. Ich war meinen Schwächen ausgeliefert. Was blieb, war ein stummes Zwiegespräch mit meinem Unterbewusstsein. Ich durfte lernen, dass ich zwar Glück mit anderen Menschen teilen kann, mit meinen inneren Dämonen aber allein klarkommen muss. Mir sind dabei viele Gedanken durch den Kopf geschossen. Einige Dinge aus der Vergangenheit, die ich vergessen oder verdrängt hatte. Bedauern über nicht gelebte Träume. Quälende Fragen zu *Was-wäre-wenn*-Szenarien. Wut, Trauer und unterdrückte Emotionen kamen ans Tageslicht. Das alles wollte gefühlt und verdaut werden.

Durch ständige Gesellschaft, das Internet oder die Arbeit hatte ich mich bisher erfolgreich gegen ein inneres Gespräch gewehrt. Ich hatte zwar gekämpft, war aber stets davongerannt, bis ich erschöpft aufgeben musste. Im letzten Monat habe ich diese Flucht beendet. Ich konnte endlich die Stille zulassen, die mein Unterbewusstsein brauchte, um mit mir Kontakt aufzunehmen.

In einem Umfeld wie diesem Shoppingcenter ist das unmöglich. Hier bekomme ich so viele neue Impulse, ohne jedoch die Zeit zu haben, sie jemals verarbeiten zu können. Auf die unverdauten Eindrücke wird immer mehr obendrauf gepackt.

Denn das Aufschichten ist weniger anstrengend, als die Müllhalde der Empfindungen aufzuräumen.

Dieser Ballast hatte mich zuvor erdrückt. Das führte wiederum dazu, dass mir die nötige Klarheit bei Entscheidungen fehlte und ich auch keinen guten Draht zu meinem Körper hatte. Erst nachdem mein Kopf in Bränna eine lange Pause bekam, in der ich gelernt habe, die Langeweile auszuhalten, konnte er mit den Aufräumarbeiten beginnen. Mein Gehirn sortierte und mistete aus, bis viele lose Gedanken endlich einen Sinn ergaben.

Ob wir es nun Intuition, Seele, göttlicher Funke oder Unterbewusstsein nennen, ist mir gleich, aber in den letzten Wochen hat etwas ganz deutlich zu mir gesprochen. Es war eine innere Stimme, die im Alltagslärm nicht hörbar ist. Sie hat ungeahnte Weisheiten an die Oberfläche gespült, tiefe Zusammenhänge zwischen Gedanken hergestellt und mir Entscheidungen für die Zukunft erheblich erleichtert. Diese innere Stimme hat mir auch zu verstehen gegeben, dass ich mich noch einigen Herausforderungen zu stellen hätte, anstatt die Schuld in meinem Umfeld zu suchen.

In der Einsamkeit habe ich zudem Seiten an mir entdeckt, die mir nicht gefielen. Die Konstanten kann ich akzeptieren und die Variablen ändern. Letztendlich habe ich mich selbst noch nie so klar gesehen, wie ich wirklich bin, mit allen Qualitäten, aber auch Verfehlungen, die mich als Person ausmachen.

Mit Hilfe des Internets weiß heute jeder Zehnjährige mehr als alle antiken Philosophen und Wissenschaftler vergangener Jahrhunderte zusammen. Aber echte Weisheit ist etwas, das ich nicht durch das Lesen von Büchern und angestrengtes Nachdenken erlange. Echte

Weisheit schlummert bereits in mir, sie wird freigesetzt durch Subtraktion, nicht durch das Aufaddieren von Wissen. Sie zeigt mir, wer ich bin und wohin ich gehe. In diesem Monat durfte ich erfahren, dass sich tiefe Erkenntnisse in mir breitmachen, wenn ich einige der angelernten Wahrheiten loslasse, an denen ich bisher festgehalten habe. Es ist eben nicht alles wahr, was die Massen denken. Wahrheit ist nicht demokratisch.

Schleunigst muss ich aus diesem Shopping Center raus. Wo in meiner Hütte eher Slow Motion geherrscht hat, kommt es mir hier so vor, als wenn jemand auf den Vorspulen-Knopf gedrückt hätte. Ich muss an alte Schwarz-Weiß-Filme denken, in denen die Bilder und der Handlungsstrang beeindruckend langsam sind. Ganz anders als bei heutigen Hollywood-Streifen, bei denen der Bildschirm ununterbrochen flackert und man bei all den Nebenhandlungen Probleme hat, am Ball zu bleiben. Parallel dazu hat sich wohl auch unser Gehirn und damit unsere Aufmerksamkeitsspanne angepasst. Heute gibt es quantitativ viel Input, von dem jedoch nur wenig Substanz hat und noch weniger auch bleibt. Mir haben die letzten monotonen Wochen in Zeitlupe gefallen. Viel besser als der Actionfilm, der jetzt gerade vor meinen Augen abläuft.

Jeder Zweite starrt auf sein Smartphone, ist wahrscheinlich in sozialen Netzwerken unterwegs.

Sollten diese nicht eher asoziale Netzwerke heißen?

Der Gedanke lässt mich schmunzeln.
Viele Gesichter, in die ich schaue, wirken tatsächlich traurig.

Wer von diesen Menschen sich wohl gerade einsam fühlt?

Freiwilliges Alleinsein ist ein Privileg. Anders als in den Momenten, in denen das Grundbedürfnis nach Verbundenheit unerfüllt bleibt.

Wenn es dann auch noch vom Zustand des Alleinseins in die Einsamkeit geht, entsteht ein fast unerträglicher Mangel.

Die wenigsten von uns sind über längere Zeit allein und doch sind immer mehr Leute einsam. Dazu braucht es jedoch keine abgelegene Hütte im Wald. Die größte Einsamkeit empfinde ich, wenn tausende Menschen um mich herum sind. Vor allem wenn ich in einer Gruppe oder Nachbarschaft lebe, zu der ich keinerlei Bezug habe. Genauso geht es einigen meiner Freunde in Großstädten. Jeder macht sein Ding, anstatt sich in gemeinschaftliche und inspirierende Aktivitäten einzubinden. Individualität ist das oberste Maß. Es bleibt das Gefühl, nirgendwo dazuzugehören. Was dann fehlt, sind Geborgenheit und Nähe. In einer Gesellschaft, in der wir durch das Internet so sehr *verbunden* sind, wie nie zuvor, fühlen sich immer mehr Menschen isoliert. Leider können die meisten von uns das Alleinsein nicht als Geschenk annehmen, denn wir haben verlernt, mit uns selbst zu sein.

Mit dröhnendem Kopf verlasse ich das Shoppingcenter. In zwei Stunden wird die Fähre nach Rostock ablegen. Bis zum Hafen liegen noch gute 60 Kilometer vor mir. Das Autoradio bleibt aus. Fast apathisch fahre ich auf den leeren Straßen nach Trelleborg.

Genau hier war ich vor vier Wochen vom Schiff gerollt. Das Gefühl für Zeit ist mir abhandengekommen. Irgendwie haben sich die Tage in der Hütte wie eine Ewigkeit angefühlt, dann aber doch wieder nur wie ein kurzer Augenblick.

Den Anweisungen des Personals folgend fahre ich in den aufgeklappten Rumpf der Fähre, klappe meine Außenspiegel ein und parke dicht neben weiteren Fahrzeugen. Ich beobachte die wild gestikulierenden Gäste, die gestresst ihre Autos in Position bringen. Die meisten versuchen danach, sich nach vorne zu drängeln, um die besten Sitze auf dem Oberdeck zu ergattern. In mir macht sich Hochmut breit. All der Trubel um mich herum geht mich gerade nichts an.

Langsam steige ich die Treppen nach oben bis ich eine ruhige Ecke im Außenbereich finde. Wochenlang habe ich mich auf Gesellschaft gefreut, die Tage gezählt, jetzt möchte ich nur allein sein. Momentan bringe ich es nicht fertig, mich mit den anderen Passagieren über das Wetter oder ihre Reisepläne zu unterhalten. Viel zu unwichtig erscheinen mir gerade solch oberflächliche Gespräche, wo mir mein Unterbewusstsein doch Dinge mit mehr Bedeutung mitzuteilen hatte. Mein Mitgefühl für kauzige Eigenbrötler wächst.

Nachdem wir abgelegt haben, ziehe ich meine Jacke an und verkrieche mich in Richtung Bug des Schiffes. Von dort aus starre ich auf das schwedische Festland, von dem wir uns mit rasanter Geschwindigkeit entfernen. Noch einmal schalte ich mein Handy ein, um mit dem zumindest noch ein wenig vorhandenen Signal ein paar E-Mails und Nachrichten abzurufen. Beim ersten Durchschauen der Benachrichtigungen stelle ich fest, dass meine Assistentin mal wieder ausgezeichnete Arbeit geleistet hat. Die Welt dreht sich eben doch auch ohne mich weiter. Eine beruhigende Feststellung, selbst wenn mein Ego das oft anders sieht. Nach 15 Minuten auf Facebook und WhatsApp reicht es mir wieder. Es tat gut, zu lesen, dass sich Freunde nach meinem Befinden erkundigten, aber im Moment bedarf es mir nicht danach, zu antworten. Wenigstens noch diese letzte Nacht möchte ich in meiner eigenen einsamen Welt verweilen.

Wie bereits im Januar dieses Jahres, in dem ich komplett anonym gelebt hatte, vermisste ich die ununterbrochene Verbundenheit kein Stück. Auch in diesem Monat hatte ich festgestellt, wie das Fehlen von Ablenkungen und Manipulationen zu ganz neuen, nie gedachten Gedanken führte. Ich würde sogar behaupten, dass das Alleinsein generell die Voraussetzung für eigenständiges Denken ist. Nur dann bin ich unabhängig von all den äußeren Einflüssen, die mich sonst beherrschen.

Genau aus diesem Grund wird die Privatsphäre in totalitären Staaten verhindert. Das dauernde Gefühl, beobachtet zu werden, lässt keine freien, originellen Gedanken zu. Kontrolle und Kreativität schließen sich aus. Etwas Inspirierendes kann nur entstehen, wenn nicht bereits der Ansatz dafür von den konventionellen Meinungen unterdrückt wird. Sobald dementsprechend wir selbst das Feedback unseres Innersten zulassen, können Ideen dieser Art ihr volles Potenzial entfalten.

Genau das hat für mich in der Einsamkeit wunderbar funktioniert. Ohne den störenden Lärm von außen konnte ich Eingebungen in aller Ruhe reifen lassen und musste sie nicht verteidigen. Und nachdem sich diese neuen Gedanken ein paar Tage lang ohne Beeinflussung von außen entwickeln konnten, war ich auch bereit, sie zu teilen. Nun kann ich mich über andere Sichtweisen freuen, da sie meine eigenen Auffassungen bereichern. Genauso wie über einen gesunden Mix aus Reizen und Ruhepausen sowie aus Austausch und Stille, den ich mir für die Zukunft bewahren will.

Was mich das Alleinsein auch gelehrt hat, ist, das Unbekannte zu umarmen. Und wiederum das, was zunächst Sicherheit und Schutz bietet, loszulassen. Wenn ich mich auf niemanden stützen kann, bin ich gezwungen, mich auf meine eigenen Kräfte zu verlassen. Und das sorgt für Weiterentwicklung. Echte Sicherheit bekomme ich ohnehin nicht von außen, sondern nur durch das Erkennen meines Selbstwertes, der direkt hinter dem Ego liegt. An einem Ort tief in meinem Inneren, der wiederum unter einer Maske steckt.

Wer bin ich? Warum bin ich hier?

Antworten darauf werde ich weder in Büchern noch allein mit meinem Verstand finden. Sie stecken tief in mir, verschüttet unter all den Gelüsten, der Trauer, der Angst und der Ungeduld. Und um sie zu hören, brauche ich Stille.

Als ich die Fähre gegen Mitternacht verlasse, machen sich gemischte Gefühle in mir breit. Einerseits freue ich mich wieder auf Gesellschaft und darauf, das Erlebte zu teilen. Andererseits befürchte ich, dass niemand verstehen wird, was in diesem Monat mit mir geschehen ist. Wie auch, denn sogar mir fällt es noch schwer, all das in Worte zu fassen. Auf jeden Fall nehme ich mir fest vor, mich in Zukunft öfter mit mir selbst zu verabreden. Ich möchte diese neue Freundschaft, die ich in Schweden geschlossen habe, noch weiter vertiefen. Denn je mehr ich mir selbst ein Freund bin, desto weniger bin ich einsam.

9

DER SCHLAFLOSE

WACHZEITEN • SCHLAFENTZUG • WAHNVORSTELLUNGEN

•

UBERMAN • EVERYMAN • SUPERMAN

Polyphasischer Schlaf bedeutet, die gewöhnliche Nachtruhe über den gesamten Tag aufzuteilen. Als *Uberman* machte ich nur alle vier Stunden ein 20-minütiges Nickerchen. Nach einer harten ersten Woche hatte ich mich tatsächlich an den neuen Schlafrhythmus gewöhnt, konnte die längere Wachzeit aber nur begrenzt genießen. Dennoch war es eine Offenbarung, zu sehen, zu welchen Leistungen der Körper in der Lage ist, sobald man seine Vorstellungskraft dementsprechend öffnet.

05.09.2018, MÜNCHEN • NACHTWANDERUNG

Es ist 4:20 Uhr. Der Wecker klingelt erbarmungslos, gerade als ich kurz vor dem Einschlafen war. Widerwillig stehe ich auf, schleppe mich in die Küche und setze Teewasser auf. Draußen ist es noch stockdunkel.

Habe ich eigentlich geschlafen oder nur dagelegen? Die Grenze zwischen Wachzustand und Schlaf war verschwommen. Seit mehr als 40 Stunden ging das so. Alle 4 Stunden hatte ich mich hingelegt, Augen und Ohren abgeschirmt und zumindest versucht, ein 20-minütiges Nickerchen zu machen. Während ich im Bett lag, drehte sich in meinem Kopf ständig nur ein Gedanke: »Du musst gleich wieder aufstehen und darfst unter keinen Umständen verschlafen.«

Nach zwei Tagen bei meiner Familie und einem kurzen Besuch in Berlin habe ich mich vorgestern auf den Weg nach München gemacht. Im Gepäck waren Schlafmaske, Noise-Cancelling-Kopfhörer und ein extra lauter Wecker. Vier Wochen lang will ich in diesem Monat testen, ob ich mit deutlich weniger Schlaf auskommen kann, als es die Experten dieser Welt empfehlen.

Bei einem sogenannten polyphasischen Schlaf wird die Nachtruhe über den gesamten Tag verteilt. Der *Uberman* ist die extremste Ausprägung davon, bei der Menschen nur 2 Stunden pro Tag schlafen. Und zwar alle 4 Stunden für jeweils 20 Minuten. Eine Abweichung von diesen festgelegten Zeiten von mehr als 15 Minuten würde in Schlafmangel resultieren.

Einige berühmte Persönlichkeiten wie Napoleon, Edison, Clinton und Reagan waren beziehungsweise sind Anhänger des polyphasischen Schlafes. Leonardo da Vinci soll in seinen Hochphasen alle vier Stunden 15 Minuten geschlafen haben. Auch der Fußballprofi Ronaldo nutzt die polyphasische Verteilung über den Tag mit fünf Mal 90 Minuten Schlaf.

Ich stelle mir die Frage, warum wir eigentlich generell nachts und im Durchschnitt acht Stunden schlafen. Warum nicht vier oder zwölf? Warum an einem Stück und nicht über den Tag verteilt?

Albert Herpin starb im Alter von 94 Jahren. In seinem Nachruf in der New York Times stand geschrieben, dass Albert den Großteil seines Lebens nicht geschlafen hatte. Zwar legte er sich nachts ins Bett, ruhte aber nur bei vollem Bewusstsein und ohne die Augen zu schließen. Nicht weniger spektakulär ist die Geschichte von Thái Ngoc. Der Vietnamese hat nach einem Fieberanfall 46 Jahre lang nicht geschlafen. Er war mental voll auf der Höhe und trug jeden Tag zwei 50 Kilogramm schwere Säcke mit Schweinefutter in die fünf Kilometer entfernte Scheune. Ob diese Zeitungsberichte tatsächlich der vollen Wahrheit entsprechen, vermag ich nicht zu beurteilen, aber sie geben ohne Zweifel einen Hinweis darauf, dass Schlaf keine Einheitsgröße ist.

In meinem Insomnia-Experiment in diesem Monat will ich herausfinden, ob der Acht-Stunden-Schlaf wirklich ein körperliches Grundbedürfnis oder nur das Ergebnis sozialer Konditionierung ist. Ich frage mich dahingehend, was nach ein paar Tagen Schlafentzug passieren kann, was ich mit all der zusätzlichen Wachzeit anstellen werde und ob die Power-Naps wirklich die *normale* Nachtruhe ersetzen können.

Mein Leben lang bin ich einem monophasischen Schlafmuster gefolgt, mit sieben bis acht Stunden Nachtruhe am Stück. Einige Forscher wollen jedoch herausgefunden haben, dass das ganz und gar nicht natürlich sei. Unsere Vorfahren sollen gemäß deren Untersuchungen zwei Schlafphasen gehabt haben. Immer nach zunächst gut vier Stunden wachten sie von allein auf und blieben für eine Weile wach, bevor sie erneut einschliefen. Der Schlaf soll dadurch leichter gewesen sein, da die ständig lauernden Gefahren durch die einzelnen kürzeren Ruhephasen besser abgefangen werden konnte.

Spätestens mit dem Beginn der industriellen Revolution kam jedoch die Arbeit im Schichtdienst auf und seit der Erfindung der Glühbirnen konnte zudem die Nacht in helllichten Tag verwandelt werden. Auch das blaue Licht, dem wir heute durch unsere Bildschirme ausgesetzt sind, bringt die Hormone genauso durcheinander wie Kaffee, Schlaftabletten und Nachtschichten. Das alles führte dazu, dass sich der Schlafrhythmus immer weiter von dem natürlichen Ablauf entfernte, der eigentlich durch die Sonne vorgegeben wird.

Tiere, Truckfahrer oder Flugbegleiter folgen ebenfalls keinem monophasischen Schlafmuster. Kindern wird der polyphasische Schlaf spätestens mit dem Eintritt in die Schule abtrainiert. In vielen Kulturen der Welt ist noch die Siesta zur Mittagszeit tief verankert.

Das alles sind genügend Indizien für mich, um unser heutiges, vermeintlich *richtiges* Schlafverhalten etwas genauer zu hinterfragen.

Vom polyphasischen Schlaf habe ich zum ersten Mal vor ein paar Jahren von einem Freund gehört: »Geh davon aus, dass du jede Nacht zum Einschlafen, für Toilettenbesuche und den nur wenig erholsamen Leichtschlaf jeweils zwei Stunden verschwendest. Jetzt stell dir vor, du könntest diese zwei Stunden Schlaf pro Tag einsparen. Das wäre ein Monat pro Jahr. Hochgerechnet auf 60 Jahre würdest du also ganze fünf Jahre Lebenszeit gewinnen!« Weiter rechnete er mir vor, dass ich alle sechs Jahre ein zusätzliches Jahr an Wachzeit bekäme, wenn ich mit vier Stunden Schlaf pro Tag auskommen würde. Meine Skepsis, ob dies zur Regeneration ausreichen würde, entkräftete er mit einem Vergleich zur Ernährung. Es gäbe schließlich auch genügend Menschen, die einen Monat lang fasten oder sich mit nur einer Mahlzeit am Tag begnügen und trotzdem gesund sind.

Um 5:00 Uhr überkommt mich ein Schwall von Müdigkeit. Ich schnappe mir eine Jacke, gehe spazieren, höre dabei Podcasts und genieße die Ruhe der Umgebung in dieser milden Septembernacht. Das Wachsein zu einer Zeit, in der der Rest der Welt noch schläft, gibt mir das Gefühl, gewissermaßen einen Vorsprung zu haben und vor allem, mich an meiner Umgebung ganz allein erfreuen zu können. Das erinnert mich an meine Hütte in Schweden, an die ich in den letzten Tagen ununterbrochen denken muss.

Anstelle der Müdigkeit spüre ich auf einmal einen unglaublichen Tatendrang in mir. Keine Ahnung, wo diese Energie herkommt, aber ich möchte sie nutzen. Zuhause zurück ziehe ich mir meine Laufschuhe an und renne an den grünen Ufern der Isar entlang. Auf dem Rückweg füllen sich die Straßen so langsam mit Leben. Vorbei war die friedliche Ruhe der Nacht. Beim Bäcker hole ich noch ein paar Brötchen, gehe zuhause duschen und lege mich für meinen 8-Uhr-Schlaf neben Melanie, die gerade am Aufwachen ist.

07.09.2018, FREISING • SCHLAFENTZUG

»Na, du siehst doch noch ganz fit aus!«, begrüßt sie mich mit einem etwas gequälten Lächeln auf den Lippen. Dabei fühle ich mich eher, als wenn ich seit fünf Tagen durchgehend wach wäre. Nach dem 12-Uhr-Schlaf bin ich in die Bahn nach Freising gestiegen, um Theresa zu treffen, die hier gerade auf Durchreise ist. Ganz bewusst habe ich beschlossen, meinen 16-Uhr-Schlaf heute auszulassen. Dass sich das später bitter rächen wird, ahne ich bereits. Aber neben dem körperlichen Schlafentzug nervt mich die soziale Abstinenz viel mehr. Wenn man nicht länger als ein paar Stunden am Stück das Haus verlassen kann, um die regelmäßigen Schlafphasen einhalten zu können, wird es schwierig mit Verabredungen. Also sitzen wir hier, trinken Cappuccino, essen süße Teilchen und quatschen stundenlang, ohne auf die Uhr zu schauen.

Als ich mich gegen 18 Uhr auf den Rückweg mache, schaffe ich es in der Bahn kaum, die Augen offenzuhalten. Koffein und anregende Gespräche haben mich über den Nachmittag gerettet. Aber jetzt, hier, allein, fällt mein Kopf im Minutentakt nach unten, nur um sich Sekunden später nach einem Zucken wieder aufzurichten. »Lass es einfach geschehen, gönn dir den Schlaf!«, sagt der kleine Teufel auf meiner Schulter. Mein innerer Klugscheißer aber weiß, dass das den Körper noch viel mehr durcheinanderbringen würde, als er es ohnehin schon ist. Es machen sich Kopfschmerzen breit, meine Glieder schmerzen, die Gedanken bewegen sich wie auf einer

Rennbahn durch den Kopf. Eine knappe Stunde später steige ich in Obersendling aus. Anstatt direkt nach Hause zu laufen, wandere ich ziellos durch die Nachbarschaft. Aus Angst davor, beim Anblick des Bettes nicht widerstehen zu können, öffne ich erst kurz vor 20 Uhr die Tür zu Melanies Wohnung. Innerhalb von Sekunden falle ich im so sehnsüchtig erwarteten Bett in einen Schlaf, der jedoch nur 20 Minuten danach wieder abrupt enden musste.

Schlafe ich länger als 20 Minuten, nimmt die Gefahr zu, dass ich die Tiefschlafphase erreiche. In dieser Phase geht der Körper in den Standby-Modus, hier gehen auch Schlafwandler auf Streifzug. Körpertemperatur und Blutdruck sinken, Atemfrequenz und Herzschlag nehmen ab. Das Gehirn produziert Wachstumshormone, die für die Regeneration des Körpers sorgen. Wenn ich aus dem Tiefschlaf aufwache, fühle ich mich zerknittert, brauche lange, um wieder voll bei Sinnen zu sein.

In der Theorie geht es beim *Uberman* darum, sowohl den Tiefschlaf als auch die Leichtschlafphase zu überspringen, um direkt in die erholsame REM-Schlafphase zu kommen, in der wir träumen. Ein solcher Schlafzyklus aus Einschlafphase, Leichtschlaf, Tiefschlaf und Traumschlaf dauert 90 Minuten. Der *Uberman* soll es durch Training schaffen, sich die Rosinen aus dem Schlafzyklus zu picken. Ein ausgesprochen effizienter Schlaf also.

Die Praxis sieht anders aus. Meist schaffe ich es erst, zur Hälfte eines Nickerchens einzuschlafen, vorher döse ich zwischen Wachzustand und Einschlafphase vor mich hin. Auch geträumt habe ich bisher noch nicht, jedenfalls konnte ich mich an keine Träume erinnern. Mental fühle ich mich recht fit, jedoch gibt mir der Rest meines Körpers ganz klar zu verstehen, dass er diesen Schlafentzug überhaupt nicht spaßig findet. Die Glieder schmerzen, ich bewege mich langsam, habe wenig Energie. Nach meinem Verständnis brauchen wir den Tiefschlaf vor allem für die körperliche Regeneration. Immunsystem, Gewebe, Organe, Muskeln und Knochen erholen sich, Gehirnfunktionen, Verdauung und Hormonhaushalt räumen auf.

Was passiert langfristig, wenn mein Körper keine Zeit für seine nötigen Aufräumarbeiten bekommt?

Melanie fragt mich, wie mein Ausflug war. Ich erzähle ihr von unserem wohltuenden Nachmittag. Ein paar Details sind meiner Erinnerung aber irgendwie entwichen. Wo genau ich beim Spaziergang auf dem Rückweg langgelaufen bin, vermag ich nicht mit Sicherheit zu sagen. An einen Großteil dieser knappen Stunde an der frischen Luft kann ich mich einfach nicht erinnern. Das beunruhigt mich.

Um 21 Uhr kochen wir Abendessen. Für mich ist es bereits die fünfte Mahlzeit heute. Durch das verschobene Schlafmuster gibt es keinen normalen Tagesablauf mehr. Anstelle eines ganzen Tages, der mit der Nacht endet, erlebe ich momentan eher fünf Tagesblöcke.

Wann beginnt und endet mein Tag? Wann putze ich mir Zähne? Wie viele Mahlzeiten esse ich am Tag?

Zeit bekommt eine ganz neue Perspektive, sobald mein Tag nicht in 8-Stunden-Schlafzeit plus 16-Stunden-Wachzeit unterteilt ist. Ein großes Problem dabei sind arge Fressattacken. Mein Körper kann sein Verlangen nach Schlaf nicht erfüllen, also sind schnelle Kalorien anscheinend die zweitbeste Alternative, um die Grundfunktionen aufrechtzuerhalten.

Sofortige Energie steckt vor allem in Eiscreme, Schokolade und Keksen. Das weiß auch der emotionale Teil des Gehirns, der bei Schlafentzug übernimmt. Leider ist dieser nicht für rationale Entscheidungen bekannt. Der kurzfristige Energieschub in Form der erwähnten Junk-Produkte sorgt dafür, dass ich trotz Schlafmangel wach bleibe. Als Reaktion darauf schüttet das Gehirn jedoch fleißig Stresshormone aus und bekommt dadurch keine Chance, sich auszuruhen. Ein Teufelskreis, der bei lang anhaltendem Schlafmangel nicht gut für die Gesundheit sein kann. Die zusätzlichen Mahlzeiten haben auch bei mir bereits nach ein paar Tagen für drei Kilogramm mehr auf den Rippen gesorgt.

Mehr Wachzeit, dafür weniger Wohlbefinden?

Derzeit ist das für mich noch ein schlechter Tausch.

Nach dem Essen schlägt sie wieder voll zu, die Narkolepsie. Das Frischegefühl nach den Nickerchen hält immer ein bis zwei Stunden an. Genauso lang scheint sich also mein Körper an der Nase herumführen zu lassen, bis er irgendwann merkt, dass etwas nicht stimmt. Jetzt heißt es durchhalten. Bis zum Mitternachtsschlaf sind es nur noch eineinhalb Stunden.

Der fehlende Nachmittagsschlaf heute macht sich gerade deutlich bemerkbar. Ich muss wieder raus an die frische Luft und versuche, mit ein paar Hockstrecksprüngen den Organismus wieder in Wallung zu bringen. Gern würde ich lesen, Musik hören oder schreiben. Aber dabei würde ich definitiv sofort einnicken.

Laut Erfahrungsberichten sollte der schlimmste Schlafentzug bei der Gewöhnung an dieses neue Schlafmuster nach einer Woche vorbei sein. Noch bin ich mitten drin in der Folterphase, in der ich zwar all diese zusätzliche, vermeintlich tolle Wachzeit habe, an der ich mich aber noch nicht wirklich erfreuen kann.

11.09.2018, ENGLISCHER GARTEN •
TRAUMWELTEN

Als ich nach dem Einkaufen den Supermarkt verlasse, fallen mir fast die Einkaufsbeutel aus den Händen. Im Park rennen nicht nur hunderte Kinder wie wild durcheinander, es springen auch riesige Hasen, Hunde und Eichhörnchen zwischen ihnen herum. Ich reibe mir die Augen, woraufhin zumindest die menschengroßen Tiere verschwinden. Plötzlich öffnet sich der Boden vor mir. Es tut sich ein immer größer werdender Abgrund auf. Was ich darin sehen kann, ist jedoch nicht die Hölle, sondern eine paradiesische Landschaft mit Elfen, Feen und Engeln. Es scheint, als wenn sie mich alle ansehen, mir aufmunternd zuwinken würden. Eine angenehme Melodie begleitet das Ganze aus der Ferne. Abrupt unterbricht ein lauter Beat diese himmlische Ruhe, meinen wunderschönen Traum.

Ich öffne die Augen und sehe, wie links von mir ein paar Kinder Frisbee spielen. Daneben argumentieren Studenten lautstark mit Bier in der Hand. Aus einem Lautsprecher dröhnt Musik, die mir bekannt vorkommt – mein unschöner Aufwachgrund.

Meine verschlafenen Augen gewöhnen sich so langsam an die Umgebung. Als mich Melanie anschaut und mir mit einem Grinsen im Gesicht einen guten Morgen wünscht, wird mir bewusst, wo ich gerade war. Im Englischen Garten in München. Es ist 16:20 Uhr. 20 Minuten lang hatte ich hier auf dem Rasen einen wunderbar tiefen Schlaf. Dank Augenmaske, geräuschabschirmenden Kopfhörern und ausreichend Schlafdefizit konnte ich schlummern wie ein Baby.

Gestern habe ich mich zum ersten Mal in diesem Monat an einen Traum erinnert. Seitdem träume ich bei jedem Nickerchen. Das ist ein großartiges Zeichen, denn es bedeutet, dass ich nun bereits jedes Mal in die erholsame REM-Phase komme. In einer normalen Nacht erfolgt diese Traumschlafphase nach dem Tiefschlaf erst am Ende eines 90-minütigen Schlafzyklus. Als *Uberman* nehme ich die Abkürzung in die Traumwelt, was nun auch tatsächlich zu funktionieren scheint.

Genau deshalb bin ich gerade sehr froh, so intensiv zu träumen. Das Gehirn scheint zu kapitulieren, wehrt sich nicht mehr gegen dieses ungewöhnliche Schlafmuster, sondern macht das Beste aus den 20-minütigen Nickerchen.

    Direkt nach dem Aufwachen fällt es mir allerdings zunehmend schwerer, zwischen Wach- und Schlafzustand unterscheiden zu können. Vor dem Einschlafen tauchen Stimmen in meinem Kopf auf, die anfangs sehr gedämpft sind, dann aber immer lauter werdend an mir vorbeisausen. Erlebnisse und Gedanken, die ich kurz vor dem Einschlafen habe, mischen sich in einem fließenden Übergang unter die Träume. Es ist verrückt, wie intensiv und scheinbar von langer Dauer diese *neuen* Träume waren. Sie wirken stets so real, dass die Grenzen zwischen beiden Welten verschwimmen. Oft muss ich überlegen, ob sich eine Situation, an die ich mich erinnerte, nur in meinem Traumland oder in der Wirklichkeit abgespielt hat.

In der Traumschlafphase ist das Nervensystem sehr aktiv, das Gehirn in einem konstanten Alarmzustand und die Muskeln sind völlig schlaff. Wir übergeben dabei sozusagen an unser Unterbewusstsein, wobei sich die Augen unter den Lidern bewegen, weshalb man auch von REM-Schlaf mit *Rapid Eye Movement* spricht. Diese Phase soll die Kreativität fördern. Hier wird das Kurzzeitgedächtnis geleert, um Platz für neue Informationen zu schaffen. Beim sogenannten *Memory Processing* werden unsere täglichen unzähligen

Gedanken, Erinnerungen und Erlebnisse in Langzeiterinnerungen umgewandelt.

Durch den Schlafmangel der ersten Tage hatte ich nur wenig REM-Schlaf, was ich auch an meiner abnehmenden Aufnahmefähigkeit gemerkt habe. Beim nächtlichen Jogging hatte ich zudem plötzlich Wahnvorstellungen, sah Dinge, die beim zweiten Hinschauen nicht mehr da waren. Ständig vergaß ich etwas und hatte Probleme, mich zu konzentrieren. Jetzt verstehe ich, warum andauernder Schlafentzug auch als Foltermethode eingesetzt wird.

Laut einer alten Weisheit der Tolteken, die vor tausend Jahren in Mittelamerika lebten, ist das, was *wir* als echtes Leben bezeichnen, nur ein Traum. Das echte Leben finde im Schlaf statt, da nur dann der innere Dialog ruhig gestellt und das Unterbewusstsein nicht vernebelt sei. Wenn man den Überlieferungen glaubt, dann gingen die Tolteken davon aus, dass jeder einzelne Mensch einen kleinen Teil zu einem größeren, kollektiven Traum beitragen würde. So entstünden Träume einer Familie, einer Gemeinschaft, einer Stadt, eines Landes und letztendlich des gesamten Planeten. Zum globalen Traum gehörten dann unter anderem Glaubenssätze, Regeln, Gesetze, Religionen und Kulturen. Diese Dinge seien jedoch nicht real, sondern menschgemacht, erträumt. Erst wenn wir sie glaubten, würden sie zu einem Teil unserer Welt.

Als *Mitote* bezeichneten die Tolteken daneben einen Marktplatz mit tausend Stimmen, auf dem niemand zuhört. All diese Stimmen würden beurteilen, rechtfertigen, attackieren. Die eigene Stimme zu hören, sei bei diesem Geräuschpegel unmöglich. Erst in der Zeit, in der wir annehmen, zu träumen, führe die innere Stille dazu, dass wir die Welt so sehen, wie sie tatsächlich ist.

Für mich persönlich eine durchaus spannende Erklärung dafür, was gerade zwischen meinem Bewusstsein und Unterbewusstsein los war. Beide schienen sich darüber zu streiten, was tatsächlich real wäre und was nicht.

Nach meinem Nachmittagsschlaf bleiben wir noch etwas im Park und genießen die Herbstsonne, die sich immer seltener zeigte. Zum Abendessen stopfen wir uns die Bäuche an einem chinesischen All-You-Can-Eat-Buffet voll. Es tat gut, für längere Zeit am Stück rauszukommen.

Nachdem ich vergangenen Freitag einen kompletten Schlaf ausgelassen hatte, fühlte sich das Wochenende danach wie ein einziger nicht endender Hangover an. Vor meinen Augen ein leichter Schleier und ein gewisser Druck zwischen Stirnlappen und Augenhöhle. Auch meine Koordination und das Gedächtnis waren beeinträchtigt. So lief ich zum Beispiel in die Küche und fragte mich dort, was ich eigentlich wollte. Und auf dem Rückweg stieß ich mir auch noch den Fuß am Bett an, was mir sonst nie passiert.

Aber seit gestern ist mein Befinden wieder deutlich besser. In den letzten Tagen habe ich meinen neuen Schlafrhythmus konsequent eingehalten. Zwischenzeitlich fühle ich mich sogar wie Superman, der den Schlaf besiegt hat. Phasenweise bin ich regelrecht euphorisch, könnte Bäume ausreißen. Langsam verstehe ich, wie es zu dem Namen *Uberman* gekommen ist. Vor allem tagsüber bin ich recht fit. Erst wenn das Sonnenlicht fehlt, kommt die Müdigkeit. Dann fällt es mir schwer, mich von einem Nickerchen zum nächsten zu schleppen. Am meisten kämpfe ich zwischen Mitternacht und 4 Uhr. Dann laufe ich bei meinen nächtlichen Spaziergängen immer wie ein Zombie durch München. Der Boden bewegt sich dabei und das Gefühl für Entfernungen schwindet. Das Joggen habe ich zwischenzeitlich sein lassen, nachdem ich vor ein paar Tagen ziemlich übel gestolpert war. Sekundenschlaf scheint dementsprechend überall möglich zu sein, auch in Bewegung.

Wieder zurück in der Wohnung ist es Zeit für meinen 20-Uhr-Schlaf. Mittlerweile ist alles schon Routine. Klamotten aus, Wecker stellen, Kopfhörer in die Ohren, Schlafmaske auf die Augen. Nach dem Hinlegen dauert es nur wenige Sekunden, bis Realität und

Traum ineinander verschwimmen.

20 Minuten später klingelt der Wecker. Das Aufstehen fällt mir leicht, auch wenn ich nach wie vor einen Alarm brauche und nicht, wie andere polyphasische Schläfer berichten, von der inneren Uhr geweckt werde. Das ist wohl ein Zeichen dafür, dass ich über den Schlafentzug noch nicht ganz hinaus bin. Ich stehe auf, strecke mich und fühle mich bereits ausgeruht. Solange ich den Ablauf einhalte, scheint dieser Schlafrhythmus tatsächlich zu funktionieren. Wer hätte das gedacht?

15.09.2018, TRAUMLAND • TOTALE ERSCHÖPFUNG

Ich schrecke hoch. Wo kam dieser laute Knall her? Wo bin ich überhaupt?

In mir macht sich Panik breit. Der aufgeklappte Laptop vor mir zeigt an, dass es 25 Minuten nach Mitternacht ist.

Melanie, die auch durch das nicht zu überhörende Geräusch wachgeworden ist, kommt in die Küche geeilt. Besorgt fragt sie, was los ist. So langsam komme ich wieder zu mir. Der Wasserkocher gibt einen bestätigenden Klickton von sich, nachdem das Wasser gekocht hat. Ich fasse mir an die Stirn, die glühend heiß ist und schmerzt. Es war mein Kopf, der ungebremst auf die Kante des Küchentisches geknallt war.

Fünf Minuten vorher hatte ich mich von meinem Mitternachtsschlaf aufgerafft, im Autopilot den Wasserkocher angestellt, meinen Laptop aufgeklappt und mich an den Tisch gesetzt. Auch noch jetzt fällt es mir schwer, einzuordnen, wann mein Schlaf geendet und das Wachsein begonnen hat. Erst der laute Knall hatte wieder eine Ordnung hergestellt.

Es reicht. Mein Körper kann nicht mehr. Das Signal war deutlich. Zwei Wochen polyphasischer Schlaf in dieser extremen Ausprägung sind genug. Ich schleppe mich zurück ins Bett, versinke erneut ins Traumland und wache erst sechs Stunden später wieder auf.

Vor dieser denkwürdigen Nacht, in der meine Stirn mit dem Küchentisch Bekanntschaft machte, wechselten sich Euphorie und Erschöpfung ab. Teilweise dachte ich, dass mir zwei Stunden Schlaf pro Tag wirklich reichen würden. Vielleicht war ich mit der Einhaltung der Zeiten auch nicht konsequent genug. Letztendlich musste ich mir jedenfalls eingestehen, dass die Reserven meines Körpers zur Monatsmitte aufgebraucht waren.

Dieses deutliche Signal konnte ich nicht weiterhin überhören. Bei aller Disziplin und Neugier, mit der ich das Schlafexperiment angegangen bin, stand meine Gesundheit doch an erster Stelle. Aus mir würde kein *Uberman* mehr werden. Ein für mich einfach zu kräftezehrender, zu unsozialer und zu unnatürlicher Schlafrhythmus. In den vergangenen Wochen habe ich einige polyphasische Schläfer kennengelernt, für die der *Uberman* seit Jahren zu funktionieren schien. Nicht für mich, ich schalte lieber einen Gang runter.

Dennoch will ich in der zweiten Monatshälfte den polyphasichen Schlaf beibehalten, aber mit verändertem Rhythmus. Ab sofort werde ich nachts einen Kernschlaf einbauen, der von 24–3 Uhr dauert. Um jeweils 8, 13 und 19 Uhr will ich dann die gewohnten 20-minütiges Nickerchen machen, so dass ich pro Tag auf insgesamt vier Stunden Schlaf komme. Dieses Schlafmuster ist als *Everyman* bekannt, da es leichter und theoretisch für jeden in den Tag integriert werden kann. Der große Vorteil bei diesem Modus ist die Flexibilität. Kleinere Abweichungen in den Schlafzeiten verzeiht der Körper schneller als beim *Uberman*, bei dem es vor allem auf Präzision ankommt.

So zumindest die Theorie.

21.09.2018, ICE NACH BERLIN • MITTAGSSCHLAF FETZT

Die Landschaft zieht an mir vorbei, als ich langsam die Augen öffne. Draußen dämmert es bereits. Nicht mein Wecker, sondern meine innere Uhr hat mich aus dem Schlaf geholt. Ein paar Sekunden später meldet sich zur Sicherheit noch zusätzlich der Handyalarm zu Wort. Ich strecke mich im Sitz und schaue mich um. Gerade waren wir an Leipzig vorbeigefahren. Niemand interessiert sich dafür, dass ich hier einen Teil meines Tagschlafes erledigt habe. Für einen Mittagsschlafgegner wie mich, der zudem im Sitzen eigentlich gar nicht schlafen kann, ist es absolut erstaunlich, wie erholsam die letzten 20 Minuten waren.

Bis vor diesem Monat habe ich mir selbst eingeredet, dass ich nicht der Typ für Mittagsschlaf wäre. Zwar hatte ich es immer wieder einmal ausprobiert, aber meist bin ich danach für den Rest des Tages einfach nicht mehr in Schwung gekommen. Jetzt war mir jedoch klar, dass ich früher zwei Fehler gemacht hatte. Erstens, ich hatte zu lange geschlafen. Bei mir liegt die magische Grenze scheinbar bei 25 Minuten. Schlafe ich länger, bin ich im Tiefschlaf und fühle mich nach dem Aufwachen miserabel. Zweitens, ich hatte mich geärgert, wenn ich während des Power-Naps nicht richtig einschlafen konnte. Dabei reicht es völlig aus, Körper und Geist eine Verschnaufpause zu gönnen. Und diesen Energieschub bekomme ich auch, wenn ich nur wachliege. Auf einmal scheint es mir absurd,

16 Stunden am Stück wach zu sein. Der Mittagsschlaf ist etwas, das ich unbedingt beibehalten will.

Der *Everyman*-Schlafmodus funktionierte bisher gut. Nach den drei Stunden Kernschlaf in der Nacht fühlte ich mich ausgeruht. Tagsüber wirkten die Nickerchen sogar besser als Koffein. Anstrengend war es lediglich in der Zeit von 19 Uhr bis Mitternacht, in der die Müdigkeit am stärksten war. Heute wird es vermutlich besonders schwer werden, da ich den 19-Uhr-Schlaf auch noch um eine Stunde vorgezogen habe, um mich gleich mit Freunden in Berlin zu treffen.

Bis der Zug in den Hauptbahnhof einfährt, schaue ich gedankenverloren aus dem Fenster. Wieder und wieder habe ich mich in diesem Jahr darüber gewundert, wie sich jeden Monat meine Standards verschoben hatten. Die nächtlichen drei Stunden Kernschlafzeit während meines aktuellen Schlaf-Experiments waren mittlerweile ein absoluter Segen. Das hätte mir mal vor dem Monat jemand erzählen sollen. Aber ich muss auch daran denken, wie ich manchmal voller Euphorie über den *Uberman*-Modus gesprochen hatte, nur um mir kurz darauf doch einzugestehen, dass es für mich nicht funktionierte. So erging es mir häufig mit neuen Gewohnheiten. In den ersten Tagen sorgte noch Selbstüberschätzung dafür, dass Unsicherheit und Zweifel überspielt wurden. Erst sobald ich ein objektiveres Bild bekam, konnte ich voller Bewusstsein das neue Muster anwenden, teilweise sogar langfristig in meinen Alltag integrieren. Solange, bis dieser Zyklus wieder von vorne begann. Aus dieser eigenen Erfahrung heraus bin ich mittlerweile sehr vorsichtig geworden, wenn ich von Hacks und Tricks anderer Personen lese, die diese mit der rosaroten Brille des anfänglichen Hochgefühls propagieren.

Als ich eine Stunde später in der Wohnung meines Kumpels Marcel ankomme, bin ich von daher zunächst zurückhaltend. Die Kommentare meiner Freunde à la »Mensch, du hast auch schon mal frischer ausgesehen.«, überhöre ich. Auch auf die Skepsis, dass doch niemand mit so wenig Schlaf auskommen könne, gehe ich nicht weiter ein. Zu gut weiß ich mittlerweile, dass ich niemanden überzeugen kann und auch nicht will. Auch wenn ich anderen noch so glaubhaft beweisen würde, dass ich zwei Wochen lang mit nur zwei Stunden Schlaf am Tag ausgekommen bin, würden sie doch an ihren eigenen Ansichten festhalten. Es würde so lange nach Argumenten gesucht werden, die den 8-Stunden-Schlaf sinnvoll erscheinen lassen, bis die Ordnung wieder hergestellt wäre. Zu schmerzhaft wäre es, sich einzugestehen, dass man vielleicht sein Leben lang an etwas geglaubt hat, was plötzlich nicht mehr der Wahrheit entspricht.

Also stoßen wir einfach nur an, drehen die Musik lauter und genießen den Abend. Meine Euphorie trägt mich durch die nächsten Stunden, bis mein Körper kurz nach Mitternacht freundlich um Schlaf bittet.

30.09.2018, HAMBURG •
NEUE SCHLAFPERSPEKTIVEN

Die Sonnenstrahlen glitzern auf der Binnenalster. Auf dem Teller vor mir liegen ein warmes Croissant, Frischkäse, Rührei und ein paar Radieschen. Melanie, Jenny und ihr Freund Marc sitzen neben mir. Zum Abschluss eines turbulenten Wochenendes hatten wir uns zum Brunch getroffen, bevor sich unsere Wege wieder trennten. In mir macht sich ein Gefühl der Glückseligkeit breit. Einerseits liegt das daran, dass ich an diesem herrlichen Sonntagvormittag eine entspannte Zeit mit meinen Lieblingsmenschen verbringen konnte. Andererseits wegen der mitschwingenden Erleichterung, diesen Monat hinter mich gebracht zu haben.

Ich erzähle von meinen letzten Tagen, in denen ich kaum zur Ruhe gekommen war. Für den *Citizen Circle* organisierten wir gestern ein Treffen in der Hamburger Schanze. In den Tagen zuvor hielten wir Workshops ab. In der Mittagspause der Workshop-Tage musste ich mich für meinen kurzen Schlaf auf eine kleine Ledercouch legen, während die anderen Teilnehmer zum Essen gingen. An solchen Tagen, an denen mein Kopf so sehr aufgewühlt war, konnte ich nie von einem Moment auf den anderen sofort zur Ruhe kommen. Dann musste ich ein paar Minuten vor dem geplanten Nickerchen meinen Geist durch Meditation, Spaziergänge oder Musik beruhigen. Immer wenn mir das gelang, konnte mich mein Mittagsschlaf wieder mit frischer Energie versorgen.

Es war erstaunlich, wie schnell ich mittlerweile einschlafen konnte und wie erholsam dieser Schlaf dann war. Je genauer ich die festen Schlafzyklen einhielt, desto ausgeruhter war ich. Selbst wenn, wie in der letzten Woche, viele Termine verhinderten, dass ich mich tagsüber für 20 Minuten zurückziehen konnte, war dies mit dem *Everyman* kein großes Problem. Ich hatte ein gutes Gefühl dafür bekommen, wie sehr ich meinen Körper belasten konnte und wann ein Nickerchen dringend notwendig war. Ein weiterer großer Vorteil des *Everyman* war der Kernschlaf von 3 Stunden in der Nacht. Dadurch bekamen meine Tage wieder Struktur. Ein paar der 6 Kilogramm, die ich in den ersten beiden Wochen zugenommen hatte, konnte ich wieder loswerden. Auch die Verdauungsprobleme waren bis zum Monatsende verschwunden.

Ob ich den Schlafrhythmus beibehalten würde, fragt Jenny, gefolgt von einem Kommentar über meine tiefen Augenringe. Tatsächlich hatte sich unter meinen Augen ein dunkler Rand gebildet. Die Haut im Gesicht schien generell ein wenig schlaffer geworden zu sein. Ich ignoriere die Stichelei und sage, dass ich mir zukünftig durchaus einen neuen, flexibleren Schlaf vorstellen könne. Vielleicht ein Nachtschlaf von 6 Stunden mit einem Power-Nap am Nachmittag, wenn die Müdigkeitsphase einsetzt.

Sicher würde ich aber von nun an in 90-Minuten-Zyklen denken. Das ist nämlich genau die Zeitspanne, in der eine Runde von Leichtschlaf bis Traumschlaf vollzogen wird, bevor das Prozedere wieder von vorn beginnt. Mit verschiedenen Apps, die über Geräusch- und Bewegungserkennung funktionieren, hatte ich meine Schlafqualität gemessen. Auch wenn diese nur bedingt aussagekräftig waren, zeigten sie die Tendenzen von eben genau diesen 90-Minuten-Zyklen auf. Wenn ich nach drei oder sechs Stunden aufgewacht war, fiel mir das Aufstehen deutlich leichter. Für mein Mittagsnickerchen heißt das, dass es entweder 1,5 Stunden dauern oder kürzer als 20 Minuten sein sollte, um nicht in der Tiefschlafphase aufzuwachen.

Unser Gespräch verlagert sich zum Thema Melatonin und Cortisol. Jeder packt sein Halbwissen auf den Tisch. Wir diskutieren darüber, was natürlicher Schlaf eigentlich sei. Vor diesem Monat hätte mich die Frage nicht sonderlich beschäftigt, jetzt halte ich sie für absolut berechtigt.

Fest steht, dass es einen Tagesablauf gibt, der durch die Sonne vorgegeben ist. Dieser 24-Stunden-Zyklus, der auch circadianer Rhythmus genannt wird, beeinflusst Schlaf- und Essmuster sowie Hormonproduktion, Appetit und Verdauung, Blutdruck, Körpertemperatur und mentale Leistungsfähigkeit. Der Hauptauslöser für die innere Uhr ist das Tageslicht. Sobald es dunkel wird, setzt die Zirbeldrüse Melatonin frei. Dieses Hormon bereitet uns auf den Schlaf vor. Auch Cortisol, ein Stresshormon, wird zwar durch Tageslicht freigesetzt, aber mit dem Dunkelwerden wieder verringert. Es ist gewissermaßen ein Anti-Schlafhormon, das uns aktiv macht. Der Abbau von Cortisol und die gleichzeitige Ausschüttung von Melatonin am Abend dauert eine Weile, was als Schlafvorbereitung verstanden werden kann. Ein guter Grund also, um das Schlafzimmer abzudunkeln und alle elektronischen Geräte daraus zu verbannen.

Da war es wieder, das Problem unserer Generation mit dem ständigen Blaulicht von Smartphone, Laptop und Fernseher. Diese künstliche Beleuchtung, der wir uns oft auch noch vor dem Schlafengehen aussetzen, sorgt für die Produktion von Cortisol, Dopamin und anderen Hormonen, die uns jedoch in einen Alarmzustand versetzen, den wir am Abend nicht gebrauchen können. Gemeinsam mit gesellschaftlichen Entwicklungen wie Spätschichten und 24-Stunden-Entertainment führt die Technologie dazu, dass wir uns von einem natürlichen Tagesablauf entfernen. Das scheint sogar zu einem ernsthaften Problem für den Körper zu werden, was ich an meinem eigenen Schlaf gemerkt habe. Meine Schlafqualität und damit auch mein Wohlbefinden stiegen an, je mehr ich meinen Alltag nach Sonnenuntergang und Sonnenaufgang richtete. Das hatte ich nicht in Büchern gelesen, sondern am eigenen Leib erfahren. Es scheint mir im Moment unmöglich, dass ich guten Schlaf jemals wieder als einfach nur gegeben hinnehmen kann.

Satt und zufrieden spazieren wir eine Runde um die Binnenalster. Den Gedanken daran, dass es jetzt eigentlich Zeit wäre für meinen 13-Uhr-Schlaf, schiebe ich getrost beiseite. So wichtig mir in diesem Monat Schlaf auch geworden ist, die Zeit mit Freunden steht auf meiner Prioritätenliste immer noch weiter oben. Es war auch genau diese soziale Unverträglichkeit, die mich an dem polyphasischen Schlafrhythmus am meisten gestört hat. Mein Tagesablauf war durch die regelmäßigen Nickerchen fix festgelegt und von daher vorherbestimmt, was es wiederum schwer machte, mich mit Freunden zu treffen, ohne ständig auf die Uhr schauen zu müssen.

Zwar nicht mein Schlafplan, aber die Abfahrtszeit des Zugs nach München, zwingt uns dann doch zur Verabschiedung. Melanie und ich machen uns auf den Weg zum Hauptbahnhof. Im ICE ist genügend Zeit, um liegen gebliebene Arbeit zu erledigen und etwas Schlaf nachzuholen. Nachdem wir die Stadt verlassen haben, lese ich auf meinem Blog und auf Facebook die Kommentare zu meinem aktuellen Schlaf-Experiment. Von »Das geht doch nicht!«, bis hin zu »Was tust du deiner Gesundheit da nur an!«, war alles dabei. Ähnlich kritisch wurde bisher nur mein Selbstversuch als Frutarier gesehen. Was Schlaf und Essen angeht, scheinen Überzeugungen besonders tief zu sitzen. Genauso wie viele meiner Leser habe auch ich mir vor diesem Monat nicht vorstellen können, mit so wenig Stunden Schlaf auszukommen. Mal wieder durfte ich mich aber vom Gegenteil überzeugen. Der vielleicht größte Zugewinn: Meine Vorstellungskraft und damit auch mein Handlungsspielraum haben sich dadurch enorm vergrößert.

Es ist gut zu wissen, dass ich zumindest kurzfristig das Potenzial habe, meine Wachzeit um mehrere Stunden zu verlängern. Die spannende Frage, ob polyphasischer Schlaf auch eine langfristige Wahl für einen Lifestyle sein kann, bleibt. Ich kann mir absolut vorstellen, dass sich dadurch die Schlafqualität erhöht, ohne dass es gesundheitliche Schäden geben muss. Der strikte Schlafplan und das Abweichen von einem natürlichen und vor allem sozial orientierten Tagesrhythmus sprechen für mich jedoch dagegen.

Auch die Frage, was ich mit all dieser zusätzlichen Wachzeit machen würde, konnte ich mir nicht beantworten. Während meines Experiments war ich tagsüber meist recht fit gewesen und habe einfach Dinge gemacht, die mir Freude bereiteten. Nachts habe ich gearbeitet, soweit es die mentale Frische zuließ. Dann war ich auch tatsächlich sehr produktiv. Schließlich hat mich zu dieser Zeit niemand abgelenkt.

Auch meine To-do-Listen hatten sich dadurch geändert. Sie wurden vielmehr zu *Aufgaben je Zyklus*. Alle vier Stunden begann quasi ein neuer Arbeitstag mit einem jeweils ganz unterschiedlichen Fokus. Aber irgendwann war der Körper müde, genauso wie das Gehirn. Selbst wenn sich mein Kopf in den REM-Phasen-Nickerchen erholte, schaffte ich es rein körperlich nicht, 20 Stunden am Tag zu arbeiten oder Informationen aufzunehmen. Anders als andere polyphasische Schläfer berichten, konnte ich die zusätzlichen Stunden also nicht sinnvoll füllen, da es einfach an Energie fehlte.

Erst am späten Abend kommen wir schließlich in München an. Erschöpft fallen wir ins Bett. Mit einem zufriedenen Lächeln lasse ich die Schlafmaske, Kopfhörer und den Wecker in meinem Rucksack. Ich habe meinen Körper in diesem Monat gefordert und seine gut gemeinten Argumente wissentlich überhört. Jetzt ist es Zeit für eine Versöhnung. Für diese Nacht überlasse ich Melatonin, Cortisol und Tageslicht wieder die Kontrolle.

10

DER PILGER

BLASEN · REIZÜBERFLUTUNG · ENGSTIRNIGKEIT

·

FRANZ VON ASSISI · DAVID VON SPELLO · STILLE

Spätestens seit Hape Kerkeling suchen auch Atheisten auf dem Pilgerpfad nach Erleuchtung und Antworten auf Lebenskrisen. 600 Kilometer lang führte mich der Franziskusweg durch die hohen Berge Umbriens von Florenz nach Rom. Dabei hatte ich in guter Pilger-Manier den Weg zum Ziel gemacht und darauf vertraut, dass er mir das geben würde, was ich brauchte. Wie so oft waren es die unerwarteten Begegnungen, die meinen Horizont erweitern konnten und mich dadurch Demut gelehrt haben.

05.10.2018, FLORENZ • LOSLAUFEN

Der Platz vor der Franziskanerkirche Santa Croce ist um 6:45 Uhr noch komplett leer. In wenigen Stunden wird es hier von Touristen nur so wimmeln. Um diese Zeit sind in Italien lediglich Straßenfeger und Zeitungsverkäufer schon auf den Beinen. Wie die Tauben um mich herum genieße ich die Stille. Laut Überlieferungen soll Franz von Assisi, der von der römisch-katholischen Kirche als Heiliger verehrt wird, im Jahr 1294 höchstpersönlich den Grundstein für das Pantheon von Florenz gelegt haben. In den Katakomben liegen unter anderen Michelangelo und Galileo begraben. Der gotische Baustil der Franziskanerkirchen zeichnet sich durch Einfachheit aus. Ganz im Sinne von *sine glossa*, der Lebensweise dieses Ordens. Wichtiges Hintergrundwissen für mich, denn darum ging es den Minderen Brüdern und darum soll es auch in diesem Monat auf meinen kommenden 550 Kilometern nach Rom gehen.

Noch spüre ich keinen Pilgergeist. Aber der wird schon kommen, sobald ich mich dem Weg ergeben habe. Die Wander-App auf meinem Handy navigiert mich zur Arno hinunter. Dem Fluss folgend liegen die Straßen von Florenz nach einer Stunde hinter mir. Über kleine Schotterpisten geht es sofort hinauf auf die Berge. Eingewöhnung? Pustekuchen. Bereits der Beginn des Franziskuswegs macht mir sofort klar, dass die kommenden Wochen kein Zuckerschlecken werden. Ich fühle mich überrumpelt, wie bei einem ersten Date, an dem ich einen Heiratsantrag bekomme.

Nach zwölf Kilometern habe ich bereits 500 Höhenmeter erklommen. Endlich gönne ich mir eine Pause, setze mich unter einen schattenspendenden Baum und genieße den Ausblick auf Florenz. Die Stimme von Gerd aus Korsika spricht währenddessen zu mir. Sie erinnert mich daran, dass ich alle Zeit der Welt habe. Es gäbe keinen Grund, mich so zu beeilen.

Danach spricht jedoch mein knurrender Magen, der sich darüber beschwert, dass es zum Frühstück nur eine Banane gab. In der letzten Stunde war ich weder anderen Menschen begegnet, noch an Ortschaften vorbeigekommen, in denen es Einkaufsmöglichkeiten gab. Damit hätte ich so nahe zu Florenz nun wirklich nicht gerechnet.

Diese prekäre Situation, in der ich mich schon am ersten Tag meines neuen Experiments wiederfinde, spiegelte im Endeffekt die gesamte Planung dieses Vorhabens wider. Um es vorsichtig auszudrücken, meine Vorbereitung war suboptimal. Eingepackt hatte ich in meinen 38-Liter-Rucksack jeweils ein Set Wandersachen und Wohlfühlsachen, zwei Paar Wandersocken, vier Unterhosen, ein schnelltrocknendes Handtuch, eine Wasserflasche, einen Isobecher für Tee, Flip Flops und einen Reiseführer über den Franziskusweg. Auch dabei war mein Laptop, wofür ich im Vorfeld bereits bissige Kommentare geerntet habe. So was gehöre ja nun wirklich nicht auf einen Pilgerpfad. Mag sein, aber genauso wenig gehören Menschen das ganze Jahr lang eingesperrt in ein Großraumbüro, von dem sie sich dann in einem nur dreiwöchigen Jahresurlaub erholen müssen.

Vorsichtig ziehe ich meine Wanderschuhe aus. Schon jetzt zeichnete sich ab, dass ich am Abend Blasen haben werde. Um ehrlich zu sein, es waren auch keine richtigen Wanderschuhe. Aus gutem Leder, ja, aber eben doch nur Winterschuhe, ohne Knöchelschutz, Funktionsmembran oder gedämpfte Sohle. Meine mangelnde Wandererfahrung und der Sturkopf in mir hatten dafür gesorgt, dass ich mir nur für diese eine Wanderung keine neuen Schuhe kaufen wollte. Schon allein der Besuch im Outdoor-Laden in München hatte mich überfordert. Mindestens zehn Meter Regalfläche war voll mit Socken. Socken für bis zu einhundert Euro? Gegönnt hatte ich mir nur ein T-Shirt aus Merinowolle, das angeblich selbst nach mehreren Wandertagen keinen Schweiß aufnehmen soll. Bisher riecht es tatsächlich noch frisch, obwohl ich beim Aufstieg ordentlich geschwitzt habe.

Ein Blick auf die Karte verrät mir, dass es noch gut zwei Stunden bis zur nächsten Ortschaft seien. Dort gibt es einen Bahnhof, also sollte es ja wohl auch einen Supermarkt geben, knurrt mir mein Magen verächtlich zu. Zumindest geht es von jetzt an bergab. Die eindrucksvolle Landschaft lässt mich den Hunger vergessen. Bis auf ein paar streunende Hunde und alte italienische Damen, die vor abgelegenen Steinhäusern stehen, bin ich völlig allein unterwegs.

Während des Wanderns ist mein Kopf leer. Ich bin mir sicher, dass mein Unterbewusstsein gerade genug Eindrücke aus den letzten Monaten zu verarbeiten hat, weshalb ich gar nicht erst versuche, angestrengt über irgendetwas nachzudenken. »Der Weg gibt dir, was du brauchst.«, sagen erfahrene Pilger. Nun gut, ich bin bereit zu nehmen, vor allem, wenn es sich dabei um etwas Essbares handelt.

Ausgehungert komme ich gegen Mittag an einem Bäcker neben dem Bahnhof vorbei. Gebäck und Cola befriedigen den ersten Hunger, bevor ich zu einem Supermarkt weiterlaufe. Dort kaufe ich Obst, Kekse und Schokolade. Ich mache mir eine mentale Notiz, nicht mehr ohne Notration loszulaufen. Nachdem ich meinen alten Bekannten, den Fluss Arno, erneut überquert habe, lege ich mich ans Ufer, esse ein paar Nektarinen und nicke für eine Weile ein. Mein Schlafrhythmus hatte sich mittlerweile fast wieder normalisiert. In den letzten Nächten habe ich immer um die sechs Stunden geschlafen, bevor ich von allein wach geworden bin. Mit einem zusätzlichen Nickerchen am Nachmittag habe ich mich auch den ganzen

Tag über ausgeschlafen gefühlt. Das werde ich mir beim Wandern beibehalten, denn die Pause tut auch den Füßen gut.

Die letzten zehn Kilometer meiner ersten Tagesetappe führen wenig romantisch an einer vielbefahrenen Straße entlang, bevor ich meine Unterkunft für die erste Nacht erreiche. Das Zimmer in dem alten Bauernhof in der kleinen Ortschaft S. Ellero hatte ich schon am Abend zuvor online gebucht.

Im Innenhof treffe ich auf drei ältere Herren, die noch in vollem Wanderoutfit bei Wein und Oliven auf der Terrasse sitzen. Sie stellen sich als Oberfranken vor. Ich setze mich zu ihnen. Als sie mich fragen, welchen Weg ich denn gehen würde, schaue ich sie verwundert an. »Den Franziskusweg von Florenz nach Rom«. »Aber welchen denn, es gibt doch so viele?« Diese neue Information schob ich erst einmal beiseite.

Die Oberfranken führen mir zudem voller Eifer ihre GPS-Geräte vor, beäugen skeptisch meine Wanderschuhe und erzählen von vergangenen Wanderabenteuern. Als ich gerade anfing, meine Naivität bezüglich der Reiseplanung zu hinterfragen, stellte sich heraus, dass die drei Abenteurer die erste Etappe mit dem Taxi gefahren waren. Ich lache leise in mich hinein und fühle mich sofort besser.

Auch ohne GPS-Gerät oder topografische Karten würde ich es nach Rom schaffen. Für die mangelhafte Planung werde ich einfach Umwege in Kauf nehmen wie auch die Tatsache, dass ich nicht immer die besten Unterkünfte bekommen würde. Dafür würde ich flexibel bleiben. Lücken in Planungen haben schon immer für die erinnerungswürdigsten Erlebnisse gesorgt. Ganz nach der 80/20-Regel plane ich stets nur 20 Prozent einer Reise, um mich gegen 80 Prozent aller Eventualitäten abzusichern. Sobald ich also die wesentlichen 20 Prozent der nötigen Informationen habe, mache ich mich auf den Weg. Gute Ausrüstung und das Gewicht des Rucksacks sind dabei auch wichtig. Viel wichtiger ist es jedoch, einfach loszulaufen. Jeder hat ein anderes Bedürfnis an Sicherheit, aber wer der Illusion einer vermeintlich erreichbaren, hundertprozentigen Sicherheit verfällt, wird nie losgehen, geschweige denn ankommen.

Nachdem uns die gastfreundliche Herbergsmutter mit einem vorzüglichen Abendessen verwöhnt und ich mir noch weitere Geschichten des fränkischen Trios angehört hatte, war mir nach Nachtruhe zumute. Gegen acht Uhr setze ich mich auf mein Bett und begutachte den Schaden an meinen Füßen. An beiden Hacken waren bereits Blasen von der Größe eines Zwei-Euro-Stücks. Auch die Schultern schmerzten. Nach knapp 30 Kilometern und 860 Höhenmetern hat mir die erste Etappe einen Vorgeschmack auf die Strecke gegeben, die noch vor mir lag.

09.10.2018, CHIUSI DELLA VERNA · GLAUBENSBEKENNTNISSE

Als ich am Vormittag in Santo Stefano loslaufe, treffe ich Gunnar. Es ist eine der bisher wenigen Begegnungen mit anderen Pilgern. Der wohl 60-jährige Vorsteher eines evangelischen Vereins fragt mich nach meiner Konfession. »Keine.« »Schade.«, entgegnet er betrübt. Ich erkläre ihm, dass ich auf der Suche nach meiner eigenen Wahrheit sei, was ihm jedoch auch nicht gefällt. Daraufhin hält er mir einen Vortrag über Franz von Assisi, der vor über 800 Jahren auf diesen Pfaden gewandert sein soll. Zwischen den Zeilen gibt er mir unmissverständlich zu verstehen, dass ich auf diesem Weg nichts verloren hätte. Nachdem er sich zudem über die armseligen, überteuerten Unterkünfte ausgelassen hat, zwängt er seinen wohlgenährten Bauch wieder hinter das Lenkrad des VW-Busses, in dem er die Rucksäcke seines 12-köpfigen Pilgervereins von einem Ort zum nächsten fahren wird.

So ironisch diese Anekdote klingen mag – in diesen ersten Tagen bin ich schon zum zweiten Mal kritisch nach meiner Konfession gefragt worden. Das macht mich nachdenklich. Ohne diese zufälligen Begegnungen pauschalisieren oder bewerten zu wollen, sie haben für mich nichts mit Nächstenliebe, sondern einzig mit der Liebe zur eigenen Wahrheit zu tun – die wohl auch der evangelische Dekan noch nicht gefunden hat.

Nicht religiös, aber nicht weniger belehrend waren die Bemerkungen zu meinem Laptop, den ich letzten Abend in der Herberge ausgepackt hatte. Das stieß bei anderen Pilgern genauso auf Unverständnis wie das Hören von Musik oder Hörbüchern beim Wandern, was ich auch gelegentlich tat.

Hätte mir auch der gute Franz das verboten? Hat er etwa Regeln für das Pilgern aufgestellt?

Die erste Lektion meines Pilger-Experiments lautete dementsprechend: »Ich mag es ganz und gar nicht, belehrt zu werden.« Das erklärt auch, warum ich lange Zeit keinen Zugang zu Religionen fand. Deren ursprünglich so reine Botschaften wurden in meinen Augen von alten, machtgierigen Männern so lange verfälscht, bis sie nicht mehr auf Liebe, sondern auf Zwang basierten.

Natürlich habe ich selbst meine eigenen Glaubenssätze, in denen ich mich verletzt sehe, wenn jemand das Gegenteil behauptet. Als junger Erwachsener versuchte ich dann immer, mein Gegenüber mit einstudierten Argumenten doch zu überzeugen. Mittlerweile bin ich jedoch demütig genug, anderen nicht mehr meine Sichtweise aufzwingen zu wollen. Niemand wird gern belehrt. Auch nicht über eine Ansicht, die vermeintlich *richtiger* erscheint. Wir wollen vielmehr inspiriert werden, was durch Taten und weniger durch Worte geschieht. Aber letztendlich geht es mir in diesem Experimente-Jahr vor allem darum, fremde Sichtweisen zu verstehen und mich ihnen gegenüber in Demut zu üben. Der Franziskusweg scheint offensichtlich der Meinung zu sein, dass ich dabei noch etwas Übung gebrauchen kann.

Die negativen Eindrücke von Gunnar lasse ich genauso hinter mir wie das schöne Städtchen Chiusi della Verna. Italien zeigt sich an diesen Tagen von seiner besten Seite. Am Morgen sind es angenehme Temperaturen um die 20 Grad. Mit der aufsteigenden Sonne wird es warm, jedoch nicht zu heiß zum Wandern. Ganz anders als am zweiten und dritten Tag meiner Reise, an denen es fast durchgehend regnete. Dank Regenponcho war aber alles halb so wild.

Ich merkte, wie wenig meine Stimmung von äußeren Umständen abhängig sein musste, sobald ich es einfach nicht zuließ. Der Regen ließ mich kalt. Einfach nur einen Schritt vor den anderen setzen, hieß die Devise.

Es geht weiter vorbei an Olivenhainen und durch kleine Dörfer, ab und an begegne ich streunenden Hunden und Dorfbewohnern, die freundlich grüßen. Der Muskelkater in den Oberschenkeln und die Blasen an den Füßen erinnern mich bei jedem Schritt daran, einfach im Moment zu bleiben. Mal schweiften die Gedanken ab, dann waren sie wieder ganz hier, bei meinem Körper, den Geräuschen und den Gerüchen um mich herum. Nach den ersten 100 Kilometern hatte ich mich eingelaufen, war auf dem Weg angekommen.

Meine Erinnerungen schicken mich in Gedanken zehn Jahre in der Zeit zurück. Mit zwei Freunden war ich die letzten Etappen nach Santiago de Compostela auf dem Jakobsweg gepilgert. Die Idee war uns zum Ende eines Spanien-Trips recht spontan gekommen, weshalb wir in Sportschuhen und mit 15 Kilogramm Gepäck auf dem Rücken unterwegs waren. Wir sind damals auch spätestens um sechs Uhr morgens gemeinsam mit Dutzenden anderer Pilger im Kampf um ein Bett im nächsten Schlafsaal losgelaufen. Wirklich allein zu sein, war unmöglich. Es hatte sich eine komplette Industrie rund um die 300.000 Pilger gebildet, die jährlich den Camino liefen.

Der Franziskusweg von Florenz über Assisi nach Rom war ein anderes Erlebnis. Es gab keinen Pilgertourismus, mehr Berge und kaum Schlafsäale. Die wenigen Pilger, die ich hier traf, waren eher Naturliebhaber als Menschen mit Sinnkrisen oder religiösen Absichten.

Meine heute recht kurze Etappe beendete ich nach nur vier Stunden in Santo Stefano. Nach meinem Mittagsschlaf setze ich mich mit Blick über die Weinhänge in den Garten meiner Unterkunft, ein altes Farmhaus. Alle meiner bisherigen Quartiere waren rustikal und mit viel Liebe zum Detail restauriert gewesen. Den freien Nachmittag wollte ich nutzen, um ein Zwischenfazit nach den ersten Wandertagen zu ziehen. In mein Notizbuch schreibe ich folgende Erkenntnisse:

Erstens, T-Shirts aus Merinowolle kann ich vier Tage am Stück vollschwitzen, bevor ich Fliegen anziehe. Zweitens, allein laufen ist nur solange schön, bis es zu regnen beginnt und ich den Regenponcho über mich und meinen Rucksack ziehen muss. Drittens, Zebrastreifen sind in Italien reine Straßendekoration. Es scheint auch ein Gesetz zu geben, das das Autofahren ohne Handy am Ohr verbietet. Viertens, es können sich neue Blasen über alten Blasen bilden, aber bei zwei Schichten ist Schluss und irgendwann gewöhnt man sich auch daran.

16.10.2018, ASSISI • AUSGETRETENE PFADE

Mein Blick verharrt an dem Wandgemälde in der Kuppel, auf dem zu sehen ist, wie dem heiligen Franziskus die Kapelle geschenkt wird. Hier in der Basilika von Santa Maria degli Angeli sollen sich die Minderen Brüder des Franziskanerordens erstmals versammelt haben. Gleichzeitig ist es der Ort, an dem ihr Begründer, Franz von Assisi, im Jahr 1226 begraben wurde. 17 Jahre zuvor ging Franz mit zwölf Gefährten von Assisi nach Rom, um vom Papst eine Bestätigung für seine Glaubensgemeinschaft zu erbitten, die er ein Jahr später auch bekam. Seitdem sind die Franziskaner als Wanderprediger bekannt, die sich einem Leben in Armut verschreiben.

    Die Basilika ist beeindruckend. Beim Hinausgehen bekomme ich einen Flyer in die Hand gedrückt, der eine schrittweise Anleitung für den Sündenerlass enthält. Die Bedingungen für die Erlangung der vollkommenen Vergebung von Assisi, die ich für mich selbst oder einen Verstorbenen erbitten könne, lauten wie folgt: Besuch der Portiunkula, in der ein Glaubensbekenntnis, ein Vaterunser und ein Gebet nach den Vorgaben des Papstes abgehalten werden muss. Dann die Abnahme einer Beichte und Lossprechung von den Sünden durch einen Priester sowie der Empfang der heiligen Kommunion innerhalb einer Woche nach dem Besuch. Nur jeweils eine Vergebung könne pro Tag empfangen werden, was aber an allen Tagen des Jahres möglich sei. Sollte also die eigene Liste an Sünden etwas länger sein, könne man regelmäßig wiederkommen.

Mit einem Lächeln auf den Lippen muss ich an meine lateinamerikanischen Freunde in Shanghai denken. Am Samstagabend gab es immer Alkohol, Drogen und One-Night-Stands bis zum Abwinken. Am darauffolgenden Sonntagvormittag wurden dann die Partyklamotten gegen Hemd und Bluse getauscht und beim darauf besuchten Gottesdienst den Sünden der vergangenen Nacht vergeben. Wir alle brauchen wohl etwas, an das wir glauben können. Es macht die eigenen Fehler erträglicher. Der Glaube an das Göttliche nimmt dabei einen Teil der eigenen Verantwortung ab, die sonst schwer auf den Schultern lasten würde.

Eine ähnliche Doppelmoral zeigt sich auch in Assisi, eine knappe Stunde von Santa Maria degli Angeli entfernt. In den kleinen Gassen der Geburtsstadt von Franz drängeln sich heute massenweise Touristen und McDonalds-Lieferwagen. Das Weltkulturerbe war offensichtlich dem Massentourismus verfallen, was ich aufgrund der Schönheit des Ortes jedoch gut verstehen kann. All die Souvenirshops, Unterkünfte und Restaurants, die mir auf meinem Weg hierher nicht wirklich gefehlt haben, bekomme ich nun auf einen Schlag. So beeindruckend die Architektur ist, so wenig Charme hat dieses bunte Treiben für mich. Schuld daran sind wohl die vielen Menschen und Lichter, die mich nach den letzten Tagen voller Ruhe etwas überfordern.

Hier in Assisi ist Halbzeit meiner Pilgerreise nach Rom. Knapp 300 Kilometer und durchschnittlich 1.000 Höhenmeter am Tag liegen hinter mir. Grund genug für einen Tag Verschnaufpause. Am Nachmittag laufe ich ohne Rucksack und in gemütlichem Tempo zur Einsiedelei Eremo delle Carceri. Dorthin sollen sich Franz und seine Ordensbrüder zurückgezogen haben, wenn sie Stille für ihr Gebet suchten. In den Felsschluchten unterhalb der kleinen Kapelle sind die Höhlen, die dafür als Unterschlupf dienten, noch gut sichtbar.

Ganz anders als die fragwürdigen Regeln für die Vergebung von Sünden faszinieren mich die Geschichten rund um den heiligen Franz. Sicher wurde auch ihm im Laufe der Zeit einiges angedichtet, aber zwischen den Zeilen versteckt sich viel Inspirierendes.

In den letzten Tagen war ich immer wieder auf Denkmäler und Klöster gestoßen, die von den Spuren, die Franz von Assisi in Umbrien hinterlassen hat, zeugen. Geboren wurde er 1182 als Sohn wohlhabender Händler. Er genoss eine gute Bildung, verschwendete aber das Geld seines Vaters bei jeder Gelegenheit. Den Traum, ein Ritter zu werden, konnte er beim Krieg gegen die Nachbarstadt Perugia erproben. Assisi unterlag jedoch, weswegen Franz für zwei Jahre in Gefangenschaft leben musste. Als er 1204 in den nächsten Krieg zog, machte er auf halbem Wege kehrt, weil Gott zu ihm gesprochen haben soll. Franz zog sich daraufhin zurück, suchte die Einsamkeit. Auf einer späteren Wallfahrt nach Rom soll er seine prächtigen Kleider mit einem Bettler getauscht haben, um die Armut auszuprobieren. Von diesem Tag an sah man ihn nur noch barfuß und mit einer einfachen Kutte bekleidet durch Assisi laufen und das Evangelium predigen. Im Dienste Gottes versuchte er, sich von seinen Sünden zu befreien und andere Menschen zu ermutigen, es ihm gleichzutun.

Vieles an dieser Geschichte erinnert an den lateinischen Kirchenvater Augustin, an den zu Buddha gewordenen Siddhartha Gautama oder auch an den sumerischen König Gilgamesch. Kinder wachsen hier ohne Werte in Wohlstand auf, geraten beim ersten Kontakt mit der realen Welt in eine Sinnkrise und machen sich dann auf den Weg, um Sühne zu tun und ihre Berufung zu finden. Auf dieser Reise entsteht ihnen viel Leid, da Altes zurückgelassen werden muss. Mit genügend Ausdauer finden sie aber ihre Superkraft, um diese wiederum mit der Welt teilen zu können. Es ist die klassische Heldenreise, die sich heute in jedem Hollywood-Streifen wiederfindet. Die Reise, die endet, wo sie begonnen hat, der Reisende aber niemals der Gleiche bleibt. »Aufbrechen, um anzukommen.« Dieser Gedanke begleitet mich schon das gesamte Jahr.

Was mich ebenso nachhaltig inspiriert hat, war eine besonders eindrucksvolle Statue von Franz, die ich ein paar Tage zuvor in Gubbio gesehen hatte. Sie zeigt dessen Begegnung mit einem Wolf. Das wilde Tier hielt die Einwohner der Stadt in Angst und Schrecken. Niemand traute sich von daher unbewaffnet vor die Stadttore. Dagegen gänzlich unbeeindruckt ging Franz in den Wald, wo der Wolf sofort auf ihn zustürzte. Als er gerade zuschnappen wollte, spürte er jedoch die Kraft Gottes und legte Franz stattdessen seine Tatze in die Hand. Der Heilige versprach dem Wolf daraufhin, dass die Menschen ihm von nun an genügend Fressen geben würden, so dass er niemandem mehr etwas zuleide tun müsste. Von diesem Tag an ging der Wolf immer friedlich von Tür zu Tür und bekam stets etwas zu fressen. Sehr wahrscheinlich hat sich diese Geschichte so nicht zugetragen, aber zwischen den Zeilen spiegelt sie den ewig währenden Kampf zwischen unseren niederen Instinkten und der darüber schwebenden Seele wider. Die Statue erinnert also daran, dass wir unsere Triebe weder bezwingen noch verstecken sollten. Vielmehr geholfen sei uns, wenn wir Frieden mit ihnen schließen und sie als einen Teil von uns akzeptieren würden. Das ist auch meine persönliche Erkenntnis, die ich in diesem besonderen Ort erfahren durfte.

Zurück in meiner Unterkunft setze ich mich zu anderen Pilgern in die Küche. Wir essen gemeinsam und führen Gespräche, auch wenn diese oberflächlich bleiben. Den tieferen Kontakt mit anderen vermisste ich ohnehin nicht. Meist genoss ich das Alleinsein. So mache ich mich nach dem Abendessen noch einmal allein auf in die Stadt, die im Dunkeln so viel schöner ist als am Tag.

20.10.2018, RIETI • DAS ZIEL DES WEGES

Das war haarscharf. Der Windzug des Autos, das gerade an mir vorbeigerauscht war, war deutlich zu spüren. Der Außenspiegel hat mich fast berührt. Der fehlende Fußgängerweg zwang mich, auf der Straße zu laufen und immer wieder in den mit Müll gefüllten Graben zu springen. Mittlerweile war es dunkel geworden, so dass ich für die Fahrer schlecht sichtbar war. Seit morgens um 6 Uhr war ich auf den Beinen. 50 Kilometer liegen schon hinter mir, sagt meine Wander-App. Wir haben so richtig die Schnauze voll, sagen meine Beine. Gott sei Dank nur noch 5 Kilometer bis zur nächstmöglichen Unterkunft. In Momenten wie diesen frage ich mich, warum ich diesen Weg überhaupt laufe.

Was will ich damit erreichen? Was will ich finden?

Wenn mich andere Pilger fragen, ob ich die deutsche oder italienische Route laufe, und welchen Reiseführer ich benutze, habe ich keine Antwort. Genauso halte ich mich bei Diskussionen über Wanderschuhe, GPS-Geräte und Konfessionen zurück. Ich laufe einfach nur. Jeden Tag. Schritt für Schritt. Rom ist das Ziel. Wenn ich unterwegs etwas finde, das mich erstaunt, inspiriert oder beides, ist das schön. Wenn nicht, ist es auch okay.

Zu selten habe ich bisher Dinge getan, ohne ein Ergebnis zu erwarten. Sport, Arbeit, Lesen, generell Freizeit wird meist geplant und oft geht es dabei nur um Effizienz, Weiterentwicklung und Output. Das ist beim Pilgern anders. Hier dreht sich alles um das Tagesziel und das Finden der nächsten Unterkunft. Dabei laufe ich, soweit mich meine Füße tragen, ohne Ehrgeiz und Erwartungen. Ich nehme das mit, was mir der Weg gibt, ohne angestrengt danach zu suchen. Manchmal sind es neue Gedanken und inspirierende Begegnungen. An anderen Tagen bestimmt einfach nur Monotonie das Geschehen.

Heute ist es aber etwas anders, denn irgendein Autorennen in Rieti sorgt dafür, dass sogar die Herbergen ausnahmslos belegt sind und ich weiter laufen muss, als mir lieb ist. Anders als auf dem Jakobsweg gab es hier keine Bevorzugung für Pilger. Wer bezahlt, bekommt ein Bett, so einfach war das. Und das musste ich heute reichlich, nämlich mit einem fast unverschämten Nachfragezuschlag für das einzig freie Hotelbett, das ich noch finden konnte. In den letzten drei Tagen war ich aber über 120 Kilometer gelaufen. 150.000 Schritte und 5.000 Höhenmeter bestätigt mir mein Schrittzähler. 150.000-mal einen Fuß vor den anderen zu setzen, klingt nahezu unerreichbar. Auch wenn es letztendlich nur ein Schritt nach dem anderen ist.

In diesem Zusammenhang muss ich an eine sehr alte Legende denken. Ihr zufolge wollte der indische Kaiser Sheram den Erfinder seines geliebten Schachspiels belohnen. Der bescheidene Untertan verlangte jedoch nichts weiter, als ein Reiskorn auf das erste Feld des Brettes zu legen. Dieses sollte der Kaiser auf jedem weiteren der 64 Felder verdoppeln. Sheram willigte verwundert ein. Er legte zwei Reiskörner auf das Schachbrett, dann vier, dann acht und so fort. Auf dem 15. Feld lag irgendwann so viel wie eine 500-Gramm-Packung Reis, mit der Menge auf Feld 28 ließ sich ein Elefant aufwiegen, mit dem 44. Feld ein Öltanker. Für Feld 55 wäre die jährliche Weizenproduktion vonnöten gewesen. Mathematiker kennen dieses Phänomen, wir hingegen können uns das nicht vorstellen. Unser Kopf denkt nicht in Potenzen. Ferne Ziele scheinen durch gleichmäßige, kurze Schritte nicht erreichbar. Die Wahrheit ist aber, dass kleinste Handlungen zu Quantensprüngen werden können. Und alles beginnt immer mit einem ersten Schritt, oder einem Reiskorn. Eine Einsicht, die mich noch mindestens bis Rom begleiten sollte.

Als ich weiter durch das Zentrum von Rieti laufe, komme ich mir vor wie ein Alien. Überall stehen aufgemotzte Rennwagen, Menschen mit Porsche-Kappen trinken Bier, auf dem Marktplatz der historischen Altstadt wirbt eine riesige Leinwand für ein neues Motoröl. Dem ganzen Tohuwabohu gleichgültig gegenüberstehend steige ich die letzten Treppen zu meinem 4-Sterne-Hotel hinauf. Zuvor hatte ich oft spontan die besten Unterkünfte gefunden, hier hat mich die Flexibilität in den Hintern gebissen. Aber meine müden Knochen haben heute nichts gegen etwas Luxus einzuwenden, also reiche ich meine Kreditkarte ohne Zähneknirschen über den Tresen. Nach einer wohltuenden Dusche ist der Hunger stärker als die Müdigkeit, so dass ich mich in die nächstbeste Pizzeria setze.

Während ich auf meine runde, dampfende Belohnung für den anstrengenden Tag warte, geht mir eine Begegnung nicht aus dem Kopf. Vorgestern hatte ich in Spello übernachtet, im Casa Religiosa, das mehr an ein Krankenhaus als an eine religiöse Einrichtung erinnerte. Am darauffolgenden Morgen bin ich auf David aus Nigeria getroffen, der vor einem Supermarkt stand. Er hat nicht nach Geld gefragt, sondern mir freudestrahlend einen guten Tag gewünscht, gefolgt von einem »God bless you my friend!« Ich drehte mich um. Meine Frage, ob er heute schon etwas gegessen hatte, verneinte er. Was er denn gern zum Frühstück essen würde, beantwortete er mit: »Ein Stück Pizza, Schokolade und Cola, bitte.« Beim Bezahlen dieser unausgewogenen Mahlzeit erklärte mir die Kassiererin etwas auf Italienisch, das ich nicht verstand. Dabei zeigte sie auf David, wobei sie gleichzeitig den Kopf schüttelte. Entweder machte sie sich wegen seiner ungesunden Ernährung Sorgen oder reagierte allergisch auf seine Hautfarbe.

David und ich setzten uns auf eine Parkbank, bissen genüsslich in die fettige Pizza und stießen mit Cola an. In einem typischen Singsang-Englisch, das wie eine Gospel-Predigt klingt, erklärte er mir, wie er über viele Umwege nach Italien gekommen war und nach langem Kampf eine Arbeitserlaubnis bekam. Obwohl er mit seinem holprigen Italienisch bisher keinen Job als Kfz-Mechaniker finden konnte, war er voller Hoffnung und Dankbarkeit. Seit Monaten schon wanderte er von Ort zu Ort. Wir waren quasi Pilgerbrüder, wenn auch mit anderen Absichten. Die Jobsuche sei für ihn sehr schwierig, weil er kein Telefon hatte und ihm das Geld für Internetcafés fehlte. Nachdem wir zum Nachtisch die Schokolade verdrückt hatten, gingen wir zum nächsten Mobilfunkshop. Ich wollte David ein günstiges Smartphone kaufen, das im Übrigen weniger kostete als mein Zimmer für diese Nacht. Beim Bezahlen der Prepaid-SIM-Karte hatte ich ein Déjà-vu. Denn auch dieser Verkäufer schaute dabei in Davids Richtung, schüttelte den Kopf und blubberte vor sich hin. Diesmal ging es ganz sicher nicht um seine Essgewohnheiten. Nein, die SIM-Karte sei für mich, versicherte ich ihm und reichte meinen Reisepass über den Tresen. Widerwillig händigte er mir schließlich die Karte aus.

Außerhalb der Sichtweite des Ladens richtete ich das Handy ein. Als ich es David in die Hand drückte, kam sein Gesichtsausdruck dem eines kleinen Kindes gleich. In diesem Moment hatte sich für den Einwanderer aus Nigeria die Tür zu einer komplett neuen Welt geöffnet.

Oder hatte ich gerade vielleicht doch die Büchse der Pandora aufgemacht?

Nach zwei Stunden inspirierender Gespräche wünschten wir uns alles Gute. »Der Weg gibt dir, was du brauchst.«, geht mir dabei durch den Kopf.

*Hatte mir jemand David geschickt, weil diese Begegnung
wichtig für mich war?*
*Oder war ich mittlerweile so im Zen-Modus, dass ich diese
Möglichkeit zur Nächstenliebe, die ich normalerweise
nicht erkannt hätte, einfach genutzt hatte?*

Es war auf jeden Fall eine weitere Lektion in Demut.

Ich konnte mich aus völlig freien Stücken dazu entscheiden, mit
wenig Gepäck von Florenz nach Rom zu laufen. Ich konnte bisher
meine geplanten Selbstversuche in diesem Jahr durchführen, ohne
dass ich dazu gezwungen bzw. davon abgehalten wurde. Ich konnte
mit meinem roten Reisepass in einen Laden gehen und theoretisch
alles bekommen, was ich will. Niemand schaut mich komisch an,
wenn ich zu lange vor einem Supermarkt stehe. Diese Privilegien
vergesse ich manchmal. Dann nehmen vor allem lächerliche First-
World-Probleme den Platz ein, der eigentlich mit Dankbarkeit gefüllt sein sollte. Eine weitere Einsicht auf meinem doch irgendwie
spirituellen Weg durch Italien, die ich mir auch noch nach diesem
Monat stets vor Augen halten will.

David von Spello, wie der Nigerianer von nun an in meinem
Kopf heißt, ist sicher kein Heiliger. Vielleicht werde ich auch bald
von der italienischen Polizei gesucht, weil über die in meinem Namen registrierte Handynummer Drogengeschäfte abgewickelt wurden. Vielleicht findet David aber auch bald einen Job, weil er nun
nicht mehr an Türen klopfen muss, sondern online danach suchen
und gleichzeitig seine Sprachkenntnisse verbessern kann. So oder so
hat diese Begegnung uns beiden viel gegeben. Um solche inspirierenden Momente erleben zu können, muss man jedoch sein Schubladendenken ablegen, seinem Herzen vertrauen und dem Verstand
ein bisschen weniger Mitspracherecht geben.

Wieder in die Gegenwart zurückgeholt werde ich von einer an meinen Tisch gebrachten Pizza, die die Größe eines Fahrradreifens hat.

Die Kohlenhydrate, die vor mir auf dem Tisch liegen und so wunderbar duften, hatte ich mir aber auch verdient.

Der härteste Teil der Strecke liegt hinter mir. Es ist schon Tag 16 meiner Pilgerreise. 440 Kilometer war ich bereits gelaufen. Wenn ich potenzielle Umwege mit einrechne, sollten es noch 160 Kilometer bis nach Rom sein. Das letzte Viertel soll laut Karte auch weniger bergig sein. Außerdem hatte ich noch viel Zeit, weshalb die Tagesetappen von nun an deutlich kürzer werden konnten.

Die vergangene Woche verging wie im Flug. Mein Wander-Flow wurde ab und an unterbrochen, wenn Schultern oder Füße um eine Pause baten. Ansonsten lief ich, versank in Gedanken und erfreute mich an der Natur. Vor allem die Strecke von Gubbio über Valfabbrica bis Assisi und weiter nach Spello war ein absoluter Wandertraum. Es ging an steilen Abhängen entlang, vorbei an alten Klöstern und kleinen Bergdörfern. Meine Wasserflasche konnte ich immer wieder mit frischem Quellwasser auffüllen. Es war wahrlich ein Geschenk, jeden Tag rund sechs Stunden lang mit mir selbst und der Natur zu sein, weg von all dem Lärm und den sonst so wichtig erscheinenden Dingen des Alltags.

Zurück im Hotelzimmer suche ich nach Unterkünften für die kommenden Tage. Morgen soll es nach Stroncone gehen. In dem kleinen Bergdorf werde ich einen Tag Pause einlegen. Dann noch eine Tagesetappe bis nach Calvi dell'Umbria, wo ich Melanie treffen würde. Ich freute mich schon auf ihre Gesellschaft für meine letzten Etappen. Ich freute mich auch auf Rom und vor allem darauf, endlich wieder frische Klamotten anziehen zu können. Immer öfter erwischte ich mich mittlerweile dabei, den guten Geruch von vorbeilaufenden Menschen aufzusaugen. Meine eigene Kleidung wusch ich nur alle paar Tage per Hand. So schön die Einfachheit des Pilgerlebens war, so sehr sehnte ich mich auch wieder nach einer Waschmaschine und Körperpflege.

28.10.2018, ROM • ENDE OHNE HAPPY END

Komplett durchgenässt stehen wir vor dem Franziskusdenkmal neben der Lateranbasilika San Giovanni in Laterano. Hier soll Franziskus den Papst aufgesucht haben, um die Anerkennung für seinen Orden zu bekommen. Es ist das offizielle Ende des Franziskuswegs. Meine romantische Vorstellung davon, in Rom mit Blick auf den Petersdom einzulaufen, blieb eine Fantasie. Der Pilgerweg endete ähnlich, wie er begonnen hatte. Grau, verregnet und unspektakulär in einer Stadt, die furchtbar laut und voll mit Menschen war. Die letzten Kilometer hatten eher durch regen Verkehr und weniger schöne Vororte bestochen. Wir zwingen uns dazu, zumindest ein Erinnerungsfoto zu machen, ansonsten kommen keinerlei Glücksgefühle auf. Schnell setzen wir den Weg zu unserer Unterkunft fort.

Von Enttäuschung aber keine Spur. Ziele sind eben nicht nur dafür da, erreicht zu werden. Sie sollen vielmehr eine grobe Richtung vorgeben. Wenn ich mich nur auf das Erreichen eines Ziels fixieren würde, würde am Ende eine Leere entstehen. Schließlich ist immer der Weg das Ziel und dieser war wunderschön. Jeden einzelnen Tag konnte ich mich an der Stille erfreuen. Der Weg hatte mir so viel gegeben, dass es jetzt keinerlei Erwartungen gab, die enttäuscht werden konnten.

Bis auf die ersten Tage und den heutigen hatte ich bestes Wetter, tolle Begegnungen und traumhafte Ausblicke. Die letzten

Etappen waren zudem entspannend flach. Es wurde mit jedem Tag urbaner. Nachdem ich in den vergangenen drei Wochen teilweise noch Schwierigkeiten hatte, Lebensmittel und Unterkünfte zu finden, gab es hier wieder Supermarktketten und zahlreiche Schlafgelegenheiten.

Für die letzten 100 Kilometer, die Melanie und ich gemeinsam gelaufen sind, haben wir uns Zeit gelassen. Wir trafen so tagsüber und auch abends beim Essen bekannte Gesichter wieder. In den Gesprächen erfuhren wir, dass einige Pilger einfach nur gern wanderten oder den Weg als sportliche Herausforderung sahen. Andere wollten etwas Vergangenes loslassen, standen vor einem Umbruch oder suchten nach Klarheit für die Zukunft. Für all diese Motive war der Franziskusweg bestens geeignet.

In insgesamt 23 Tagesetappen war ich also diesen Oktober durch wunderschöne Landschaften gewandert, von Olivenhainen über einsame Bergdörfer bis hin zu alten Klöstern, die die Geschichte des Franz von Assisi erzählen. Die Natur, Ruhe und Gastfreundlichkeit war einzigartig. Mit Umwegen waren es 600 Kilometer von Florenz bis nach Rom. Wofür der japanische Maglev-Zug eine Stunde braucht, durfte ich mir 131 Stunden Zeit nehmen. Dabei musste ich 21.337 Höhenmeter überwinden, von denen ich fast jeden einzelnen verflucht habe. Mein Schrittzähler verrät mir, dass es insgesamt 763.903 Schritte waren. Diese verdammt groß klingende Zahl bedeutete aber für mich im Endeffekt nur, jeden Morgen die Wanderschuhe anzuziehen und einen Fuß vor den anderen zu setzen. Egal ob die Tagesetappe dann 15 oder 55 Kilometer lang war, die letzten 3 Kilometer waren immer die schwersten. Genau die gleiche Erfahrung durfte ich schon bei meinem Muskelmann-Experiment machen, in dem auch die letzten zwei Wiederholungen die größte Kraft kosteten, gleichzeitig aber die Muskeln am stärksten wachsen ließen.

Endlich in unserer Unterkunft direkt am Tiber, der einmal quer durch Rom fließt, angekommen, hängen wir unsere nassen Sachen auf. Nach einer heißen Dusche ziehe ich erstmals seit der Ankunft in Florenz die noch saubere Jeans und ein frisches T-Shirt an, was ich beides den ganzen Monat auf dem Rücken getragen hatte. Dieser Wohlfühlmoment, den ich als Belohnung genau so geplant hatte, war das zusätzliche halbe Kilogramm definitiv wert.

Melanie legt sich zu einem Mittagsschlaf hin. Ich gehe raus, um Pantheon und Petersdom zu sehen. Ohne den Rucksack fühlte ich mich wie beflügelt. Ich hatte mich so sehr an das Gewicht auf dem Rücken gewöhnt, dass ich mir ohne es vorkam, als wenn ich auf einem dieser Rollsteige, die man an Flughäfen zur dekadenten Gehunterstützung findet, unterwegs wäre. Immer wieder erstaunlich, wie schnell man sich an Dinge wie zehn Kilogramm Ballast auf dem Rücken gewöhnen konnte. Und was für eine Bereicherung es dann ist, diesen Ballast nicht mehr tragen zu müssen. Ich frage mich, was es in meinem Leben noch so für Ballast gebe, der auch nur darauf wartet, endlich abgelegt zu werden.

Nicht zum ersten Mal in diesem Jahr stelle ich zudem fest, wie schnell Körper und Geist vorhandene Grenzen erweitern können. Wäre ich etwa mit 20 Kilogramm losgelaufen, hätte ich mich auch an diesen Referenzpunkt gewöhnt. Dann hätten sich 15 Kilogramm nach zwei Wochen federleicht angefühlt. Wenn ich aber auf meine anfänglichen 10 Kilogramm später 5 Kilogramm draufgepackt hätte, wäre das zumindest zu Beginn eine Qual gewesen. Genauso hatten sich meine Füße sehr schnell an die weniger geeigneten Schuhe gewöhnt. Die Blasenpflaster hatte ich nach den ersten Tagen abgemacht. Auch wenn es jetzt sicher nicht mehr zu einer Karriere als Fußmodel reicht, wusste mein Körper intuitiv, wie er mit den wunden Stellen umgehen musste. Das war aber keine *Nur-die-Harten-kommen-in-den-Garten*-Einstellung, sondern die Tatsache, dass wir uns an so ziemlich alles gewöhnen können, wenn wir denn nur wollen oder müssen.

Jeder neue Referenzpunkt kann also zu einem Standard werden. Ich gewöhnte mich an andere Schuhe, das hohe Gewicht im

Rucksack, meine stinkenden Socken und die schlichten Unterkünfte. Genauso gewöhne ich mich an Einkommen, Besitz und Glaubenssätze. Sind mir diese Dinge wichtig, kann ich meine eigenen Standards schrittweise anheben. Sind sie mir unwichtig, darf ich an ihnen emotional gesehen nicht haften. Nur so erreiche ich schließlich positive Veränderungen.

Was ich zudem nach nun bereits zehn Monaten Selbstexperimente in den verschiedensten Identitäten und mit vielen Veränderungen merkte, ist, dass es in meinem Kopf kaum noch Platz für neue Eindrücke gab. Die Seele brauchte mehr Zeit, um hinterherzukommen. Mein Körper stand zwar physisch vor dem Vatikan, die Gedanken wanderten aber noch irgendwo zwischen Schweden und München. Unter anderen Umständen hätte der Franziskusweg mein Leben ganz sicher nachhaltig beeinflusst. Jetzt war es jedoch nur ein weiterer von zwölf Selbstversuchen. So nett es war, konnte ich diesem Erlebnis nicht die Achtsamkeit entgegenbringen, die es eigentlich verdient hätte.

Seit Anfang des Jahres war ich jeden Monat an meine körperlichen und mentalen Grenzen gestoßen. Ich hatte mich versteckt, gehungert, Gutes getan, geschwitzt, autark gelebt, mich komplett entblößt und mich der Einsamkeit sowie einem Schlafentzug ausgesetzt. Im Oktober 600 Kilometer über die Berge Umbriens zu pilgern, fühlte sich fast schon wie ein Spaziergang an. Das in diesem Moment niederzuschreiben, machte mich nicht stolz, sondern stimmte mich nachdenklich.

Ich war abgestumpft, konnte all diese neuen Reize nicht mehr verarbeiten. Zehn Monate lang habe ich mich an den Grenzen meiner Komfortzone bewegt. Mein Handlungsspielraum und meine Sicht auf die Welt haben sich enorm vergrößert. Gleichzeitig sorgten die Extreme dafür, dass ich immer weniger empfänglich für neue Eindrücke geworden bin.

Zum ersten Mal in diesem Jahr sehnte ich nicht das Ende eines Monats, sondern das Ende des Jahres herbei. Mein Kopf brauchte Ruhe, um all das Geschehene richtig einzuordnen, den Sinn darin zu finden. Es ist die Balance zwischen Erleben und Reflexion, die uns wachsen lässt. Wie mein Trainer Markus zu sagen pflegte: »Die Muskeln wachsen zwischen den Trainingseinheiten.« Und genau diese Pause hatte ich spätestens jetzt bitter nötig.

Im Vatikan ist wie immer die Hölle los. Mehrmals schon hatte ich vor dem Petersdom und der Sixtinischen Kapelle gestanden, jedoch reicht auch heute die Neugier nicht aus, um mich stundenlang in die Schlange zu stellen. Ich setze mich an die Kolonnaden am Petersplatz, dort wo Italien aufhört und Vatikanstadt beginnt. Erst seit dem 14. Jahrhundert ist der Vatikan Amtssitz der Päpste. Vorher befand sich dieser in der Lateranbasilika, an der mein Pilgerweg heute endete.

Sicher eine Stunde saß ich hier auf dem Marmorboden. Ich stehe auf, schüttele meine eingeschlafenen Füße aus und mache mich auf den Rückweg. So sehr ich eine lange Pause herbeisehnte, so war ich doch schon voller Neugier auf das nächste Experiment. Wobei ich in diesem Monat noch auf einer Art inneren Suche war, werde ich im kommenden Monat hinausgehen, um den Sinn des Lebens zu finden.

11

DER SINNSUCHER

**HEDONISMUS · IRRUNGEN · WIRRUNGEN
·
EUDÄMONISMUS · GLAUBE ·
TRANSZENDENZ**

Nachdem ich in den Vormonaten bereits in meinem Inneren danach gesucht habe, wollte ich nun wissen, worin andere Menschen den Sinn des Lebens finden. Dazu befragte ich von Hartz-4-Empfängern bis hin zu Wissenschaftlern, Geistlichen und Philosophen alle Teile der Gesellschaft. In Gesprächen mit Imamen, Pfarrern, Rabbis und Sinnforschern stellte ich fest, dass sich zwar die Wortwahl unterscheidet, in den Antworten jedoch viele Gemeinsamkeiten stecken.

02.11.2018, MÜNCHEN • SINN UND UNSINN

Man könnte die Uhr danach stellen, so zuverlässig kommen die drei Handwerker jeden Morgen in die Bäckerei, in die ich gern zum Schreiben gehe. Punkt 7:30 Uhr. Jeder bestellt einen großen Kaffee zum Mitnehmen, schwarz. Dazu eine Breze mit Butter. Wie immer grüßen wir einander freundlich. »Wie geht's?« »Ja, muss eben.« Bedeutungslos, aber nett.

Heute will ich das Gespräch jedoch vertiefen. Ich erzähle einem der fülligen Handwerker, den ich auf Mitte Vierzig schätze, dass ich gerade für ein Studienprojekt Menschen nach dem Sinn des Lebens befrage. Er lacht und überlegt kurz: »Wochenende!« Als ich ihn fragend anschaue, erklärt er, dass von Montag bis Freitag geschuftet und dann das gottgegebene Wochenende genossen würde. »Na dann mal gut, dass heute Freitag ist!«, antworte ich mit einem gequälten Lächeln. Seine beiden Kollegen nicken zustimmend, bevor sie sich verabschieden.

Was ist der Sinn des Lebens?
Lohnt sich die Suche danach?
Wie stark unterscheiden sich die Antworten nach Herkunft,
Glaube, Bildungsgrad und Alter?

Das sind die Fragen, denen ich im November auf den Zahn fühlen möchte. Dabei will ich mir nicht anmaßen, einen universellen

Lebenssinn finden zu wollen, der für die gesamte Menschheit oder gar alle Lebewesen Gültigkeit hat. Mein Interesse in diesem Monat gilt vielmehr dem individuellen Sinn, den ein jeder von uns seinem Leben zugesteht.

Kommen wir aus dem Nirgendwo und verschwinden genauso unspektakulär wieder, nachdem der Körper gestorben ist? Machen wir unseren Sinn selbst oder empfangen wir ihn von etwas Unbewusstem?

Weder Wissenschaft noch Theologie kann darauf eine Antwort geben, die alle von uns zufriedenstellt. Atheisten und Theisten argumentieren. Darwinisten erklären. Spiritualisten fühlen. Nihilisten verneinen und sprechen dem Individuum mit seinen Trieben und Neigungen jeglichen Sinn ab. Utilitaristen betrachten diejenigen Handlungen als sinnvoll, die den Nutzen aller Beteiligten maximieren. Deterministen halten sich einzig an Naturgesetze und sehen den Zustand der Welt als unveränderbar, wobei der Mensch keine Entscheidungsfreiheit habe. Existenzialisten widersprechen, indem sie jedem Einzelnen die volle Verantwortung für sein Leben geben. »Frei sein heißt, zum Freisein verurteilt zu sein.«, schrieb deren Hauptvertreter Jean-Paul Sartre. Bevor Friedrich Nietzsche – ein Vertreter radikalen Denkens außerhalb jeglicher philosophischen Systematik – Ende des 19. Jahrhunderts Gott für tot erklärt hatte, gab es wohl noch größere Einigkeit zu einem möglichen Lebenssinn.

In allen abrahamitischen, also monotheistischen Religionen geht es im Kern darum, den Bund mit Gott zu stärken. Erreicht wird das durch festen Glauben, Einhaltung der göttlichen Gebote und ein Leben als treuer Gottesdiener. Die Suche nach dem Sinn ist hier weder Wahl noch Bürde, sondern wird gewissermaßen *von oben* vorgegeben. Trotz vieler Unterschiede steht auch im Buddhismus und Hinduismus die ewige Gemeinschaft mit dem Göttlichen an erster Stelle. Dieses Ziel erreicht, wer jegliches Karma auflöst, wodurch der Kreislauf der Reinkarnationen durchbrochen wird und das Leid ein Ende findet. Ob Tanach, Koran, Neues Testament oder hinduistische Veden – so unterschiedlich die Wortwahl in den heiligen Schriften sein mag, scheint es darin doch mehr Gemeinsamkeiten als Widersprüche zu geben. Insbesondere der Glaube an einen tieferen Sinn. In Gesprächen mit Vertretern verschiedener Religionen, Wissenschaftlern und Bürgern erhoffte ich mir in diesem Monat Antworten auf meine Fragen.

Beim Bezahlen meines Cappuccinos fällt mein Blick auf die Auslage mit Tageszeitungen. Die heutigen Schlagzeilen überschlagen sich von »Abschiebungen nach Massenvergewaltigung gefordert«, über »Mitschüler erstochen«, bis hin zu »Nutzerdaten nach Facebook-Hack veröffentlicht« und »Anschlag auf Bio-Supermarkt«. Dann auch noch eine neue Klimastudie, aus der hervorgeht, dass sich die Meere deutlich schneller erwärmen als angenommen. Ich frage mich, warum die Tageszeitungen eigentlich immer gleich viele Seiten haben. Sollten sie nicht an einigen Tagen nur zwei und an anderen hingegen fünfzig Seiten dick sein? Die meisten Schlagzeilen sind völlig überflüssig, verwirren mehr, als dass sie informieren, jedoch spiegeln sie die allgemeine Sinnkrise wider, von der wiederum seit Jahrzehnten zu lesen ist. Obwohl wir reicher, gebildeter, gesünder, friedlicher und verbundener sind als je zuvor, fehlt es uns an Sinn und Werten.

> *Aber woran liegt das?*
> *Warum schaffen wir uns immer neue Probleme, obwohl es uns besser geht denn je zuvor?*
> *Kann es etwa keinen Sinn ohne Leid geben?*

Hedonismus beschreibt ein Lebenskonzept, in dem das Erleben sinnlicher Lust und das Vermeiden von Schmerz erstrebenswert ist. Hedonisten tun, was kurzfristig glücklich macht. Sie sind dabei extrinsisch motiviert, verfolgen also Ziele als Mittel zum Zweck.

Genauso erscheint mir auch das Weltgeschehen, das sich mir gerade in den Zeitungen zeigt. Genauso passt auch die Antwort des Handwerkers in dieses Konzept. 40 Stunden lang Geld verdienen, um dann zwei Tage lang mit Party, Konsum und Unterhaltung aus der Realität zu flüchten. Und dann wieder von vorn. Wie bei einem Lottogewinner ist diese Art von Glück nur von kurzer Dauer.

Anders als einige seiner antiken Philosophenkollegen zeichnete Sokrates einen inneren Weg zur Glückseligkeit. Sinnvoll war für ihn der eudämonistische Pfad. Wo im Hedonismus das sinnlich erlebbare Ergebnis durch äußere Faktoren im Vordergrund steht, geht es im Eudämonismus um das Verfolgen intrinsisch motivierter Ziele, die ihrer selbst willen, also als Selbstzweck, verfolgt werden. Wie beispielsweise eine Arbeit zu verrichten, bei der ich den Prozess genießen kann, anstatt nur für ein Gehalt zu arbeiten, mit dem ich mir dann Dinge kaufen kann, die mich beglücken sollen. Was für diesen beschwerlichen Weg jedoch nötig ist, ist ein unerschütterlicher Gemütszustand, ein Glaube, der sich durch äußere Gegebenheiten nicht so schnell aus der Ruhe bringen lässt.

Zu gern wäre ich zu dieser Zeit auf einer Agora, der damals typische griechische Marktplatz, dabei gewesen, als vor über 2.000 Jahren Sokrates und Aristippos von Kyrene darüber debattierten, was sie unter einem sinnvollen, gelungenen Leben verstehen. Anstatt über den nächsten deutschen Superstar oder die Eskapaden von Politikern zu streiten, würden solche Diskussionen sicher auch unserem heutigen Sinnempfinden guttun.

Was mir in diesem Moment aber erst einmal sinnvoll erscheint, ist der Gang zum Friseur. Während ich darauf warte, dass sich jemand meiner Haare annimmt, scrolle ich auf dem Handy durch meine neue Facebook-Gruppe, die ich gestern erstellt habe. Die Antworten auf meine Sinnfrage reichen von »42« über »Glück, körperliche und mentale Gesundheit« bis hin zu »Nächstenliebe und Mitgefühl«. Wie mir fällt es offensichtlich auch anderen schwer, Sinn in Worten auszudrücken. Deshalb bin ich in diesem Monat umso gespannter darauf, ob Experten aus Religion und Wissenschaft konkretere Antworten haben. Mein Friseur, dessen Akzent ich nicht so richtig zuordnen kann, hat jedenfalls eine sehr konkrete Antwort auf meine Frage nach dem Sinn des Lebens. Ohne lange nachzudenken, sagt er: »Ist doch klar. Spaß haben … und Frauen flachlegen!« Ich nicke erst einmal zustimmend, da ich es mir mit dem Mann, der momentan die Hoheit über meine Haare hat, nicht verscherzen will.

09.11.2018, WEILHEIM • DER HEILIGE GEIST

Pfarrerin Sabine Nagel hat die meisten ihrer 28 Dienstjahre in der Münchner Heilig-Geist-Kirche geleistet, bevor sie in die Apostelkirche nach Weilheim gewechselt ist. Dass Frauen auf der Kanzel stehen, ist in der römisch-katholischen Kirche undenkbar. Für evangelische Kirchengänger ist dieses Bild hingegen Normalität. Mich hat dieser Fakt überrascht und mir wieder einmal gezeigt, wie wenig ich mich in der Vergangenheit für das Christentum interessiert hatte. Im Rahmen meines Experiments als *Sinnsuchender* hatte ich diesen Monat die Gelegenheit, genau das nachzuholen.

Bei meinem Besuch in Weilheim in Oberbayern, das eine knappe Zugstunde von München entfernt liegt, beantwortet nun die Pfarrerin ausdauernd meine Fragen. Unsere Aufgabe als fleischgewordenes Ebenbild Gottes sei es, unsere Begabungen vor allem füreinander einzusetzen. Das gelte sowohl für das Miteinander, das Leben in Beziehungen, Gemeinden und Völkern als auch für die Verbindung zu Gott. Sinnvoll sei letztendlich, dass es mir und auch den anderen gut geht. Als Richtlinie dafür dienen die zehn Gebote.

Auf meine Frage nach dem Lebenssinn zuckt die Pfarrerin nur mit den Schultern. »Der Heilige Geist weht, wo er will.«, sagt sie und meint damit die göttliche Kraft der Veränderung. Für sie gebe es keine große Lebensaufgabe. Es gehe vielmehr um das Loslassen des eigenen Egos. Erst dann könnten wir uns für neue Erfahrungen freimachen. Es mache keinen Sinn, blind nach etwas zu streben, vielmehr brauche es Vertrauen in das Göttliche. Einen konkreten Tipp, wie nun ich meinen Sinn finden könnte, gibt mir die Pfarrerin bei der Verabschiedung aber noch: »Engagieren Sie sich in der Kirche.«

Mit einem zufriedenen Lächeln auf den Lippen steige ich zehn Minuten später in die Regionalbahn zurück nach München. Selten zuvor hatte ich einen so guten Zugang zur Kirche bekommen wie in dem Gespräch mit dieser außergewöhnlichen Pfarrerin. Schon beinahe pragmatisch hat sie mich eine Stunde lang durch ihren Glauben geführt – ohne jeglichen Anspruch darauf, alle Antworten zu haben. Solch ein Gespräch hätte ich mir schon vor zehn Jahren gewünscht.

Ähnlich erging es mir gestern, als ich zu Besuch im katholischen Pfarramt in St. Maximilian war. Dort hatte ich die Ehre, mit einem der bekanntesten Pfarrer Deutschlands zu sprechen. Rainer Maria Schießler bezeichnet sein Pfarrerbüro als Werkstatt und sagt, dass er in einigen Kneipen schon mehr über Gott lernen konnte als in manchen Bibelkreisen. Die Grundlage für ein gelungenes Leben liege für ihn in der Frömmigkeit. Indem wir Gott lieben, achten und ehren, begegnen wir ihm in allen Aspekten des Lebens. Besonders betonte dieser ebenso herausragende Pfarrer, dass Gott uns als Gestalter erschaffen hat, weshalb Gedanken und Worten auch Werke und Taten folgen müssten. Auf dem Sterbebett möchte er sagen können, »dass es gepasst hat«. Diese Worte begleiten mich seit gestern. Sie klingen banal, aber so ist es ja auch oft mit der Wahrheit.

Passt mein Leben so, wie es ist? Und wer beurteilt das?

So unkompliziert es war, Treffen mit Vertretern der katholischen und evangelischen Kirche zu arrangieren, so schwierig war dieses Vorhaben mit einem Rabbiner oder einem Imam. Also befragte ich stattdessen Freunde, die dem jüdischen oder islamischen Glauben angehörten.

Auch hier erfuhr ich keine große Überraschung – es gehe um die Liebe zu und um die Einheit mit Gott. Eine spezielle Antwort ist mir jedoch im Kopf geblieben. Nach ihr liege es laut dem Koran in der Verantwortung jedes Einzelnen, zu hinterfragen. Der Sinn im Leben bestünde darin, durch die Verbindung zu Gott die eigene Wahrheit zu spüren. Na, das nenne ich doch mal eigenverantwortlicher Glaube. Eine Ansicht, mit der sogar mein atheistisch erzogener Verstand etwas anfangen kann.

Ein Vertreter der buddhistischen Gesellschaft München, der selbst viele Jahre in einem thailändischen Kloster gelebt hatte, erzählte mir, dass es gar keine Notwendigkeit gäbe, über den Sinn des Lebens nachzudenken. Das Ziel sei vielmehr, sich von gegenwärtigen Problemen und Leiden zu befreien. Eine Beschäftigung mit der Zukunft lenke hingegen davon ab, im Moment zu sein und die Daseinszusammenhänge von Ursache und Wirkung zu begreifen. Dass allein schon der Drang, einen Sinn finden zu *müssen*, der erste Schritt ins Leid sei, hörte ich auch in anderen Gesprächen. Einige Menschen scheinen also sehr glücklich zu sein, ohne das Verlangen nach einer Sinnsuche zu verspüren.

So subjektiv all diese Antworten, die ich in den letzten Tagen bekommen hatte, sein mögen, so haben sie mir doch einen guten Einblick in die vielen positiven Aspekte der verschiedenen Religionen gegeben. Die Weltreligionen erscheinen mir nun wie ein leckeres Buffet, an dem ich mich je nach Appetit bedienen kann.

Meine eigene Schulbildung in Ostdeutschland zur Wendezeit kannte diese Vielfalt nicht. Ihr lag vielmehr die Geschichte von Darwin zugrunde, was wiederum Grund genug war, alle religiösen Anschauungen als haltlos zu betrachten. In meiner heutigen Anschauungsweise verliert die Bibel jedoch nicht an Wert, nur weil sie nicht mit der wissenschaftlichen Evolutionstheorie übereinstimmt. Genauso finden sich auch im Buddhismus wertvolle Lehren für diejenigen, die nicht an die Wiedergeburt glauben. Es wäre doch großartig, wenn Kindern verschiedene Türen geöffnet werden würden, so dass sie selbst entscheiden könnten, durch welche sie später gehen möchten.

Auf dem Rückweg im Zug scrolle ich auf dem Handy durch meine E-Mails. Um eine zusätzliche, vor allem vermutlich sehr gegensätzliche Meinung zu den vergangenen Gesprächen mit den Geistlichen anerkannter Kirchen zu bekommen, war ich am vergangenen Sonntag bei der als kontrovers angesehenen Glaubensgemeinschaft Scientology in München zu Besuch gewesen. Ein Facebook-Post dazu hatte bereits zu heftigen Diskussionen geführt. Noch immer schreiben mir Leser, die dazu ihre Meinung kundtun möchten. Vieles hatte ich bereits im Vorfeld über diese Kirche, die in Deutschland nicht anerkannt ist, erfahren. Medienbeiträge zu Scientology sind zu 100 Prozent negativ, weshalb ich mir selbst ein Bild machen wollte.

Vor Ort wurden mir ein paar Filme gezeigt, die natürlich das krasse Gegenteil von dem zeigten, was ich sonst über Scientology gehört hatte. Meine Gespräche mit den Vertretern waren unerwartet angenehm und unaufdringlich. Einiges war durchaus einleuchtend, anderes stieß bei mir auf innere Widerstände. Nach dem Ausfüllen eines Selbsttests wurde mir gesagt, dass wir die Ergebnisse in der kommenden Woche besprechen könnten. Es war eine Erfahrung wie bei einem typischen Verkaufsseminar. »Komm rein, es gibt was umsonst, dann gibst du uns deine Telefonnummer und wir überzeugen dich vom Kauf.« Vielleicht bin ich persönlich für solche Botschaften bereits weniger empfänglich als andere, aber das medial so verteufelte große Übel konnte ich zumindest oberflächlich gesehen nicht entdecken. Jedenfalls kein größeres Übel als in anderen weniger umstrittenen Religionen und Ideologien. Meine echte Telefonnummer habe ich trotzdem nicht dagelassen, da ich meinen Sinn des Lebens bei Scientology wohl nicht finden werde und es auch nicht will.

Wenn ich in diesem Jahr meiner Selbstversuche eines gelernt habe, dann ist es Offenheit. Ich möchte nicht verurteilen, auch weniger beurteilen. Schon gar nicht, wenn meine Meinung auf fremden Erfahrungen basiert. Um der Sinnfrage auf den Grund zu gehen, muss ich ausprobieren, verstehen und fühlen. Erst dann kann ich meiner eigenen Wahrheit näherkommen. Meine Meinung werde ich also nicht mehr auf Geschichten von Menschen stützen, die etwas zu einem Thema nur über drei Ecken vom Bekannten des Bruders ihres Schwagers oder aus einer Zeitschrift gehört haben.

Als ich am Hauptbahnhof aussteige, beobachte ich ganz bewusst das Durcheinander an Menschen, die mir hier entgegenkommen. Ich mag diesen bunten Mix aus Hautfarben, Kleidern und Sprachen, die das Leben so reichhaltig machen. Jeder Einzelne von ihnen hat einen eigenen Glauben und trägt damit auch eine andere Brille, durch die er die Welt sieht.

Das war vor einigen Jahrhunderten wahrscheinlich noch weniger komplex. Bevor sich die Wissenschaften in der Epoche der Aufklärung etablierten, hatte die Kirche zumindest in Europa ein Monopol auf die Bestimmung des Lebenssinns. Sie gab mit der Bibel quasi einen Sinn-*Garanten* vor. Mit der darin implizierten Antwort darauf, warum Menschen leiden müssten, gewann das Christentum an Macht. Heute sind die Kirchen leer. Viele glauben dagegen an die Forschung. Das rationale Gehirn kann etwa gut nachvollziehen, wie aus einer befruchteten Eizelle ein Mensch mit genetischen Ausprägungen wird. Wer den Menschen jedoch einzig als Zufallsprodukt der Evolution sieht, kommt wiederum schnell in Versuchung, den Sinn des Daseins lediglich in der Fortpflanzung zu sehen.

Aber was bleibt ohne den Glauben an etwas Höheres?
Das Streben nach Ruhm, Liebe, Macht oder Sicherheit?

Viele meiner Gesprächspartner der letzten Woche sagten mir, dass Glücklichsein ihr oberstes Ziel sei. Eine sehr abstrakte Antwort.

Glück erfordert, dass unsere Wünsche erfüllt werden, dass wir also bekommen, was wir wollen. Aber dazu muss ich erst einmal wissen, was ich will. Dieser quälenden Frage müssen sich gläubige Kirchengänger nicht unbedingt stellen, da sie die Antwort darauf in der Bibel finden.

Glaube beruht auf einer tieferen, schwer erklärbaren Weisheit des Herzens. Der Intellekt hingegen auf der Vernunft des Verstandes. Es scheint eine Schnittstelle zu geben, die Verstand und Herz verbindet: Vertrauen. Das Vertrauen darin, dass das Leben einen Sinn hat.

15.11.2018, INNSBRUCK • QUANTIFIZIERTER SINN

Beim Blick aus dem Fenster sehe ich den Inn, dahinter in der Ferne einen schneebedeckten Gipfel. Die Sonne strahlt auf dieses traumhafte Panorama. Am Tisch in Raum 60810 sitzen mit mir Prof. Tatjana Schnell und fünf ihrer Studenten. Wir befinden uns im psychologischen Institut der Universität Innsbruck. Prof. Schnell und ihr Team leisten in der empirischen Sinnforschung echte Pionierarbeit. Sie drücken den abstrakten Sinn in Konzepten und Zahlen aus.

Das ist mein Versuch, nun auch die Wissenschaft in mein Experiment mit einzubinden. Wenn man im Internet nach dem Sinn des Lebens sucht, finden sich neben religiösen Herangehensweisen auch wissenschaftliche Ergebnisse zur Sinnforschung. Und bei der Suche danach kommt man an Tatjana Schnell nicht vorbei. Deshalb bin ich dankbar, eine Audienz in den Hallen bekommen zu haben, in denen Sinn quantifiziert werden soll.

Im Gespräch mit ihr lerne ich, dass hier Sinn nicht als Gefühl wie Glück oder Trauer verstanden wird, sondern als eine aktive Haltung. Bewusst und erfahrbar werde Sinn erst, wenn er fehlt. So ähnlich wie das beispielsweise auch mit der Gesundheit sei. Das Ergebnis einer sinnvollen Handlung könne genauso wie sportliche Betätigung ein positives Gefühl auslösen, das Sinnempfinden an sich unterliege jedoch unserer subjektiven Bewertung. Was für den einen sinnvoll erscheine, könne für den anderen wiederum sinnlos sein.

Um Sinnhaftigkeit tatsächlich erleben zu können, brauche es ein grundlegendes Vertrauen darin, dass das Leben sinnvoll ist. Durch reines Nachdenken könne ich keinen Sinn finden. Es benötige also einen gewissen Vertrauensvorschuss.

Was nun an sich sinnvoll sei, möchte ich von der Professorin wissen. »Das, was bei einer Reflexion darüber richtig und stimmig erscheint.«, lautet ihre knappe, jedoch für mich sehr einleuchtende Antwort. Sinnempfinden hängt tatsächlich von meiner eigenen Bewertung ab, weshalb es kein Richtig oder Falsch gibt. Stimmig fühlt sich also etwas an, wenn ich übergeordnete Ziele verfolge, die intrinsisch motiviert und an bedeutungsvollen Lebensprinzipien ausgerichtet sind. Absolut sinnlos ist im Umkehrschluss das Verfolgen extrinsischer Ziele, nur um Belohnung zu bekommen oder Bestrafung zu vermeiden.

Sinn entstehe laut der Professorin zudem durch einen wahrgenommenen Bedeutungsüberschuss. Ich schaue in meiner Reaktion darauf etwas kritisch, worauf die Studenten im Raum versuchen, es näher zu erklären. Wenn man beispielsweise unter der Dusche singt, sei das eine reine Aktivität, die einem zwar Freude bringt, aber nicht zielorientiert ist. Auch das hätte seinen Platz im Leben, wirklich sinnvoll wäre das Singen jedoch nur, wenn man damit zum Beispiel für einen Gesangswettbewerb üben würde. Je größer der Anteil an Bedeutung ist, desto stärker sei das Sinnempfinden der Tätigkeit.

Unter Lebensbedeutungen werden in deren wissenschaftlicher Betrachtungsweise Sinnquellen verstanden. Nach jahrelangen offenen Befragungen wurden diese Sinnquellen in verschiedenen Hauptkategorien von Spiritualität und Selbsterkenntnis über Selbstverwirklichung bis hin zu Stabilität, Gemeinschaft und Spaß eingeteilt. Essentiell für ein nachhaltig hohes Sinnempfinden sei eine Balance zwischen verschiedenen Lebensbedeutungen. Identifiziere ich mich beispielsweise nur aufgrund von Selbstverwirklichung durch meine Arbeit, sei die Gefahr hoch, dass nach dem Wegbrechen dieser Säule eine Sinnleere oder sogar Sinnkrise entsteht.

Genau das scheint in unserer Gesellschaft ein riesiges Problem zu sein. Viele Menschen identifizieren sich einzig über ihren Partner, ein Hobby, ihre Arbeit oder über Geld. Was aber passiert dann zum Renteneintritt, nach einer Trennung oder einer finanziellen Krise? Aus Angst davor, diese mühsam aufgebaute Identität zu bewahren, sträuben sich viele vor Veränderungen. Sie halten stattdessen an kaputten Beziehungen oder frustrierenden Anstellungen fest. Wenn man Sinn hingegen in vielen verschiedenen Bereichen seines Lebens empfinden würde, würde auch das Loslassen leichter fallen.

In ihrer Forschung hat Tatjana Schnell mit Kollegen zudem herausgefunden, dass für junge Menschen vor allem Selbstverwirklichung und Gemeinschaft Sinn stiften. Spätestens ab der Lebensmitte um die 50 spiele Ordnung und im höheren Alter Selbsttranszendenz eine zunehmende Rolle. Unabhängig vom Alter liege laut empirischer Forschung die wichtigste Sinnquelle aber in der Generativität, was bedeutet, etwas für die Gesellschaft oder seine Nachkommen zu tun. Das könne etwa durch eigene Kinder, politisches Engagement, künstlerische Aktivitäten oder die Weitergabe von Wissen geschehen. Da wäre er wieder, der Bedeutungsüberschuss.

Was mich im weiteren Gespräch noch interessiert, sind konkrete Zahlen dazu, wie viele Menschen sich überhaupt Gedanken über einen Lebenssinn machen. Laut der Professorin tun dies etwa zwei Drittel in unterschiedlicher Intensität. Das andere Drittel, also diejenigen, die eine fast gleichgültige Haltung zum Lebenssinn haben, wird hier im Institut als *existenziell indifferent* bezeichnet. Im Kopf überschlage ich, dass demgemäß etwa 20 Millionen erwachsene Deutsche keinen Sinn in ihrem Leben empfinden. Eine extrem hohe Zahl, die mich wahnsinnig erschreckt.

Diese *existenziell Indifferenten* seien innerhalb der wissenschaftlichen Auffassung nicht besonders glücklich, leiden aber auch nicht unter der Sinnleere. Sie gehen einfach nur davon aus, dass sie ohnehin wenig Kontrolle über ihr Leben hätten, weshalb sie auch keine Verantwortung dafür übernehmen wollen. Zudem lehnen sie eine

Reflexion über das eigene Selbst kategorisch ab, kennen ihre Leidenschaften nicht und zeigen kaum Engagement. Am häufigsten zu finden ist diese *existenzielle Indifferenz* in wohlhabenden Ländern wie Deutschland, Österreich, Dänemark oder Frankreich. Ein Paradoxon, das ich erst einmal verdauen muss.

Dabei gibt die empirische Sinnforschung eigentlich sehr gute Gründe für eine Beantwortung der Sinnfrage. Sinn motiviert nicht nur bei der Arbeit, sondern auch generell zu einem gesünderen, verantwortungsbewussteren Leben. Hohe Sinnerfüllung senkt in diesem Zusammenhang das Sterblichkeitsrisiko durch Schlaganfälle und Herzinfarkte und kann auch psychische Probleme wie Neurotizismus, Depressionen oder traumatische Belastungsstörungen mildern. Wer sein Leben also als sinnvoll und damit als wertvoll erachtet, geht automatisch sorgsamer mit dem eigenen Körper um.

> *Eigentlich ein recht einleuchtender Beweggrund, dem Sinn des Lebens eine höhere Bedeutung zuzusprechen, oder?*

Ein kleinerer Anteil der deutschen Bevölkerung, je nach Quelle zwischen vier und sieben Prozent, leidet demgegenüber tatsächlich unter einer Sinnkrise, die neben zahlreichen anderen Auswirkungen vor allem psychisch krank machen kann. Diese Krise kann entweder durch äußere Ereignisse, die das bisherige Leben infrage stellen, oder sobald innere Widersprüche die Frustrationsgrenze erreicht haben, auftreten. Im weiteren Gespräch mit der Professorin und ihren Studenten erzähle ich dazu die Geschichte von meinem letzten Vorstellungsgespräch, bei dem auch mein Widerspruch zwischen inneren und gelebten Werten ein kritisches Maß überschritten hatte, und ernte dafür ein zustimmendes Nicken im Raum.

Nach knapp drei Stunden bedanke ich mich bei Tatjana Schnell und ihrem Team für die Gastfreundschaft und die Beantwortung meiner Fragen. Mein Kopf ist nun voll mit neuen Informationen, die erst einmal verarbeitet werden wollen. Das war auf jeden Fall ein gutes Gegengewicht zu den Gesprächen mit den Geistlichen letzte Woche. Aber obwohl sich dabei die Wortwahl sehr unterschieden hat, gab es in den Antworten der Theologen und Wissenschaftler doch viele Gemeinsamkeiten.

Auf der Rückfahrt nach München reißt mich eine Nachricht eines Freundes, die gerade auf dem Bildschirm meines Handys aufploppt, aus den Tagträumen. Er wollte mir bei meinen weiteren Nachforschungen behilflich sein, indem er mir ein Zitat von Monthy Python schickte: »Seien Sie nett zu Ihren Nachbarn, vermeiden Sie fettes Essen, lesen Sie ein paar gute Bücher, machen Sie Spaziergänge und versuchen Sie, in Frieden und Harmonie mit Menschen jeden Glaubens und jeder Nation zu leben.« Ich schaue lächelnd aus dem Fenster, sehe die Berge vorbeigleiten und schüttele einen Teil der Schwere ab, den die große Sinnfrage in diesem Monat bereits mit sich gebracht hat.

17.11.2018, BARCELONA • SINN IM LEID

»Sinn entsteht, wenn ein Mensch in seinem Leben Werte verwirklicht, also etwas, das für ihn persönlich bedeutsam ist. Sinnerfahrung erfolgt also nicht direkt, sondern immer über den Umweg der Werteverwirklichung.« So beantwortet mir Sinah Altmann, mit der ich gerade über Skype spreche, meine Frage nach dem Sinn des Lebens. Sinah arbeitet als Coach auf Basis von Logotherapie und Existenzanalyse. In ihrer Arbeit versucht sie, gemeinsam mit ihren Klienten herauszufinden, wie deren Leben wieder gelingen kann.

Die Existenzanalyse nach Viktor Frankl hat einen hohen psychotherapeutischen Anteil, der präventiv wirkt. Die Logotherapie ist eher ein Krisenmanagement, das sich der Behandlung von Sinnproblemen widmet. Nachdem ich zudem verstanden hatte, dass Logotherapie und Logopädie zwei Paar Schuhe sind, wollte ich über Ersteres noch mehr erfahren. Sinah half mir, ihre Sinnlehre besser zu verstehen, und gab mir dazu eine autobiografische Auffrischung zum Begründer Frankl, was für mein Verständnis enorm wichtig war.

Jeder hat seine eigene Geschichte und dadurch auch sein eigenes Päckchen zu tragen.

Frankl ertrug als Jude während des Nationalsozialismus unter Hitler eine jahrelange Inhaftierung in insgesamt vier Konzentrationslagern. Diese Zeit, die keiner seiner Familienangehörigen überlebte, beschrieb er als Reifeprüfung. Der stetige Wille zu einem Sinn spendete ihm Kraft und Motivation, um die Gräueltaten im KZ zu überleben. Auch wenn er später herausfand, dass seine Frau zu dieser Zeit bereits tot war, gab ihm die Hoffnung auf ein Wiedersehen Kraft. Die geistige Freiheit konnte ihm bis zum letzten Atemzug niemand nehmen, weshalb er jeden Tag sinnvoll gestaltete. Wenn das Leben einen Sinn habe, müsse auch das Leiden sinnvoll sein. Sowohl der Tod als auch Verluste machen diesen Sinn erst komplett. Um dementsprechend Sinn in seinem Leid zu finden, distanzierte sich Frankl durch Trotz und Humor von alldem, was um ihn herum passierte.

»Was ist der Sinn dieser Situation?« Eine Frage, die auch Sinah ihren Klienten in Bezug auf ein in diesem Zusammenhang thematisiertes Erlebnis immer wieder stellt. Sie versucht, ihnen dabei zu helfen, Abstand zu ihrer aktuellen Krise zu gewinnen, sich ähnliche Muster aus der Vergangenheit anzuschauen und dann zu überlegen, wofür diese Situation gerade gut sei. Denn wie Nietzsche schon sagte und Frankl sogar zu seinem Lebensmotto machte:

»Wer ein Warum zu leben hat, erträgt fast jedes Wie.«

Über diesen Ausspruch, der mich auch noch nach unserem Telefonat lange beschäftigt, muss ich genauer nachdenken. Ihm gemäß erhöht Sinnempfinden die Leidensfähigkeit. Das erscheint mir logisch – es wurde im Lauf der Geschichte aber auch durch Religionen und Kriegsherren regelmäßig zur Unterdrückung und Mobilisierung der Massen genutzt.

Einem Impuls folgend öffne ich auf meinem Handy erneut eine E-Mail, die mich bereits vor ein paar Tagen sehr berührt hat. Anja beschreibt darin, wie sie in ihrer Krebsdiagnose Sinn finden konnte. Jahrelang hatte sie alle möglichen Ausreden parat gehabt, setzte immer ein *Wenn* vor ihr Glück. »Wenn ich studiere, dann werde ich glücklich sein …«, »Wenn ich meinen Traumjob habe, dann …«, oder »Wenn ich auswandere, dann …« – aber immer hakte es an irgendetwas. Es gäbe laut Anja einfach so viele externe Faktoren, die wir nicht beeinflussen können. Wenn wir unser Glück von äußeren Umständen abhängig machen würden, könnten wir uns unser ganzes Leben lang dem Unglücklichsein hingeben. Als Anja die Diagnose Krebs erhielt, ist jedoch die Idee gegen eine solche Sichtweise zu ihr durchgedrungen. Es hat endlich Klick gemacht. Sie wollte und will auch heute noch immer wieder diese neue Herausforderung annehmen und ihr Leben ausschließlich mit Glück füllen. »Trotz allem. So ein bisschen vielleicht auch aus Trotz. Jetzt erst recht!«

Leid muss also nicht unbedingt krampfhaft vermieden werden, es braucht aber stets einen Sinn. Je weniger sinnvoll mir ein schmerzliches Erlebnis erscheint, desto mehr leide ich darunter. Diese Leidensphasen gab es in meinem Leben meist, wenn eine alte Denkweise durch eine neue abgelöst wurde. Wenn ich es jedoch schaffte, alte Glaubenssätze, die mir nicht mehr taugten, gehen zu lassen, verschwand auch die Verzweiflung.

Anja hat gelernt, darauf zu vertrauen, dass ihr Körper ihr nichts Böses will, sondern die Krebserkrankung sogar in gewisser Art ein liebevolles Zeichen ist, durch das sie diese Bürde leichter tragen kann. So habe auch ich in diesem Monat die Sichtweise gehen lassen, dass sich Religion und Wissenschaft widersprechen. Anstatt Schuld, Wut und Verwirrung bei einer Seite abzuladen, finde ich nun sinnvolle Antworten auf beiden Seiten.

25.11.2018, ATLANTIK • SINNLEERE

Ich lehne an der Reling des 11. Oberdecks. Mein Blick ist festgenagelt auf den Horizont, an dem die Wellen des Schiffes immer kleiner werden. Vor wenigen Stunden haben wir den Äquator überquert, aber hier am Bug ist es trotz hoher Temperaturen durch den Wind so frisch, dass ich mir eine Jacke anziehen muss. Es ist aber der einzige Ort an Bord des riesigen Kreuzfahrtschiffes, an dem ich Ruhe finde, während die meisten Passagiere gerade beim 3-Gänge-Abendessen sitzen.

Während ich in den letzten zwei Wochen in Gesprächen mit Geistlichen, Wissenschaftlern und Gläubigen aller sozialen Schichten auf der Suche nach dem Sinn des Lebens war, fahre ich in dieser zweiten Novemberhälfte ganz unbekümmert und fast dekadent von Barcelona nach Brasilien. Mit dabei sind neben Melanie 500 digitale Nomaden aus aller Welt und 800 Brasilianer, die die All-Inclusive-Heimfahrt vor allem an der Poolbar auskosten.

Jeden Herbst werden dutzende Kreuzfahrtschiffe neu positioniert. Sobald es im Mittelmeerraum zu kühl wird, fahren sie nach Südamerika. Da diese Schiffe oft nicht voll besetzt sind und es bei der Atlantiküberquerung kaum Landgänge gibt, sind die Kabinen günstig. Das hat sich mein Kumpel Johannes zunutze gemacht, als er vor vier Jahren zum ersten Mal die *Nomad Cruise* anbot. Der Mix aus schwimmender Konferenz und Networking war für die Medien ein gefundenes Fressen, wodurch die Teilnehmerzahlen anstiegen.

Während dieser Fahrten gibt es täglich Vorträge, Workshops und Meet-ups zu Themen rund um Selbständigkeit, Reisen und persönliche Weiterentwicklung. Die Tage beginnen mit Yoga und enden mit Partys am Pool.

Ich kann immer noch nicht fassen, dass wir uns gerade mitten auf dem Atlantik befinden, auf einer schwimmenden Stadt mit Casinos, Restaurants, Juwelieren und Reisebüros. Dass ich dieses Jahr auf der *Nomad Cruise* mitfahren würde, hatte ich bereits vor langer Zeit beschlossen. Ich wollte generell nach Südamerika sowie an Bord alte Freunde treffen und neue Bekanntschaften machen. Das waren die eigentlichen Gründe, wobei sich die Weite des Meeres aber auch bestens zur Reflexion und zum tiefgründigen Austausch über mein aktuelles Sinnsuche-Experiment anbot. In zwei Stunden werde ich mich deswegen mit anderen Hobbyphilosophen treffen, um gemeinsam über den Sinn des Lebens zu diskutieren.

Welche Rolle spielt Sinn in meinem Leben?

In einem inneren Dialog versuche ich an der Reling am Bug des fast geräuschlosen Kreuzfahrtschiffes eine Antwort zu finden, während die letzten Sonnenstrahlen im Atlantik verschwinden.

In meinen Zwanzigern hat mir Sinn nie gefehlt. Er war einfach nicht da. Eine latente Unzufriedenheit, die ich nicht richtig einordnen konnte, hat mir dennoch gezeigt, dass irgendetwas fehlte. Ich wusste nur nicht, was es war. Es gab dabei ein paar Dinge, die sich nicht sinnvoll angefühlt haben. Sie haben, wie Tatjana Schnell es ausdrückte, nicht zu mir gepasst. Gespürt habe ich das damals am stärksten auf der Arbeit und im Studium. Oft habe ich mich gefragt, ob es überhaupt eine Rolle spielte, was ich hier tat. Es war definitiv der Mangel an Bedeutung, der in mir zwar keine Sinnkrise, aber eine Leere verursachte. Erst mit Ende Zwanzig, als ich in meinem letzten Vorstellungsgespräch saß, war das Maß voll. Es war aber nicht dieses eine folgenreiche Ereignis, das mein Leben auf den Kopf stellte, sondern die Ansammlung vieler kleiner Momente, die das Fass zum Überlaufen brachten.

Zu diesem Zeitpunkt hatte ich erstmals so richtig bewusst angefangen, die Sinnhaftigkeit meiner Handlungen zu hinterfragen. Mir wurde immer klarer, dass das Leben zu kostbar wäre, um es mit Dingen zu verschwenden, die sich nicht stimmig anfühlten. Da ich Schwierigkeiten hatte, überhaupt zu sagen, wer ich war und was ich wollte, musste ich zunächst den Weg der Selbsterkenntnis einschlagen. Einige Bücher, Seminare und inspirierende Gespräche später befand ich mich tatsächlich auf einem Weg, der vermeintlich mit Sinn gepflastert war. Und dann kam der Sommer 2016.

Nach vier Jahren Unternehmerdasein hatte ich bereits ein gutes Einkommen, mir einen Namen als Autor gemacht und eine Kundschaft aufgebaut. Sinn bezog ich vor allem aus der Arbeit und meiner damaligen Beziehung, die jedoch nach fünf Jahren kompliziert wurde. Ich jonglierte zu viele Projekte zur gleichen Zeit, weshalb ich mir im besagten Sommer selbst eine Auszeit verordnete. Aber schon nach ein paar Tagen fiel es mir schwer, den Laptop zugeklappt zu lassen.

Hatte ich denn wirklich keine Interessen mehr, die nichts mit meiner Arbeit zu tun hatten?
Es war immer mein Ziel, keine künstliche Work-Life-Balance zu benötigen, sondern einfach meine Arbeit in mein Leben zu integrieren – aber was bitte war davon mein Leben?

Wer war dieser Sebastian, wenn er nicht vor dem Laptop oder neben seiner Freundin saß? Rückblickend würde ich sagen, dass ich zwar sehr viel Sinn in meiner Arbeit empfand, jedoch in einer persönlichen Identitätskrise steckte. Also machte ich eine lange Liste mit Dingen, die ich in Zukunft gern ausprobieren wollte. Jeweils drei Monate lang wollte ich Ukulele spielen lernen, einen Rückwärtssalto trainieren, Holz schnitzen versuchen und Porträts mit Bleistift zeichnen. Daneben begann ich gleichzeitig, mich und meine Arbeit weniger wichtig zu nehmen. Viele Projekte gab ich einfach auf. Ein Jahr darauf auch meine Beziehung.

Als ich mich von der Reling löse, um zurück in meine Kabine zu gehen, muss ich schmunzeln. Wir Menschen sind schon wundersame Wesen. Wenn wir einmal etwas hatten, vermissen wir es ein Leben lang. Wenn wir aber nicht einmal wissen, dass uns etwas fehlt, gibt es nichts zu vermissen. So ist es auch mit dem Sinn. Hätte ich nicht immer weiter geforscht und ausprobiert, wäre ich jetzt wahrscheinlich in einem großen Konzern fest angestellt und hätte eine Familie zuhause, in einem bausparfinanzierten Haus mit Garten und Carport vor der Tür. Auch wenn es nicht komplett zu mir gepasst hätte, wäre es wohl *okay* gewesen. Aber *okay* reicht mir heute nicht mehr. Ich weiß, dass das Leben einfach so viel mehr zu bieten hat als das.

Von der Bank hinter mir hebe ich das Buch auf, das ich gerade ausgelesen hatte. Es ist Viktor Frankls Bestseller ... *trotzdem Ja zum Leben sagen*. Gleich am ersten Abend an Bord des Schiffes hatte ich meinen guten Freund Bastian getroffen, der mir beiläufig von dem Buch erzählte, das er momentan las. Als ich ihm von meinem aktuellen Selbstversuch und dem Gespräch mit Sinah berichtete, drückte er mir dieses ohne langes Überlegen in die Hand. Mein Glaube an Zufälle geht mittlerweile gegen Null.

01.12.2018, RECIFE • SINN VERBINDET

Gemeinsam mit 1.200 anderen Passagieren verlassen wir am frühen Morgen das schwimmende Stahlmonster. Ich bin froh, nach zwölf Tagen Seereise über den Atlantik wieder festen Boden unter den Füßen zu haben. So sehr ich das Wiedersehen mit alten Freunden und die inspirierenden Vorträge genossen habe, so sehr hat mir auch ein Rückzugsort gefehlt. Außerdem plagte mich das schlechte Gewissen, dass diese Art zu reisen für die Umwelt sogar noch schädlicher ist als das Fliegen. Da half auch keine Rechtfertigung, dass das Schiff auch ohne mich nach Brasilien gefahren wäre. Bereits die Nachfrage bestimmt das Angebot.

Melanie und ich winken das erstbeste Taxi heran. Ohne große Verabschiedungen wollten wir einfach nur weg von dem ganzen Trubel. Dafür hatten wir uns in Porto de Galinhas, eine Stunde von der Hafenstadt entfernt, einen kleinen Bungalow am Strand gemietet.

Wie immer in egal welchem Fortbewegungsmittel dauert es keine fünf Minuten, bis Melanie die Augen zufallen. Ich schaue aus dem Fenster, beobachte das bunte Treiben in den an uns vorbeiziehenden Vororten von Recife und versuche, ein gedankliches Fazit zu meinem Selbstversuch des letzten Monats zu ziehen.

Entgegen meinen Erwartungen wurde die Frage nach dem Sinn des Lebens von Wissenschaftlern, Therapeuten und Geistlichen in überraschend ähnlicher Weise beantwortet. Sie ergänzten sich ge-

genseitig, anstatt sich zu widersprechen – wenn auch unwissent-
lich – obwohl die Wortwahl in empirischen Studien eine andere
war als die der Pfarrer. Wo beispielsweise die Kirche die Aussage
»Liebe Gott, dich und andere« vertritt, legt die Sinnforschung die
Wichtigkeit auf Transzendenz, Selbsterkenntnis und Gemeinschaft.
Je nachdem, ob man also verkopft ist oder eher mit dem Herzen
entscheidet, können andere Worte Anklang finden, jedoch sind die
Gemeinsamkeiten fundamental. In allen meinen Gesprächen habe
ich dieselben drei großen Themen gestreift:

> *Erstens, Selbsterkenntnis: Wer bin ich und warum bin ich hier?*
> *Zweitens, Gemeinschaft: Wo ist mein Platz in der Welt und was*
> *habe ich ihr zu geben?*
> *Drittens, Transzendenz: Wie stelle ich eine Verbindung zu dem*
> *her, was ich mit den Sinnen nicht wahrnehmen kann?*

Wir alle brauchen ein Bewusstsein über unser Selbst, wollen uns
selbst erkennen. Es ist genau diese innere Beziehung, die sich wiederum in allen äußeren Beziehungen widerspiegelt. Der Zugang
zur und das Wissen über die eigene Persönlichkeit ist dafür eine
wichtige Sinnquelle. Denn, erst wenn ich weiß, wer ich bin, kann
ich auch wissen, was ich vom Leben erwarte.

Darüber hinaus sind wir alle soziale Wesen, die ohne Gemeinschaft nicht lange überleben können. Verbindungen mit Gleichgesinnten stiften nicht nur Sinn, sondern sorgen auch dafür, dass wir
uns selbst besser kennenlernen. Sich in den Dienst einer Gemeinschaft zu stellen und etwas zurückzugeben, war in vielen meiner
Gespräche sogar ein zentraler Punkt.

Das dritte Thema Transzendenz kann je nach Weltanschau-
ung variieren – wobei meinem Eindruck nach alle Menschen mit
einer hohen Sinnerfüllung an etwas glauben, das die eigene Sin-
neswahrnehmung übersteigt und nicht mit Worten erklärt werden
kann. Diese übersinnliche Macht wird von Plato als ewige Idee,
von monotheistischen Religionen als Gott, von östlichen Traditi-

onen als Seele, von Wissenschaftlern als Quantenphysik und von Psychoanalytikern als das Unbewusste bezeichnet. Zweifellos ist es etwas, das logisch gesehen nur schwer nachvollziehbar ist. Genau an dieser Stelle braucht es in der eigenen Sichtweise den bereits erwähnten Vertrauensvorschuss, dass das Leben per se sinnvoll sei, auch wenn wir es nicht mit unserem Verstand erklären können.

Anstatt eine endgültige und allgemeingültige Antwort zu finden, was auch nicht mein Anspruch war, hat meine Beschäftigung mit der Frage nach dem Sinn des Lebens viele neue Fragen aufgeworfen. Das war aber äußerst bereichernd, denn eine gute Frage ist schließlich oft mehr wert als die eigentliche Antwort.

Zu diesem meinem neuen Blickwinkel passt auch die ursprüngliche Bedeutung des Begriffes. Sinn kommt nämlich aus dem Indogermanischen und bedeutet so viel wie Reise oder Weg. Die Wurzel, *sent,* steht dafür, eine Fährte zu suchen. Sinn ist also schon von der Etymologie her sehr dynamisch und nichts Festgeschriebenes.

Die Frage nach dem Lebenssinn ist zudem eng geknüpft an das Nachdenken über das Woher und das Wohin:

Woher kommen wir? Warum sind wir hier? Wohin gehen wir?

Je besser ich diese Fragen beantworten kann, desto mehr Klarheit gewinne ich auch über die Reiseroute meines eigenen Lebens. Bevor ich nun auf eine Reise gehe, sollte ich also wissen, wo diese beginnt und wohin sie führen soll. Bin ich mir dessen jedoch nicht bewusst, würde ich nur planlos herumirren. Habe ich hingegen für mich Antworten oder zumindest die Illusion davon gefunden, treibt mich das in jeder Hinsicht an. Auch kann ich leidvolle Krisen mit weniger Schäden überstehen. Denn dann bekommt das Leid einen Grund. Es wird gleichzeitig zu einer Erfahrung, aus der ich lernen darf und die mich auf zukünftige Herausforderungen vorbereitet. Diese Einstellung macht aus einem passiven Opfer einen aktiven Gestalter, mit dem auch ich mich besser identifizieren kann.

Ohne gänzlichen Lebenssinn entsteht jedoch eine Leere, die mit allen möglichen Ablenkungen gefüllt wird. Oberflächliche Beziehungen, Drogen, Konsumwahn oder vollgepackte Kalender sorgen dann für zumindest vorübergehende Abhilfe. Auf Sinnverlust und Werteverfall folgt aber zudem Gleichgültigkeit, die wiederum dazu führt, dass sich Menschen betäuben, nicht mehr aus dem Bett kommen oder sogar aggressiv werden.

Mein Eindruck nach diesem Monat ist, dass ein hohes Sinnempfinden diese Selbstverletzung verhindern kann. Sobald ich etwas tue, das für mich eine Bedeutung hat, muss mir niemand mehr sagen, dass ich etwa zu einer bestimmten Zeit im Büro zu sein hätte. Wichtig dabei ist nur, dass es für mich selbst bedeutend ist, auch wenn es für andere Menschen sinnlos erscheinen mag.

Mein persönliches Fazit zu diesem Zeitpunkt ist, dass Sinn mit dem nötigen Grundvertrauen überall gefunden werden kann. In Träumen, Gedankenblitzen oder auch nach Bauchgefühl zeigt sich mir regelmäßig etwas, das ich nicht erklären kann. Genauer gesagt zeigt sich, dass es schlichtweg mehr geben muss, als das sinnlich Wahrnehmbare, das ich mit meinem Verstand erklären kann.

»Lernen heißt, sich erinnern.«, soll Sokrates gesagt haben. Diese unterbewussten Erinnerungen bezeichnen wir als Intuition, Gewissen, schicksalhafte Fügung, Energie oder auch als das Göttliche. Es ist eine innere Stimme, die uns leitet, wenn wir sie lassen. Um diese Stimme in der Stille zu hören, müssen wir uns aber zunächst eingestehen, dass wir eigentlich im Dunkeln tappen. Solange wir das nicht können, bedienen wir uns lediglich vorgefertigter Antworten von Religion und Wissenschaft.

Vielleicht sind wir nur ein kleiner Mikroorganismus viel größerer Lebewesen, genauso, wie Zellen nur ein Teilorganismus unseres Körpers sind. Vielleicht spielt eine höhere Intelligenz mit uns in der Matrix. Oder vielleicht befinden wir uns auch nur in Platons

Schattenwelt. Sich einzugestehen, dass wir etwas nicht wissen oder erklären können, ist deshalb immer der erste Schritt zur Sinnfindung, den ich nun bereit bin zu gehen.

Ich denke, dass wir alle eine bedeutende Rolle im Leben einnehmen. Wir werden mit unterschiedlichen Erbanlagen, Begabungen und Neigungen geboren, die den Rahmen für unseren Lebensweg vorgeben. Wir haben die Wahl, diese Rolle anzunehmen oder nur eine Maske zu tragen. Unser freier Wille kann uns vom idealen Pfad wegführen, immer nur auf der Suche nach dem Angenehmen, was jedoch langfristig in Leid und Ohnmacht endet. Oder die Selbsterkenntnis führt uns auf den Pfad, der zu unserer Rolle passt. Letzterer ist der eudämonistische Weg, der nicht leicht ist, einen aber mit Sinn erfüllt. Genau dieser Weg führt auch zur echten Glückseligkeit, selbst wenn man dafür ein paar anstrengende Umwege gehen muss.

Ob mein Lebenssinn dann im Wochenende oder in einer allumfassenden Erleuchtung besteht, ist nicht entscheidend. Wichtig ist, dass es am Ende des Lebens für mich gepasst hat. Dass ich meinen Werten stets gefolgt bin, mich ohne Maske gezeigt und vor allem mein eigenes Leben gelebt habe.

12

DER SELBSTOPTIMIERER

MESSEN • TRACKING • MANIPULATION
•
FÜHLEN • AUTONOMIE • SELBSTKENNTNIS

Anhänger der *Quantified Self*-Bewegung messen von Produktivität bis hin zu Ernährung alle eigenen Aktivitäten und versuchen, Korrelationen herzustellen. Kann aber Glück rationalisiert werden? Mein Jahr beendete ich mit einer Reise durch Brasilien in komplettem Gegensatz zu seinem Auftakt. Nachdem ich in diesem letzten Monat meiner Selbstversuche die Extreme Anonymität und Self-Tracking kennengelernt hatte, verblieb die Suche nach einem gesunden Maß zwischen Messen und Fühlen.

03.12.2018, PORTO DE GALINHAS •
EIN LEBEN IN ZAHLEN

5 Kokosnüsse, 2 Liter Wasser, 125 Gramm Butterkekse und 4,57 Euro Ausgaben. Das tippe ich in mein Handy ein. Dann stelle ich mich auf eine Waage, die die ermittelten Werte wie Gewicht und Körperfettanteil automatisch an eine gekoppelte App überträgt. Das Gleiche erledigt mein Pulsmessgerät mit Herzfrequenz und sonstigen Diagnosewerten elektronisch, nachdem ich es mir am rechten Oberarm angelegt habe. Vor dem Schlafengehen schreibe ich noch in mein Journal, was mich heute beschäftigt, wie ich mich gefühlt und mit wem ich gesprochen hatte. Zuletzt öffne ich eine App, die misst, an welchen Orten ich wie viel Zeit verbracht habe, was in Bezug auf die Locations und Wege teilweise einer manuellen Anpassung bedarf. Dann schalte ich den Schlaftracker ein, der wie eine Matte unter meiner Matratze liegt, und lege mich ins Bett. Die Kokosnuss-Diät tat nach der Völlerei auf dem Schiff gut, das Tracking geht mir aber schon heute, am nur dritten Tag, auf die Nerven.

»Was nicht gemessen wird, passiert nicht.«, lautet das Motto in meinem letzten Selbstexperiment. Einen Monat lang werde ich alle Aktivitäten, Mahlzeiten und Vitalwerte sowie Schlafqualität und mehr aufzeichnen. Ob das am Ende zu einer Selbsterkenntnis durch Zahlen oder zum völligen Verlust spontaner und intuitiver Handlungen führt, möchte ich in den nächsten Wochen herausfinden.

Ganz neu ist für mich das Aufzeichnen von Daten in diesem Jahr nicht, denn auch in den vorangegangenen Selbstversuchen habe ich vieles gemessen. Den Schlaf als *Uberman*, die Ernährung als *Frutarier*, den Körperfettanteil als *Muskelmann* oder die gelaufenen Kilometer als *Pilger*. Mit meinem Versuch als *Selbstoptimierer* endet das Jahr allerdings im krassen Gegensatz zu meinem ersten Experiment im Januar, in dem ich mir als *Anonymer* die größte Mühe gab, keinerlei Datenspuren zu hinterlassen.

Generell bin ich das gesamte Jahr über vorsichtig mit meinen Daten umgegangen, habe Google möglichst vermieden, kein GPS-Tracking auf meinem Handy erlaubt und auch weitere Vorsichtsmaßnahmen getroffen, die meine Privatsphäre schützten. Jetzt hingegen sollte ich aus freien Stücken mein Leben vermessen und die ermittelten Zahlen an Konzerne abtreten. Das gefiel mir gar nicht, weshalb die inneren Vorbehalte groß waren. Aber der Stern, unter dem das Jahr 2018 stand, hieß nun mal Offenheit. Ich ließ mich also darauf ein und schleppte dafür bereits seit Wochen allerhand Messgeräte mit mir herum.

All diese Technik machte mir jedoch ehrlich gesagt Angst. Es war befremdlich, dass ein paar Zeilen Code mich besser verstehen sollten, als ich dies offensichtlich selbst konnte. Durch die damit entstehende Rationalisierung des Selbstverständnisses ginge doch jegliche Spontanität verloren, meinte mein innerer Zweifler.

Das Leben könne auch nicht einfach so in Zahlen ausgedrückt werden, oder?

Andererseits, auch Diabetiker messen ihren Glukose-Spiegel, frischgebackene Eltern wiegen ihr Baby und Arbeitnehmer stempeln Anwesenheitszeiten. Facebook kann anhand von ein paar Like-Angaben die sexuelle Orientierung eines Nutzers zuverlässig vorhersagen. Walmart weiß, wann seine Kunden schwanger sind, bevor sie es selbst wissen. Herzschrittmacher und moderne Prothesen, bei denen die Grenzen zwischen Mensch und Maschine verschwimmen, würden ohne Messwerte nicht funktionieren.

Nein, ich kenne mich nicht so gut, dass mir Daten nicht helfen könnten. Der Meinung waren auch schon große Denker wie Da Vinci oder Goethe, die ihre Erlebnisse sogar penibel genau dokumentierten. Genauso war die Erfindung von Ibuprofen und Malaria-Impfstoffen das Ergebnis von aufgezeichneten Studien am eigenen Körper. Selbstexperimente mit Daten zwingen uns, die Grenze zwischen nachgewiesenem Wissen und persönlichen Überzeugungen auszumachen.

Wann werden Migräneanfälle ausgelöst? Warum spiegelt mein Kontostand nicht meinen Finanzplan wider? Warum sind meine Stromrechnungen so hoch? Schlafe ich besser, wenn ich am Abend Sport mache?

Die Journalisten Gary Wolf und Kevin Kelly sind der Meinung, dass Fragen wie diese mit dem Tracken von Daten beantwortet werden können. Die beiden gelten als Begründer der *Quantified Self*-Bewegung, die 2007 ihren Namen bekam. Davor war das Messen und Dokumentieren von Vitalwerten eher Kranken und Leistungssportlern vorbehalten. Durch die bessere Verfügbarkeit von Messinstrumenten konnte die *Quantifizierung des Selbst* für die Allgemeinheit zugänglich gemacht werden. Mittlerweile gibt es dazu Gruppen und Konferenzen auf der ganzen Welt. Das Motto lautet: »Knowledge by Numbers – Selbsterkenntnis durch Zahlen«. Die Annahme dabei ist, dass aus Daten Wissen gewonnen wird, das nach einer Analyse und Interpretation gewünschte Veränderungen anstoßen kann. Zu Beginn nutzten die Anhänger der Bewegung Notizbücher und Excel-Tabellen, um ihre Daten zu sammeln. Heute gibt es zahlreiche Gadgets und Apps, die dies automatisch tun. Ein Armband erfasst so beispielsweise Puls, Bewegung oder Schlafqualität und sendet die Informationen an eine gekoppelte App, die diese zusammen mit Werten einer digitalen Waage, einem Blutdruckmessgerät

oder anderen Geräten in bunten Grafiken aufbereitet. Die sogenannten *Smart Wearables* enthalten Sensoren, die direkt am Körper getragen werden oder sogar in Kleidung eingearbeitet sind.

Nicht allen Anhängern der Bewegung geht es ausschließlich
um Selbstoptimierung, sondern auch darum, Befunde ihres Dok-
tors zu hinterfragen oder einfach nur ihre Neugier zu befriedigen.
Gemütszustände oder Produktivitätswerte werden also auch aufgezeichnet, um sich persönlich weiterzuentwickeln. Fitnesswerte helfen dabei, die eigenen Stärken und Schwächen über eine objektivere
Datenperspektive auszumachen. Das Self-Tracking wird von seinen
Anwendern im weitesten Sinne als Spiegel gesehen. Viele nutzen es,
um Krankheiten besser zu verstehen. Bei anderen ist es die Faszination, den eigenen Körper in Zahlen auszudrücken, neue Gewohnheiten zu etablieren oder das Bewusstsein zu steigern.

Im Bett liegend dränge ich Melanie meine persönliche Gute-Nacht-
Geschichte auf und erzähle ihr, wie mein Tag in Zahlen aussah. »Ich
bin heute 6.378 Schritte gelaufen, habe 1.850 Kalorien verdrückt,
23 Minuten am Smartphone und 3,5 produktive Stunden am Laptop verbracht. Außerdem hatte ich einen durchschnittlichen Ruhepuls von 72 und einen Körperfettanteil von 16,3 Prozent.« Ihre
ironische Antwort sorgte aber für ein schnelles Ende des Gesprächs:
»Das ist toll, Schatz, und wie geht's dir so?«

19.12.2018, TAIBA •
DATEN SIND NIE OBJEKTIV

Schlaftrunken taste ich den Nachttisch nach dem Kugelschreiber ab. Schnell notieren, bevor ich es vergesse. Mit halb geöffneten Augen bekomme ich mein Traumtagebuch zu fassen und schreibe auf, was im Kopf noch nicht vernebelt war. Danach drehe ich mich zurück auf den Rücken. Seit ich direkt nach dem Aufwachen schriftlich festhielt, was ich geträumt hatte, konnte ich mich fast jeden Morgen an meine Träume erinnern. Und zwar nicht nur an Bruchstücke, sondern sogar an zunehmend längere Episoden. Eines der bisher nur wenigen Highlights bei diesem Selbstversuch.

Zehn Minuten später stehe ich auf. Es folgt das gleiche Prozedere wie jeden Morgen. Mich wiegen sowie Puls und Körpertemperatur messen. In meiner App überprüfe ich die getrackte Schlafqualität der letzten Nacht. Nur 65 Prozent? Das Gefühl, einen eigentlich guten Schlaf gehabt zu haben, schwindet beim Blick auf diese Zahl.

Mit einem Glas Wasser setze ich mich raus auf den Balkon. Bei einer Meditation will ich diesem futuristisch anmutenden *Headband* noch eine letzte Chance geben. Das kleine Gerät, mit dem ich mich fühle wie ein Charakter aus Star Trek, misst über fünf Sensoren an Schläfe und Stirn meine Gehirnströme. Bisher habe ich im Dezember durchschnittlich 8 Minuten pro Tag meditiert, wobei ich jeweils 3,4 Minuten Ruhezeit hatte. Die restliche Zeit hat das Monkey

Mind, das sich in Gedanken wie ein Affe von einem Baum zum nächsten schwingt, übernommen. Sagt jedenfalls die App.

Ich setze das *Headband* auf, verbinde es über Bluetooth mit der Meditations-App und stecke mir die Kopfhörer in die Ohren. Das Meer verschwindet langsam aus meinem Blickfeld, als ich die Augen schließe. Dafür höre ich das Rauschen der Wellen jetzt über die Kopfhörer. Solange meine Gehirnströme signalisieren, dass ich voll bei der Sache sei, klingen die Meeresgeräusche gleichmäßig. Plötzlich wird es aber stürmisch und ein Gewitter zieht vor meinem inneren Auge auf. Irgendetwas scheine ich offensichtlich falsch zu machen. Ich denke an das Frühstück, das unten am Buffet auf mich wartet. Das Rauschen der Wellen beruhigt sich wieder. Nach ein paar Minuten habe ich genug von dem Quatsch. Ohne das *Headband* abzusetzen, klappe ich meinen Laptop auf. Zehn Minuten später gratuliert mir meine App zu einer sehr gelungenen Meditationssitzung, in der ich ein neues Level an *Calm Time* erreicht hätte. Mag sein, dass dieses *Headband* für manche Leute funktioniert, für mich ist es aber weder motivierend, noch bin ich von der Aussagekraft der Messwerte überzeugt, da sie mir bei der Arbeit am Laptop einen meditativeren Zustand bescheinigen als bei der Meditation selbst.

Ein bis zwei Stunden täglich verbringe ich seit 19 Tagen damit, alle möglichen Daten sowohl quantitativ als auch qualitativ zu sammeln. Quantitativ im Sinne eines Self-Trackings über eine Smart Watch, eine digitale Waage, einen Gehirnstrommesser, einen Schlafsensor und über verschiedene Apps, die von GPS-Daten bis hin zu geschriebenen Wörtern alle Laptop-Aktivitäten aufzeichnen. Bis auf das Messen meiner Körperwerte passiert das passiv, also automatisch. Die qualitative Datenerhebung, was in Fachkreisen als *Life Logging* bezeichnet wird, geschieht vor allem über ein bebildertes Journal. Darin halte ich neben meinen Träumen auch Gemützustände, Begegnungen und besuchte Orte fest. Das Ritual dieses Journalings am Abend hilft mir tatsächlich dabei, Erlebtes zu verarbeiten, bewusster mit meiner Zeit umzugehen und mir die Namen neuer Bekanntschaften merken zu können. Außerdem zeigen sich mir damit Muster, welche Ereignisse mich wiederholt in eine positive oder negative Stimmung versetzt haben.

Als ich mich nach dem Frühstück an den Laptop setze, lade ich zunächst auf einem eigens dafür angelegten Instagram-Account ein Bild meiner Mahlzeit hoch. Schwarztee, Rührei, Wassermelone und Papaya. Dann schaue ich mir die Daten der letzten Woche an. Eine spezielle Software misst momentan, wie effizient ich gearbeitet habe, indem sie die in Programmen und auf Internetseiten verbrachte Zeit von wenig bis sehr produktiv einteilt und dies in einem Diagramm darstellt. Eine andere Grafik zeigt die Anzahl meiner Tastenanschläge pro Tag. Darüber hinaus kann ich in einer Fotogalerie Bilder von mir vor dem Laptop sehen, die alle 15 Minuten automatisch über meine Webcam aufgenommen werden. Besonders Letzteres beschert mir Gänsehaut, aber es geschieht schließlich alles im Dienst der Wissenschaft.

Und was mache ich jetzt mit all den gesammelten Daten?
Was sagen sie überhaupt über mich aus?
Wie viele Schritte am Tag sind gesund? Wie viel Gramm Fett
sind zu viel? Welcher Blutdruck ist für mein Alter normal?

Die gemessenen Daten stehen immer in Relation zu einem Durchschnitt oder einem Höchst- bzw. Mindestwert als Bezugspunkt. Meist gibt es in den Apps vorgegebene Referenzwerte wie zum Beispiel 10.000 Schritte pro Tag oder ein BMI zwischen 18 und 25. Ich frage mich, wer diese Werte für *normal* erklärt hat. Sobald man sich damit vergleicht, verlieren Daten ihre Objektivität. Ein Arzt, ein Entwickler oder selbsterklärte Experten haben aber Algorithmen programmiert, die mir jetzt sagen, dass mein Körperfettanteil zu hoch, mein Schlaf zu unruhig, meine Zeit vor dem Laptop zu lang und mein Blutdruck zu niedrig sei. Ich fühle mich bewertet durch Menschen, die mich gar nicht kennen. Kein angenehmes Gefühl.

Was mir bleibt, ist, die Daten im Zeitverlauf anzusehen, also meine aktuellen Werte mit den Werten der jeweils letzten Woche zu vergleichen.

Habe ich besser geschlafen? Wenn ja, lag das an mehr Bewegung oder weniger Laptopzeit? Stieg meine Produktivität, wenn ich die Anzahl der Kalorien pro Tag erhöht hatte?

Solche Trial-and-Error-Methoden machen vielleicht in der Theorie Sinn, in der Praxis kann ich aber bisher keine nennenswerten Zusammenhänge erkennen.

Mein Handy meldet sich mit einer Benachrichtigung. Alle zwei Stunden fragt mich eine App, wie es mir ginge. Ich beantworte ein paar kurze Fragen, dann bekomme ich das Ergebnis: »Sebastian, du bist heute zu 89 Prozent glücklich.« Erfreuliche Nachrichten, auch wenn ich das Gefühl habe, dass diese App meinen Glücksfaktor eher negativ beeinflusst.

25.12.2018, RIO DE JANEIRO • DISKRIMINIERENDE STATISTIKEN

Ein Fünftel der Bevölkerung von Rio de Janeiro lebt in Favelas. Über 1.000 illegal errichtete Slums, ohne Kanalisation, dafür mit hohen Kriminalitätsraten und einer Lebenserwartung, die 20 Jahre unter dem nationalen Durchschnitt liegt. 82 Prozent der Favelas werden von Drogenkartellen oder bewaffneten Milizen dominiert. Es gibt im Schnitt 14 Morde pro Tag, dazu unzählige Vergewaltigungen.

Als ich in die Augen der Kinder schaue, verblassen diese Zahlen. Diese Kinder haben keine Ahnung, welch armselige Zukunftschancen ihnen die Statistiken vorhersagen. Sie wissen weder, dass die Menschen auf der anderen Seite des Zaunes zehn Mal mehr verdienen als ihre Eltern, noch dass es Spielzeug gibt, das sie nicht haben. Ohne diese Vergleiche dürfen sie einfach nur Kinder sein. Zumindest noch für ein paar Jahre.

Ein Freund hatte über drei Ecken gehört, dass für den Bau einer Bibliothek in einer Favela von Rio de Janeiro finanzielle Unterstützung benötigt würde. Kurzerhand trommelte er eine Gruppe von 15 Leuten zusammen. Wir sammelten Geld, kauften aber auch Geschenke und schmissen sogar gemeinsam mit einigen Bewohnern der Favela eine Weihnachtsparty.

Nachdem die Kinder mit Cola und Kuchen zufriedengestellt waren, gab es die Bescherung mit viel Musik und Tanz. Als ich mich währenddessen mit den Erwachsenen vor Ort unterhielt, verloren die Statistiken endgültig ihre Bedeutung. Rational betrachtet mag es dem durchschnittlichen Bewohner einer Favela nicht besonders gut gehen, zumindest an unseren Standards wie Einkommen, Lebenserwartung und Kriminalitätsrate gemessen. Aber was ich hier sehen konnte, waren stolze Menschen, die sich durch harte Arbeit einen für ihre Verhältnisse beachtlichen Lebensstandard aufgebaut hatten. Und Kinder, die sich stundenlang daran erfreuen konnten, eine Coladose von links nach rechts zu kicken.

Als wir die Favela am Abend in Begleitung von Einheimischen verlassen, zwängen wir uns durch enge Gassen, in denen es nach Abwasser stinkt. Am Ausgang stehen sich bewaffnete Favela-Bewohner auf der einen und Polizisten in schusssicheren Westen auf der anderen Seite gegenüber. Jeder beobachtet genau, wer rein und raus geht, niemand aber scheint sich in das Gebiet der anderen hineinzuwagen. Erst in diesem Moment haben wir zumindest einen kleinen Einblick bekommen, wie gefährlich das Leben in den Favelas tatsächlich sein kann.

Dieser Tag hat mich zutiefst berührt. Allein gehe ich an der Copacabana entlang spazieren, beobachte betrunkene Touristen und aufgemotzte Autos, die am Strand parken. Plötzlich komme ich mir unglaublich lächerlich vor, mit all den Geräten, die mein Leben *optimieren* sollen. Sie sind weder smart, noch machen sie glücklich. Und die Relation zur Realität hinkt gewaltig. All dieses vermeintliche Wissen, das ich in den letzten Wochen über mich und meine Person angesammelt hatte, hat spätestens heute seinen Sinn verloren.

Daten verändern unsere Wirklichkeit. Je mehr wir uns als Individuum durch Zahlen wie Einkommen, Kredit-Score oder Abschlussnoten definieren und uns dadurch voneinander abgrenzen, desto mehr konkurrieren wir miteinander. Gemeinschaften lösen sich auf, Differenzen nehmen zu. Mitarbeiter im Casino werden durch Kameras anhand ihrer *Lächel-Frequenz* bewertet, Tesco misst die

Effizienz seiner Mitarbeiter beim Verladen von Ware durch Armbänder und Kirchen nutzen eine Software zur Gesichtserkennung, um zur Teilnahme an Messen und zur Kollekte zu motivieren. Unerwünschte Verhaltensweisen werden abgemahnt oder verachtet. Für die beobachteten und damit überwachten Menschen entsteht so ein permanenter Druck in Bezug auf ihr Tun und Lassen – alles im Dienste vermeintlicher Erfolgsfaktoren. Aufgrund der erhaltenen Ergebnisse werden zudem Lohnunterschiede für eigentlich gleiche Tätigkeiten gerechtfertigt. Je genauer gemessen wird, desto ausgeprägter werden die Ungleichheiten und desto inhumaner wird auch der Umgang mit dem Ganzen.

Meine Gedanken um solche potenziell mess- und nachverfolgbaren Daten lassen in meinem Kopf große Bedenken aufkommen. Nicht nur im Arbeitsleben, sondern auch in der Politik hat dieser Datenwahn potenziell riesige Auswirkungen, von denen wir momentan nur die Spitze des Eisbergs sehen.

Was würde mit unserer Demokratie geschehen, wenn Politiker jeden Wähler vom Hut bis zur Schuhsohle kennen? Oder wenn Wählerstimmen nach Bildungsgrad gewichtet werden?
Was wäre, wenn die Polizei aufgrund von Verhaltensmustern Wahrscheinlichkeiten für Verbrechen in der Zukunft berechnen und dadurch präventiv handeln kann?
Was, wenn Versicherungen individuelle Beiträge erheben, die auf den ausgeübten sportlichen Aktivitäten und der eigenen Ernährung basieren? Was wäre, wenn Medikamente und soziale Unterstützung aufgrund von algorithmisch errechneten Profilen vergeben werden?
Wie würde eine Welt aussehen, in der nicht mehr das Gleichheitsprinzip gilt, sondern Bürger anhand von Profilen, Daten und Wahrscheinlichkeiten eingeordnet und bewertet werden? Wäre das noch Gerechtigkeit oder schon Diskriminierung?

Ein Gedankenkarussell, aus dem ich momentan so schnell wie möglich wieder aussteigen will.

Heute habe ich gesehen, wie sehr Statistiken benachteiligen können und wie wenig sie ein Bild der tatsächlichen Realität zeichnen. Ja, ich kenne viele der erschreckenden Zahlen über Verbrechen und Ungleichheit in Brasilien. Aber helfen sie mir? Nein, sie versetzen mich eher in Angst und sorgen sogar dafür, dass ich Menschen in Schubladen stecke. Und was ich dann sehe, sind nicht die unschuldigen Kids in den Favelas, sondern die Wahrscheinlichkeit, dass jedes zehnte von ihnen irgendwann ein Verbrechen begehen wird. Daten sind in diesem Zusammenhang definitiv nicht der richtige Weg zur Optimierung.

In den letzten fünfzehn Jahren habe ich viele Ecken der Welt gesehen. Vor allen in den Gebieten, vor denen am meisten gewarnt wird, habe ich die größte Gastfreundschaft erfahren. Menschen sind von Grund auf gut, solange sie nicht in ein System gezwängt werden, in dem sie nicht mehr aus Liebe entscheiden können, sondern aus Angst handeln müssen. Anonyme Statistiken befeuern dieses System, das uns am Ende als Menschheit spaltet. Das heutige Erlebnis hat mich von meiner vermeintlich bedeutenden Selbstoptimierung abgebracht und zur wesentlich bedeutenderen Realität zurückgeführt.

»Sebastian!«, ruft jemand hinter mir mit einem amerikanischen Akzent. Es ist Curtin, ein ehemaliger Architekt, den ich auf der *Nomad Cruise* kennengelernt habe. Vor ein paar Jahren hat er sein altes Leben hinter sich gelassen. Seitdem zieht der Lebenskünstler ohne Besitz und Geld durch die Lande. »Seit zwei Wochen lebe ich in einer Favela.«, erzählt er mir beiläufig. Ich konnte es kaum fassen, schließlich wird an jeder Ecke davor gewarnt, auch nur einen Fuß in die Slums zu setzen. »Der Standard ist nicht besonders hoch, aber ein paar Stunden am Tag haben wir Strom. Abends gehe ich mit den Leuten in der Nachbarschaft Bier trinken.«, erklärt er mir, als wenn es das Normalste der Welt wäre.

Die Offenheit und Lebenslust von Curtin steckt an. All die negativen Schlagzeilen hat er entweder nie gelesen oder sich dafür entschieden, sie zu ignorieren. Dadurch erlebt er selbst genau diejenigen Geschichten, die so viel einfacher zu glauben sind als nur Zahlen aus Zeitungen und persönliche Erfahrungen niemals ersetzen können.

31.12.2018, KAP DER GUTEN HOFFNUNG • VERMESSEN

Erneut fahren wir an Wellblechhütten vorbei, in denen Menschen in eingezäunten Gebieten unter armseligen Bedingungen wohnen. Hier in Südafrika heißen sie nicht Favelas, sondern Townships. Aber auch hier hat die Bevölkerung größtenteils eine schwarze Hautfarbe. Und auch hier wurden die Ureinwohner vor ein paar Jahrhunderten von reichen Kolonialherren an den Rand der Städte gedrängt.

Heute, im Postkolonialismus, sind es wiederum wir, die wohlhabenden Weißen aus dem Westen, die sich ein paar Kilometer neben einem dieser Townships, etwa 40 Minuten südlich von Kapstadt, über Airbnb eine Villa direkt am Strand gemietet haben, um dort ins neue Jahr zu feiern.

Nachdem wir von unserem Großeinkauf aus Simon's Town zurückgekehrt sind, setze ich mich mit meinem Laptop auf die Terrasse. Die Wellen spritzen mir beinahe ins Gesicht, so nahe sind wir dem Wasser an unserem Privatstrand. Es ist 14 Uhr. Also noch genügend Zeit, um meinen letzten Monatsbericht zu schreiben. Es erscheint mir plötzlich unglaublich wichtig, diesen letzten Selbstversuch nicht ins neue Jahr mitzunehmen. Zu viel Druck habe ich das gesamte Jahr über auf meine Schultern gelegt, so dass ich morgen nicht mehr daran denken mag.

Beim Durchschauen all der Zahlen auf meinem Bildschirm wird mir fast schwindlig. Durchschnittlich habe ich laut Aufzeichnungen 7 Stunden und 32 Minuten pro Nacht geschlafen, 2.073 Kalorien pro Tag verdrückt und täglich 1,8 frische Kokosnüsse getrunken. Jeden Tag bin ich im Schnitt 12.310 Schritte gelaufen, hatte einen Aktivpuls von 76 Schlägen pro Minute tagsüber und nachts einen Ruhepuls von 57. Mein Blutdruck lag im Mittel bei 127 zu 78. Das alles verraten mir die Ergebnisse einer Körperanalysewaage, einer Smart Watch, einem Schlafsensor, einem Blutdruckmessgerät und einem Thermometer, deren Daten direkt an Smartphone-Apps geschickt und grafisch aufbereitet wurden. Die gesammelten Daten in einer Übersicht zu sehen, war interessant, aber nur bedingt aufschlussreich.

Im Rückblick hatte mich ein Blick auf den Schrittzähler zu Spaziergängen motiviert, wenn ich es am Nachmittag immer noch nicht weiter als von der Hängematte bis auf die Toilette geschafft hatte. Anders herum hatten mich die Daten jedoch auch demotiviert, wenn ich beispielsweise morgens eigentlich gut erholt aufgewacht war, mir die App dann aber sagte, dass meine Schlafqualität nur 56 Prozent betrug. Genau das Gleiche war beim morgendlichen Wiegen passiert, sowohl im positiven als auch im negativen Sinne.

Ein zweischneidiges Schwert stellte außerdem das Kalorienzählen und das Abfotografieren jeder einzelnen Mahlzeit dar. Das hatte zwar mich und meine Tischnachbarn genervt, aber ich konnte jetzt bei einem Blick auf den bebilderten Foodlog sofort sehen, an welchen Tagen besonders viel Süßes oder Fettiges auf dem Teller gelegen hatte. Was im Nachgang als durchaus hilfreich erschien, da es in dem Moment, in dem ich gekocht oder Essen im Restaurant bestellt hatte, für eine gewisse Selbstkontrolle gesorgt hat. Das schlechte Gewissen hatte jedoch trotzdem zweimal zugeschlagen, sowohl beim Essen als auch bei der späteren Reflexion. Was also gut für das Bewusstsein war, schmälerte im Endeffekt den Genuss.

Aber wenn ich nun das Tracking meines Ernährungsverhaltens und meiner Vitalwerte in einem größeren Kontext sehe, erscheint mir alles durchaus sinnvoll. Vor allem, wenn es um die darauf basierende Früherkennung und Behandlung von Symptomen geht. Auf Seiten wie *PatientsLikeMe* teilen beispielsweise hunderttausende Menschen ihre Werte, aus denen wiederum hilfreiche Erkenntnisse gewonnen werden. Apps wie *ResearchKit* von Apple geben in diesem Zusammenhang ihre Nutzerdaten für medizinische Studien an Forscher weiter. Die Zahl der freiwilligen *Datenspender* ist hier deutlich höher als in der traditionellen Forschung. Diese Masse an individuellen Gesundheitsdaten verhilft so der gesamten Gemeinschaft zu einem besseren Verständnis über potenzielle Krankheiten. Menschen, die beispielsweise unter Migräneanfällen leiden, kennen nicht immer den Auslöser für eine Attacke. Durch das Tracking von Aktivitäten, Ernährung und Körperwerten über einen längeren Zeitraum werden hingegen eventuelle Verbindungen hergestellt, die die Anfälle abschwächen können.

Auch als durchaus sinnvoll erachte ich den Fakt, dass wir uns durch die Hoheit über unsere eigenen Gesundheitsdaten aus der blinden Abhängigkeit von Medizinern lösen können. Bisher waren ausschließlich Ärzte und Apotheker die Autoritäten im Gesundheitsbereich. Nur sie konnten Vitalwerte messen, Blutproben nehmen und Diagnosen treffen, zu denen wir uns nur selten eine Meinung bilden konnten. Das kann sich jedoch ändern, wenn wir selbst Daten erheben und anfangen, Fragen zu stellen. Bisher basierten Behandlungen und Medikamente auf Studien, in denen einfach ein Durchschnitt errechnet und eine dahingehende Empfehlung ausgesprochen wurde. »Bei 75 Prozent von Entzündungen im Hals hilft Antibiotikum XYZ.« Verabreicht wird das vermeintliche Heilmittel jedoch unabhängig von Alter, Krankengeschichte und anderen individuellen Faktoren. Durch ein Self-Tracking kann sich dieses Machtverhältnis in Bezug auf Wissen zu unserem Vorteil verschieben.

In der Küche wird bereits das Abendessen vorbereitet. Ich hole mir einen Kaffee und laufe ein wenig am Strand auf und ab. Noch kann ich mir keine richtige Meinung zu der ganzen Datensammelwut bilden. So sehr ich mich gegen die Erhebung meiner eigenen Daten und den Vergleich mit einem anonymen Durchschnitt wehre, so sehr sehe ich darin auch ein unglaubliches Potenzial für den gesamten Gesundheitsbereich.

Wesentlich eindeutiger ist meine Auffassung, wenn es um die anhand von Daten mögliche Auswertung der Produktivität bei der Arbeit geht. Verschiedene Programme verraten mir etwa in ihren Logs dieses Monats, dass ich im Dezember durchschnittlich 6,9 Stunden pro Tag am Laptop gearbeitet habe, wovon rund 25 Minuten für unproduktive Zeit auf Netflix, YouTube & Co draufgingen. 3.750-mal habe ich Mausklicks getätigt, dabei 612-mal zwischen Programmen gewechselt und 657 Tastenkürzel verwendet. Pro Tag habe ich mit 27.882 Tastenanschlägen 3.830 Wörter geschrieben, 32 E-Mails empfangen und 8,4 E-Mails versendet. 49 Minuten habe ich daneben durchschnittlich per Skype, Zoom, Slack oder Whats-App telefoniert. Mein iPhone habe ich 42-mal am Tag entsperrt und war dabei insgesamt 59 Minuten aktiv, wobei sich fast die gesamte Zeit auf Google Maps und Telefonate beschränkte.

Was sagen mir nun aber all diese Zahlen?
Dass ich zu viel arbeite? Oder zu wenig? Dass ich aufgrund der
vielen Mausklicks einer Sehnenscheidenentzündung nah bin?
Oder vielleicht sogar etwas, was ich bisher noch gar nicht
bedacht habe?

Die Anzahl der Arbeitsstunden pro Tag in einem Überblick zu sehen, kann mir durchaus helfen, eine bessere Balance zwischen Arbeit und Freizeit zu schaffen. Denn je häufiger ich zwischen Programmen wechsele und je mehr Zeit ich auf Social-Media-Kanälen verbringe, desto weniger konzentriert arbeite ich in der Regel. Auch die täglich geschriebenen Wörter im Zeitverlauf vor Augen zu haben, kann mich als Autor durchaus motivieren.

Ansonsten haben all die bunten Grafiken auf dem Bildschirm für mich keine große Aussagekraft. Nach jahrelanger Selbständigkeit habe ich bereits ein gutes Gespür dafür entwickelt, wann ich fokussiert arbeite und wann ich den Laptop lieber zuklappe. Das war aber vor fünf Jahren noch anders, weshalb mir damals Programme zur Überwachung meiner Produktivität durchaus besser hätten helfen können. Fast absurd finde ich hingegen, dass es mittlerweile Apps auf dem Smartphone braucht, die mir sagen, wie viel Zeit ich in anderen Apps verbringe. Ein Verhalten mit Suchtpotenzial, das durch Technologie verursacht wird, wird hier erneut mit Technologie versucht zu lösen, anstatt die Technologie selbst einfach aus der Gleichung zu streichen. Ein Paradoxon ohnegleichen.

Als nächstes schaue ich in die App *Gyroscope*, die meine in diesem Monat besuchten Orte und zurückgelegten Wege über GPS aufgezeichnet und in einer Karte aufbereitet hat. Dabei kam heraus, dass ich pro Tag durchschnittlich 31 Minuten in Autos verbracht und insgesamt 805 Kilometer zurückgelegt habe. Im gesamten Monat habe ich laut den Aufzeichnungen 183 unterschiedliche Orte besucht – darunter Unterkünfte, Restaurants und öffentliche Plätze – in 8 Städten und 3 Ländern. Meine GPS-Koordinaten visualisiert auf einer Karte zu sehen, war erschreckend und spannend zugleich. Ich konnte so erkennen, welche Transportmittel ich genutzt und an welchen Orten ich mich öfter aufgehalten hatte sowie welche Muster sich dabei ausgebildet hatten. Es beschert mir dabei gerade eine Gänsehaut, zu wissen, dass auch Unternehmen und Regierungen diese Daten haben. Nein, ich bin ganz und gar nicht bereit, für eine solche Spielerei einen großen Teil meiner Privatsphäre aufzugeben, weshalb ich das GPS-Tracking auf dem Handy sofort wieder ausschalte und die App lösche.

Beibehalten werde ich hingegen das Aufzeichnen meiner Ausgaben. Der Rückblick darauf, wofür ich eigentlich mein Geld so ausgegeben habe, ist wirklich ausgesprochen lehrreich. Diese Daten muss ich auch nicht zwingend über eine App mit Unbekannten teilen, sondern kann mir dafür meine eigene Aufzeichnungsart aussuchen.

Das Gleiche gilt für das Schreiben meines Journals. Darin habe ich in diesem Monat Träume, Begegnungen und Gemütszustände festgehalten. Pro Tag habe ich laut meinen Notizen mit 6 verschiedenen Menschen jeweils länger als 5 Minuten gesprochen, wobei die Hälfte davon neue Bekanntschaften waren. Auch hier hat der bereits im Voraus existierende Gedanke daran, dass ich diese Begegnungen später notieren werde, dazu geführt, dass ich mich aus langweiligen Gesprächen eher gelöst hatte, als ich das normalerweise getan hätte.

Es ruft aus der Küche, dass das Essen gleich fertig sei. Ich erbitte mir noch ein paar Minuten, bevor ich mich zu den anderen gesellen will.

Wie lautet nun mein Fazit nach meinem Self-Tracking-Monat? War alles nur Spielerei oder blieben auch tiefe Erkenntnisse?

Mir ist positiv aufgefallen, dass ich beim Essen, Arbeiten und Schlafen sehr viel bewusster agiert habe. Ich habe durch mein Tracking gesehen, wann ich zu ungesund gegessen, unruhig geschlafen, mich zu wenig bewegt oder zu viel Zeit vor dem Laptop verbracht habe. Die Quantifizierung dieser Lebensbereiche konnte mir dabei helfen, mich selbst besser zu verstehen. Die in diesem Zusammenhang aufgezeichneten Daten drücken genau das aus, was ich nicht bewusst fühlen konnte. Damit halfen sie mir, Bedürfnisse zu erkennen, um anhand dessen meine Lebensumstände und Gewohnheiten anpassen zu können.

Ein Beispiel dazu: Seit 15 Jahren gehe ich regelmäßig joggen. Mein Bewusstsein für Puls, Kilometerzeiten und Erschöpfungsgrad ist dadurch bereits sehr hoch. Beim Laufen brauche ich also keine Tracking-Gadgets. Anders ist dies beim Schlafen oder beim Meditieren. Bei diesen Dingen täuscht mich meine subjektive Einschätzung immer noch allzu oft. Die in diesem Monat aufgezeichneten Daten haben mich dabei unterstützt, eine objektive Sicht auf das Ganze zu entwickeln.

Trotz dieser Hilfestellung gab es jedoch ein riesiges Problem: Daten sind an sich nie objektiv. Sie unterliegen immer einer Bewertung. Man kann seine Messwerte etwa mit einem Durchschnitt oder Soll-Werten, historischen Zahlen, einer Benchmark oder einer Skala vergleichen. Zahlen werden so zu Maßstäben, aus denen allgemeine Normen abgeleitet werden. Alles dabei ist zwar relativ, dennoch stufen wir uns beispielsweise anhand des BMI, der Leberwerte oder der Schlafdauer in Kategorien ein. Die Interpretation der Daten beeinflusst wiederum unser Verhalten. Und die Bewertung der gesammelten Daten ist im Code des Programms, das diese misst, eingebaut. Wer also die Kontrolle über die Auswertung dieser Daten hat, ist dementsprechend sehr einflussreich. Was mich dabei am meisten beunruhigt, ist die Gefahr, dass wir uns durch Daten manipulieren lassen. Der Vergleich mit irgendwelchen errechneten Durchschnitten führt uns potenziell von den Bedürfnissen unserer eigenen Person weg und hin zu einem vermeintlichen *Optimalzustand*, den es zu erreichen gelte. Dann jedoch kontrollieren uns diese Daten, anstatt uns mehr Kontrolle zu geben.

Ein weiteres großes Problem dieses Self-Trackings ist der Datenschutz. Wem gehören die Daten, sobald sie erhoben und aufgezeichnet wurden?

Viele Apps teilen Nutzerdaten automatisch mit Dritten, die diese für ihre eigenen Zwecke verwenden. Durch einen unbekümmerten, vielleicht sogar etwas zu naiven Umgang damit sowie durch die Aufgabe der eigenen Privatsphäre kann Diskriminierung durch Daten zu einem riesigen Problem in der Zukunft werden. Indem darüber hinaus bestimmte Werte als normal erachtet werden und andere dadurch *darüber* oder *darunter* liegen, werden Menschen in Schubladen einsortiert. Und um das Ganze auf die Spitze zu treiben: Wer sich dieser Datenerhebung entzieht, könnte sogar bald unter Generalverdacht stehen, etwas verstecken zu wollen. Auch denkbar wären *Bestrafungen* wie höhere Versicherungsbeiträge oder gesperrte Zugänge zu sozialen Netzwerken, wenn man sich dem Tracking widersetzen würde.

Was würde zum Beispiel passieren, wenn unsere Versicherung weiß, wie viele Schritte wir am Tag laufen? Wenn der Arbeitgeber wüsste, welche Sendungen wir uns im TV anschauen?
Und wie würden Werbetreibende überhaupt all diese Informationen nutzen?

Ehrlich gesagt ein beängstigend verwobenes Zukunftsszenario, das ich gerade nicht weiterspinnen will.

Was macht eine Abhängigkeit von Algorithmen eigentlich mit unserem Selbstempfinden?
Und wem soll ich am Ende glauben? Den Daten oder meinem eigenen Empfinden?

Meiner Meinung nach helfen reine Monitoring-Tools, auch ohne automatisches Tracking, wenn die Lösung für ein Problem bereits bekannt ist, wie beispielsweise weniger fettig zu essen, um seine Cholesterin-Werte zu senken. Wenn ich jedoch kein konkretes Ziel mit dem Sammeln von Daten verfolge, können sie mir mehr schaden als sinnvolle Auskünfte geben. Dann möchte ich auch das Management von Körperfunktionen nicht an Apps und Gadgets auslagern. Je mehr ich das aber tue, desto weniger denke ich darüber nach, bis ich mich sogar irgendwann blind auf Daten verlasse und gleichzeitig verlerne, auf meinen eigenen Körper zu hören.

Ich werde wohl weiterhin mein Journal schreiben, um ungewollte Angewohnheiten aufdecken zu können, die ich nicht allein durch meine Intuition erkenne. Aber all die Apps, die mir durch Algorithmen mitteilen, wie ich mich gerade zu fühlen hätte, verbanne ich schnellstmöglich wieder.

Nicht nur in diesem letzten Experiment, sondern auch in den Monaten zuvor konnte ich mehr Vertrauen in mein eigenes Gefühl entwickeln. Als *Frutarier, Muskelmann* und *Schlafloser* habe ich meine körperlichen Bedürfnisse besser verstanden. Als *Selbstversorger* und *Naturist* fühlte ich eine starke Verbundenheit zur Natur. Als *Philanthrop* und *Pilger* durfte ich viel über Mitgefühl und Demut lernen. Als *Einsiedler* habe ich meiner inneren Stimme Raum gegeben, als *Sinnsuchender* eine Balance zwischen Herz und Verstand gefunden. In all diesen Selbstversuchen ging es nicht um Selbstoptimierung, sondern um Selbsterkenntnis. Mein Bauchgefühl war dabei stets ein besser Gehilfe als alle Zahlen und Fakten drumherum.

Ich muss mich also nicht selbst optimieren, denn so wie ich bin, bin ich bereits optimal. Jedenfalls unter meiner Maske, im Kern meiner Persönlichkeit, die mich ausmacht. Suboptimal hingegen sind all die Denkweisen, Gewohnheiten und Pseudo-Bedürfnisse, die ich mir im Laufe des Lebens angeeignet habe. Dabei zu unterscheiden, was wirklich zu mir gehört und was nur von außen aufgeschichtet wurde, das ist Selbsterkenntnis. Und diese *fremden* Schichten wieder abzutragen, anstatt sie zu optimieren, das halte ich für erstrebenswert.

Kurz vor Mitternacht sitzen wir an unserem massiven Holztisch in der Küche. Acht Freunde. Darunter auch Melanie, Jenny und Jonas, mit denen ich vor genau einem Jahr in Bangkok dieses verrückte Jahr begonnen habe. Der Kreis schließt sich. In mir macht sich eine riesige Erleichterung breit. Darüber, dass ich morgen aufwachen werde, ohne eine Rolle einnehmen zu müssen. Und darüber, all das Erlebte nun in Ruhe verdauen zu können.

Zum Ausklang des Jahres halten wir ein Ritual ab. Wir schreiben auf kleine Papierzettel Dinge, die wir nicht in das nächste Jahr mitnehmen möchten. Mein für mich bedeutendster Zettel sagt *Rastlosigkeit* und wandert in eine Feuerschale, in der er langsam von den Flammen aufgefressen wird.

EPILOG

01.01.2019, MISTY CLIFFS • NEBELSCHWADEN

Einer Legende nach ist der fliegende Holländer ein Kapitän, der dazu verdammt wurde, bis in alle Ewigkeit auf dem Meer zu segeln. Sein Schiff soll seit Jahrhunderten vor dem Kap der guten Hoffnung sein Unwesen treiben. Immer wieder berichten auch heute noch Seeleute von Begegnungen mit dem leuchtenden Geisterschiff, was als großes Unheil gilt. Der Kapitän soll laut Legende trotz einer dagegen rebellierenden Besatzung geschworen haben, das gefährliche Kap, wo Atlantik und Indischer Ozean ineinanderfließen, umsegeln zu wollen. Auch wenn es bis zum Tage des Jüngsten Gerichts dauern sollte. Diese Prophezeiung hat sich bis heute bewahrheitet. Erlöst werden kann der fliegende Holländer nur durch eine Frau, die ihn aufrichtig liebt, weshalb er seit jeher versucht, vorbeifahrenden Schiffen eine Nachricht zu übermitteln.

Das verdammte Schiff sehe ich nicht, dafür aber den Nebel, der tief über dem Meer hängt. Die Wellen klatschen mit großer Kraft auf die Felsen am Ufer, so dass die Gischt mehrere Meter in die Höhe spritzt. Misty Cliffs ist ein wahrlich passender Name für diesen Ort, der wie eine riesige Waschküche wirkt, in der gerade ein paar Maschinen schleudern.

Auch mein Kopf fühlt sich nach der gestrigen Silvesternacht noch etwas benebelt an. Ein Blick zurück zum Haus verrät mir, dass meine Freunde noch schlafen. Ich gehe ein wenig am Strand spazieren, setze mich auf einen Felsen und fühle mich mit Stolz erfüllt. Ja, ich war verdammt stolz darauf, dass ich mich im letzten Jahr auf so viele neue Dinge eingelassen hatte. Und dass ich sie tatsächlich durchgezogen und auch aus ihnen gelernt habe.

Anders als die des fliegenden Holländers nimmt meine Reise hier ihr vorläufiges Ende. Ich musste mir in diesem Moment nichts mehr beweisen, nicht mehr zwanghaft einem Ruf folgen, und auch nicht mehr auf der Suche nach Liebe umherirren. Nach dieser einjährigen Reise durch die unterschiedlichsten Lebensmodelle war ich wieder angekommen. Es heißt, man wird nie wieder der Gleiche sein, wenn man einmal aufgebrochen ist, selbst wenn man zum Ursprung der Reise zurückkehrt. Wie wahr das ist. Nie wieder werde ich die Welt durch die Brille sehen können, die ich noch vor einem Jahr aufhatte. Viel zu viel hatte ich erlebt. Und das ist es doch, was das Menschsein ausmacht: den Blick zu weiten, indem ich mit Mut und Liebe neue Erfahrungen auf der Reise des Lebens mache.

Wie geht es jetzt weiter? Was bleibt nach diesem Jahr so intensiver, neuer Erfahrungen?

An einigen Gewohnheiten werde ich festhalten, viele andere werden aber wohl keinen Platz in meinem Leben finden. So unterschiedlich die Experimente auch waren, so klar zeigte sich der gemeinsame Kern, der die neuen Erfahrungen wiederum verband: Es waren die kleinen Veränderungen, die eine riesige Kraft entfalten konnten. Jede große Veränderung begann mit einem kleinen Stein, der ins Rollen gebracht wurde. Es war nur dieser eine Funke Inspiration, der langjährige Automatismen und Denkweisen wie ein Kartenhaus in sich zusammenfallen ließ. Genauso wie die Reiskörner auf einem Schachbrett auf das Gewicht eines Elefanten anwachsen können, kann auch das gemachte Bett am Morgen den kompletten Tagesablauf ändern. Dabei geht es aber nicht um zusammengelegte Bettdecken, sondern um die Veränderung von Gewohnheiten. Jede einzelne neue Erfahrung im letzten Jahr hat meine Weltsicht vergrößert, wodurch für mich das Buffet des Lebens noch reichhaltiger geworden ist.

War das nicht auch mein ursprünglicher Plan?

Immer stärker habe ich mich in den letzten Monaten danach gesehnt, all das Erlebte verarbeiten zu können. Diese Zeit will ich mir nun nehmen. Bis Ende Januar werden wir noch in Südafrika bleiben, um dort eine weitere Konferenz für den *Citizen Circle* zu veranstalten, bevor Melanie und ich uns eine Wohnung in Porto suchen wollen. Dort, so hoffe ich, werde ich das letzte Jahr verdauen können. Was dann mit einem zeitlichen Abstand von zwei, sechs oder zwölf Monaten noch nachwirken wird, darauf bin ich schon sehr gespannt. Dass mit der nötigen Ruhe aber nur genau das an die Oberfläche kommen wird, was gut und wichtig für mich ist, daran habe ich keine Zweifel.

Nachdem sich der Morgennebel etwas gelichtet hat, gehe ich zurück ins Haus, in dem mittlerweile auch meine Freunde so langsam wach werden. Vorsichtig wecke ich Melanie: »Willkommen im Jahr 2019. Von nun an bin ich einfach nur Sebastian.«

15.11.2019, PORTO · RÜCKBLICKE

Anzukommen ist ein wunderbares Gefühl. Ankommen muss ich aber nicht unbedingt an einem Ort, sondern vor allem bei mir selbst. Seit dem Frühjahr dieses neuen Jahres bin ich in Porto angekommen. Das Jahr nach meinem verrückten und gleichzeitig wahnsinnig inspirierenden Experimente-Jahr 2018. Meine temporäre Wohnung in der Rua da Allegria fühlt sich bereits wie mein Zuhause an, mein Coworking-Space ist um die Ecke und fast jeden Morgen sehe ich beim Joggen am Strand den Sonnenaufgang. Hier habe ich genau den Alltag, den ich mir im vergangenen Jahr so oft gewünscht hatte. Innerlich fühle ich mich aufgeräumt, ausgeglichen und zufrieden.

In der vergangenen Woche bin ich auf dem Web Summit in Lissabon gewesen. Unter den etwa 70.000 Teilnehmern waren viele Entscheidungsträger aus Technologieunternehmen, die unsere Zukunft mitgestalten werden. Das Bild dieser Zukunft, das Vortragende und Aussteller zu skizzieren versuchten, drehte sich um digitale Währungen, künstliche Intelligenz, virtuelle Realitäten und Roboter. Technologien, die wahrscheinlich einige unserer aktuellen Probleme lösen werden. Mindestens die Hälfte der Startups vor Ort konzipierte jedoch Apps, die kein Mensch braucht. Deren Verantwortliche bedienten sich schlichtweg der Möglichkeiten, die diese neuen Technologien bereitstellten, ohne aber ein echtes Problem zu lösen. Es gibt echte Innovationen wie das Internet oder Kryptowährungen, die tatsächlich das Potenzial haben, unser Leben nachhaltig zu verbessern. Und es gibt Ablenkungen. Diese haben zwar einen riesengroßen Markt, aber keine Substanz. Und deshalb braucht es paradoxerweise wieder die andere Hälfte der Aussteller, die genau diese Produkte vermarkten, indem sie Bedürfnisse dafür schaffen.

Wir sind im 20. Jahrhundert von einer Bedürfnis- zu einer Wunsch-Gesellschaft geworden. Wir brauchen nicht, sondern wir wollen. In dieser Welt, in der wir alles haben, verliert all dies wiederum an Bedeutung. Als besonders absurd erscheint mir, dass wir vermeintlich immer mehr Technologie benötigen, um mit dem technologischen Wandel Schritt halten zu können.

So dankbar ich für all die Möglichkeiten in der heutigen Zeit bin, die mir ein Leben nach meinen eigenen Regeln ermöglichen, so wenig wünsche ich mir eine Zukunft, in der bei einer derart rasanten Geschwindigkeit des Wachstums die Seele auf der Strecke bleibt. Meine Seele hat mich erst ein knappes Jahr nach den Selbstversuchen so langsam wieder eingeholt. Das Tempo des letzten Jahres war sehr hoch. Zu hoch, um alles verarbeiten zu können. Das Schreiben dieses Buches habe ich deshalb als eine Art Therapie angesehen, in der ich alles Erlebte mit ausreichend zeitlichem Abstand noch einmal gedanklich durchleben durfte. Die Experimente haben mich tief geprägt. Und sie wirken nach, noch heute.

Wenn ich nun mit einem knappen Jahr zeitlichem Abstand auf 2018, eben das Jahr meiner Selbstversuche und meiner Reise zu mir selbst, zurückblicke, dann denke ich zuallererst an die Momente und Begegnungen, die unerwartet kamen. Situationen, in denen ich die Illusion von Kontrolle abgelegt hatte, um mich vom Leben mehr überraschen zu lassen. Situationen, die nicht durch Technologie, Ablenkungen oder Vorurteile bestimmt wurden, sondern Raum für Unvorhergesehenes gaben.

Ein vorläufiges Fazit meiner bedeutsamsten und am stärksten nachwirkenden Einsichten aus eben diesen Situationen möchte ich zum Abschluss dieses Buches festhalten. Einerseits für mich selbst, da kein Erlebnis allein so viel wert ist, wie die Reflexion darüber. Andererseits, um auch dir ein paar Impulse für ein bewussteres und sinnvolleres Leben mitzugeben. Bitte vergiss bei aller Inspiration jedoch nicht, dass auch die kommenden Worte ausschließlich meine eigene Sichtweise darstellen, die du in Kombination mit deinen Überzeugungen und Werten hinterfragen solltest.

REDUZIEREN, STATT IMMER WEITER AUFSCHICHTEN

Viel zu viele Menschen gehen einer Arbeit nach, die sie nicht erfüllt, bis sie sogar krank macht. Als Ausgleich oder Heilmittel helfen Tabletten, Shopping, Tinder und Partys. Wenn auch das zu viel wird, geht's zum Yoga, ins Schweigekloster oder zum Life Coach. Dort finden sie dann heraus, dass sie gesünder essen, achtsamer mit der Umwelt sein und mehr reisen sollten. Im Endeffekt jedoch noch mehr arbeiten müssen, nur ein paar Jahre lang, um all das finanzieren zu können.

Die Spirale dreht sich also immer weiter. Eine gefährliche Wenn-Dann-Falle, die nie ein Ende nimmt. Es ist ein ständiges Hinzufügen von Dingen, die zum Ziel haben, das vorangehende Problem zu lösen, wobei das Kernproblem in diesem Fall die Arbeit ist. Anstatt also die Ursache zu verändern, wird diese nur unter immer mehr Schichten von versprochenen Heilsbringern vergraben.

Wie können wir dieser scheinbar so effektiven Tretmühle widerstehen?

In meinem Experiment als *Frutarier* habe ich gelernt, wieder auf meinen Körper zu hören, zwischen echten Bedürfnissen und Gelüsten zu unterscheiden. Ebenso in den Monaten als *Muskelmann* und als *Schlafloser*. Diese körperlichen Erfahrungen haben mir gezeigt, dass weniger oft mehr ist. Anstatt durch etwa Nahrungsergänzungsmittel, Schlaftabletten oder Protein-Shakes etwas hinzuzufügen, hatte ich einfach nicht geeignete Nahrung und ungesunde Gewohnheiten weggelassen. So verzichte ich auch heute noch sehr oft auf Frühstück, arbeite weniger lange am Stück am Laptop und vermeide das Blaulicht elektronischer Geräte eine Stunde vor dem Schlafengehen. Weniger von etwas zu haben, fügt meinem Leben Wert hinzu.

Weit weg von all den Ablenkungen des Alltags habe ich mich auch als *Naturist, Einsiedler, Pilger* und *Selbstversorger* immer dann besonders zufrieden gefühlt, wenn sich mein Leben auf das Wesentliche beschränkt hatte. Und zwar auf die wenigen echten Bedürfnisse, zu denen vor allem Verbundenheit und innere Balance gehören. Anstatt mir immer mehr Wissen anzueignen oder Nachrichten anzusehen, möchte ich lieber die ganzen fragwürdigen Informationen, die über 30 Jahre lang bei mir abgeladen wurden, wieder vergessen. Denn immer dann, wenn mein Kopf genügend Ruhe fand, um die Müllhalde der Eindrücke aufzuräumen, wurden die Gedanken klarer. Dann fiel es mir auch leichter, zwischen meinen vermeintlichen Wünschen und dem, was ich wirklich brauchte, zu unterscheiden. Mir diese Oasen der Ruhe in der Natur zu schaffen, habe ich seitdem mit langen Wanderungen und Wochenenden in isolierten Waldhütten beibehalten.

In meinen Selbstversuchen als *Anonymer* und *Müllsammler* galt dasselbe Prinzip. Ich musste nicht immer mehr Technologie oder Gadgets nutzen, um dem Kernproblem entgegenzuwirken, sondern machte einfach etwas weniger von dem, was mir als schädlich erschien. Weniger Bonusprogramme, weniger soziale Netzwerke und GPS-Tracking, weniger Fast Food, weniger Kosmetika mit Mikroplastik und weniger Plastiktüten. Das tagtägliche Bewusstsein für meine Privatsphäre und für das globale Müllproblem ist heute bereits völlig in meinen Alltag übergegangen. Beispielsweise benutze ich kein Shampoo mehr, auch nur noch selten Duschbad oder Deoroller. So riecht selbst nach dem Sport mein Schweiß nur unangenehm, wenn ich am Vortag fettig gegessen oder Alkohol getrunken hatte. Auch hier gilt offensichtlich Subtraktion statt Addition.

Und genau diese Reduzierung sorgt heute in meinem Leben dafür, dass ich viel mehr Energie für die Dinge habe, die mir wirklich wichtig sind. Weniger von etwas zu machen, ist nicht anstrengend, sobald ich die entsprechenden Gewohnheiten verinnerlicht habe. Es hat jeweils ein intensiver Monat gereicht, um aus einigen der mir anfangs selbst auferlegten Regeln eine Selbstverständlichkeit werden zu lassen. Was dabei ungemein geholfen hat, war die Betitelung als Experiment, denn das ließ mich die zugrunde liegenden Veränderungen nicht zwanghaft, sondern unbeschwert und fast spielerisch umsetzen.

SPIELERISCHE LEICHTIGKEIT, STATT ERNST DES LEBENS

Auf der Skala der Extreme gibt es Menschen, denen alles gleichgültig ist, und auf der anderen Seite diejenigen, die den kompletten Weltschmerz auf ihren Schultern tragen. Jeder sollte seinen Platz in der Mitte finden, der sich gut anfühlt. Was sicher niemandem etwas bringt, ist blinder Aktionismus, der grundsätzlich *gegen* etwas ist. Er schürt Angst und Hass. Ich möchte mich aber ganz bewusst dafür entscheiden, *für* was ich bin, aus einer Hin-zu-Motivation heraus, aus Liebe.

Das kann ich natürlich nicht in allen Themenfeldern von Klimawandel über Gleichberechtigung bis hin zu Atomkraft tun. Es gibt ehrlich gesagt sogar viele Dinge, die mir recht gleichgültig sind. Über diese Themen rege ich mich weder auf, noch bin ich bereit, in sie Zeit oder Energie zu investieren. Während meiner Selbstversuche ist mir bewusst geworden, für welche Themen ich brenne und für welche ich auch bereit bin, zu geben. Sie sind mir so wichtig, dass es mich nicht quält, nach ihnen zu handeln. Durch den spielerischen Ansatz als Experiment bekamen viele Themen, die sowohl für mich persönlich als auch für die Gesellschaft wichtig sind, zudem eine ungeahnte Leichtigkeit. Jeder Monat war ein Wettstreit, ein Spiel, das ich gewinnen wollte, bei dem es jedoch keine Verlierer gab. Ich konnte also nur dazulernen.

Was ich brauchte, um mich auf diese Spiele einzulassen, war Neugier. Denn wenn ich gedacht hätte, bereits alles zu wissen, hätte ich nichts Neues ausprobieren wollen. Meine Neugier hat mich also etwa dazu getrieben, mit nur zwei Stunden Schlaf am Tag auszukommen, eine einwöchige Saftkur zu machen, mich im Fitnessstudio zu quälen und einen Monat lang nackt rumzulaufen. Diese kindliche Neugier, die mir so viele schöne und erkenntnisreiche Momente beschert hat, durfte ich im letzten Jahr noch weiter stärken. Diese Neugier war ein so viel besserer Motor als der Ernst des Lebens, auch wenn sich dieser immer wieder ungefragt und auch nicht wirklich willkommen anschleicht.

Bei all den verrückten Experimenten ging es mir weniger um das Erleben der Extreme, als darum, den Autopilot im Kopf ausschalten zu können. Ich wollte vielmehr jahrelang antrainierte Vorurteile, die manchmal sogar entgegen potenzieller Neugier wirkten, neu bewerten. Als ich mich auf Selbstversorger, Flüchtlinge, Geistliche, Nudisten und viele andere Menschen eingelassen habe, zu denen ich vorher nur unbegründete Assoziationen im Kopf hatte, konnte eine neue Offenheit entstehen. Sicher konnte ich mich vom Schubladendenken nicht komplett freisprechen, aber zumindest einige Vorurteile durch Neugier ersetzen.

Buddhisten bezeichnen diese offene Haltung übrigens als *Beginner's Mind* – das Wissen darüber, nichts zu wissen. Von diesem Anfängergeist würde ich uns allen gerne etwas mehr verschreiben. Auch würde ich mir wünschen, dass wir uns selbst und das Leben etwas weniger ernst nehmen. Dass wir Ziele nicht krampfhaft ihrer selbst willen verfolgen, sondern ihnen stattdessen mit Spaß und

Leichtigkeit begegnen, ohne uns vom Ergebnis abhängig zu machen, ohne eine Belohnung zu erwarten.

WER BIN ICH EIGENTLICH, WENN NIEMAND ZUSCHAUT?

»Ich wünschte, ich hätte mehr gearbeitet und mehr Geld verdient.«, sagt niemand auf dem Sterbebett. Auch für mich wird am Ende meines Lebens wichtig sein, dass es gepasst hat. Dass ich meinen Werten gefolgt bin, mich ohne Maske gezeigt und mein eigenes Leben gelebt habe. Je größer dabei jedoch die Diskrepanz ist, zwischen innen und außen, zwischen dem, was ich fühle, und dem, wie ich mich verhalte, desto höher ist die Gefahr für ein Bedauern am Lebensabend. Die große Frage, die man sich also stellen sollte, um genau dies zu vermeiden, lautet:

> *»Wie finde ich heraus, wer ich bin und was mir wirklich wichtig ist?«*

Wenn ich gefragt werde, welcher Monat meines Experimente-Jahres für mich der schönste aller zwölf war, dann nenne ich stets den Selbstversuch als *Einsiedler*. Die gleiche Antwort gebe ich aber auch auf die Frage nach dem anstrengendsten Monat. Die Zeit in Schweden, in der Hütte, in der Einsamkeit, hat mich geprägt, in jeder Hinsicht. In der Vergangenheit war ich oft vor der Gesellschaft mit mir selbst geflohen. Nun kann ich Langeweile besser akzeptieren. Allein zu sein mit meinen Gedanken – ohne sie mit anderen zu teilen, mich abzulenken oder mich mit Genussmitteln und Social Media zu betäuben – ist zu einem Geschenk geworden. Diese Langeweile ohne Ablenkungen auszuhalten, hat mir noch etwas mehr gezeigt, wer ich bin. Nämlich der Mensch unter der Maske, die ich sonst im Alltag aufgesetzt hatte, um Anerkennung zu bekommen und dazuzugehören.

Auch als *Pilger*, *Naturist* und *Selbstversorger* konnte ich diese Ruhe erfahren. Je weniger unwichtige Dinge mich abgelenkt hatten, desto lauter wurde die innere Stimme, die mir als Schlichter zwischen Kopf, Herz und Bauch zu mehr Klarheit für Entscheidungen verhalf. Stundenlanges Laufen betrachte ich so seit dem Pilgern in Italien nicht mehr als Zeitverschwendung. Vermeintlich fehlender Luxus wie gutes Internet, heißes Wasser und gefüllte Regale im Supermarkt sehe ich nach diesem Leben in und mit der Natur als weniger wichtig und kann diese Dinge auch viel mehr wertschätzen. Anstatt ständig nach maximaler Produktivität zu streben, lasse ich mich nun mehr treiben, nehme das Tempo aus meinem Leben. Dieser neue Raum tut meiner Seele gut, um gegen die manchmal immer noch sehr lauten Gedanken in meinem Kopf anzukommen. Natürlich funktioniert das nicht immer, denn nach wie vor gerate ich immer wieder in den Strudel des Alltags mit all diesen noch so wichtig erscheinenden Verpflichtungen. Aber ich merke mittlerweile schneller, wenn genau das passiert, und trete dann auf die Bremse.

Mit jedem Experiment habe ich mich also selbst ein wenig besser kennengelernt, konnte Teile meiner Persönlichkeit entdecken, die lange verborgen waren. Ich weiß, dass je besser ich meine Stärken, Interessen und Sehnsüchte verstehe, desto besser kann ich auch nach ihnen handeln. Dann kann ich meinem inneren Antrieb folgen. Und erst dann kann ich andere Menschen inspirieren. Egal, ob ich dann ein besserer Partner sein oder die Welt verbessern möchte, ich muss immer bei mir selbst anfangen. Das ist kein Egoismus, es ist eine Notwendigkeit.

Als *Philanthrop* und *Sinnsuchender* habe ich viel darüber gelernt, was in meinem Leben Sinn stiftet. Beim Müllsammeln und in der Anonymität habe ich erkannt, wie wichtig mir diese gesellschaftlich bedeutenden Themen sind. Dieser Erkenntnis mussten natürlich auch Handlungen folgen, um die eigenen Werte tatsächlich zu leben. Seit dem Monat als *Anonymer* habe ich etwa sämtliche Tracking-Skripte von meiner eigenen Website verbannt. Ich möchte das alleinige Recht auf meine Daten haben und genau dasselbe wollte ich meinen Lesern und Kunden eingestehen. Da ich als *Philanthrop* so unglaublich viele berührende Akte der Nächstenliebe miterleben durfte, spende ich nun jeden Monat mindestens zehn Prozent meines Einkommens für einen guten Zweck. Außerdem helfe ich ehrenamtlich, wo immer ich kann, wie beispielsweise im Hundeheim in Porto, und verschließe nicht mehr die Augen, wenn ich jemanden sehe, der Hilfe benötigt.

Mit weniger Einkommen auszukommen oder auf Kundendaten zu verzichten, ist für mich heute keine Einschränkung mehr. Es ist vielmehr eine Belohnung, konsequent nach meinen eigenen Werten zu handeln. Dafür musste ich keine 180-Grad-Drehung hinlegen, sondern nur einen ersten Schritt in die richtige Richtung einschlagen. Dieser erste kleine Schritt war weder unrealistisch noch angsteinflößend. Es sollte einem allerdings bewusst sein, dass er ungeahnte Veränderungen mit sich bringen kann.

DIE GROSSE KRAFT DER KLEINEN VERÄNDERUNGEN

Aus einem Reiskorn wird die gesamte Reisernte der Welt, wenn ich es nur 55-mal verdopple. Eine Veränderung der Flugbahn ins All nur um den Bruchteil eines Grades verändert die Destination mit zunehmender Flugdauer ebenso gewaltig. Wir überschätzen schnell, was wir in einer Woche schaffen können, unterschätzen jedoch immer, was wir in zehn Jahren erreichen können. Denn durch Kontinuität kann aus nur einem winzigen Auslöser eine mächtige Lawine werden.

Als *Pilger* bin ich über 700.000 Schritte gelaufen. Diese riesige Zahl bedeutete jedoch nur, jeden Tag aufzustehen und einen Fuß vor den anderen zu setzen. Als *Muskelmann* habe ich 18.000 Kilogramm Gewichte gestemmt. Einfach Tag für Tag ein wenig mehr. Seit dem Selbstversuch als *Philanthrop* habe ich bis heute schon mehr als 10.000 Euro gespendet. Jedoch nicht mit einem Schlag, sondern nur kleine Beträge, aber kontinuierlich.

> *Was können wir alles erreichen, wenn wir langfristig denken?*
> *Wenn wir es schaffen, der schnellen Belohnung zu widerstehen?*

Als *Frutarier* hatte ich meine Essgewohnheiten komplett umgestellt. So radikal diese Veränderung war, so waren es letztendlich die kleinen Details, die hängen geblieben sind. Auch heute noch betrachte ich Kaffee nur mehr als Genussmittel und gönne ihn mir dementsprechend bewusster. Zum Frühstück gibt es dafür Früchte und Tee. Ein kleiner Akt für den Mixer bedeutete schon damals einen riesigen Zugewinn für mein Wohlbefinden. Diese doch relativ kleine Veränderung sorgt heute vor allem dafür, dass ich nach dem Frühstück nicht in ein Fresskoma falle und tagsüber weniger Tiefs durch nachlassendes Koffein in meiner Blutbahn verspüre. Aber noch vielmehr konnte ich dadurch ein insgesamt gesünderes Bewusstsein dafür entwickeln, wann, was und wie ich esse. In diesem Jahr habe ich etwa zweimal für fünf Tage gefastet. Das wäre für mich in der Vergangenheit schwer vorstellbar gewesen, von der Saftkur als *Frutarier* war es aber nur noch ein paar kleine Schritte entfernt.

> *Inwiefern würde sich dein Leben verändern, wenn du einen*
> *Monat lang keinen Kaffee trinkst, nicht auswärts isst oder nur*
> *unverpackt einkaufst?*

Ein kleiner Stein kann in jeder Hinsicht eine Lawine ins Rollen bringen.

Auch seit dem Selbstversuch als *Müllsammler* verging bis heute kein Tag, an dem ich nicht meinen Thermobecher dabei hatte. So praktisch dieser ist, hat er noch eine viel wichtigere Funktion, als nur Tee warmzuhalten: Er erinnert mich jeden Tag daran, dass ich Verpackungen konsequent aktiv ablehne, so gut es geht und ohne dabei unverhältnismäßig viel Energie aufwenden zu müssen. Diese kleine Veränderung, den eigenen Isobecher gegen To-go-Becher zu tauschen, hat mittlerweile dazu geführt, dass ich ganz automatisch Müll vermeide. Eine kleine Veränderung, die meine Sicht auf die Welt nachhaltig verändert hat.

Es sind also vor allem Kleinigkeiten, die ich aus meinen Selbstversuchen mitgenommen habe. Kleine Gewohnheiten, die hängenblieben und in der Summe einen riesigen Unterschied machten. Von zehn neuen Dingen habe ich ein bis zwei Sachen beibehalten, die mein Leben auch heute noch bereichern.

In jedem Moment haben wir die Chance, uns für ein Leben zu entscheiden, das besser zu uns passt. Wir können jederzeit einen Schritt nach vorne gehen, um uns weiterzuentwickeln. Oder auch einen Schritt zurück in die vermeintliche Sicherheit. Egal wie wir uns entscheiden, dieser eine erste Schritt gibt vor, wohin die kommenden 700.000 Schritte führen.

HER MIT DEN (GUTEN) PROBLEMEN

Beim Impfen wird das Immunsystem minimal angegriffen, um es für zukünftige Attacken zu stärken. In Wirtschaft, Politik und im Alltag vieler Menschen werden solche Stressfaktoren hingegen um jeden Preis vermieden. Wie kleinere Waldbrände werden Krisen oft nur gelindert, bis sie doch zu einem flächenendeckenden Feuer werden, das wir nicht mehr aufhalten können. So wie auch Antibiotika

nur kurzfristig helfen, bei langfristiger Anwendung jedoch die kör-
pereigenen Abwehrkräfte schwächen.

In Zeiten von Stabilität verlernen wir, mit Veränderungen umgehen zu können. Wir wehren uns solange gegen kleinere Rück-
schläge, bis sich diese zu einer echten Krise auftürmen. Wenn uns
dann eine Krankheit, eine Trennung, ein Jobverlust oder ein finan-
zieller Engpass überrascht, sind wir absolut unvorbereitet. Den
Muskel, der weiß, wie er auf Veränderungen reagiert, kann ich nur
trainieren, wenn ich die Unsicherheit umarme. Genau wie Wind
eine Kerze ausblasen kann, kann ohne Sauerstoff Feuer nicht bren-
nen. Wir sollten also den Wind begrüßen, solange er nicht als Tor-
nado daherkommt.

Nahezu in jedem Selbstversuch hatte ich mit komplett neuen Herausforderungen zu kämpfen. Einige waren körperlicher Natur, die
meisten jedoch ließen mich an mentale Grenzen stoßen. Beispielsweise habe ich aus den Monaten als *Muskelmann* und *Schlafloser* bis
auf die morgendlichen Dehnübungen und gelegentlichen Nickerchen nur wenig für meinen heutigen Alltag beibehalten, dafür aber
die Grenzen meiner Komfortzone unwiderruflich erweitert. Wenn
ich also irgendwann in der Zukunft aus unerwarteten Gründen in
Situationen geraten würde, in denen ich lange Zeit hungern, tagelang ohne Schlaf auskommen, hunderte Kilometer zu Fuß zurück-
legen, allein in der Natur übernachten oder ohne Geld auskommen
müsste, dann wird mich das nicht mehr aus der Bahn werfen. Durch
die Herausforderungen, denen ich mich in der Vergangenheit bereits gestellt habe, weiß also nun mein Kopf, dass ich mit solchen
Umständen umgehen kann. Und genau das gibt mir heute Vertrauen in mich und das Leben. Denn das ist echte Sicherheit.

Wir alle suchen uns immer wieder neue Probleme. Anscheinend
braucht unser Gehirn das, um zumindest einen Teil der nicht genutzten Kapazität zu beschäftigen. Um uns weiterzuentwickeln
und Neues zu lernen, müssen wir diese Probleme jedoch mehr als

Herausforderungen sehen, an denen wir wachsen dürfen. Und wir sollten ganz genau darauf achten, welche Art von Problemen wir in unser Leben lassen. Es gibt dabei gute Herausforderungen, wie etwa eine intime Beziehung zu führen, die Meere sauber zu halten, eine Soloreise durch Südamerika zu machen oder sich dem eigenen Lampenfieber zu stellen. Dann gibt es aber auch den Wetterbericht, Abgas-Skandale, Promi-Affären und Modetrends. Probleme, die kein Mensch braucht, an denen niemand wächst. Wenn wir uns nicht aktiv den Herausforderungen stellen, die wirklich sinnvoll für uns sind, dann kommen die belanglosen Probleme von ganz allein in unser Leben. Es ist eine eigentlich ganz einfache Wahl zwischen Opferrolle und derjenigen als aktiver Gestalter.

Welche wählst du?

STANDARDS BESTIMMEN UNSER LEBEN

Mit jeder gemeisterten Herausforderung verschieben sich nicht nur die Grenzen der Komfortzone, sondern auch die Standards, die wir in unserem Leben für *normal* halten. Egal, ob es darum geht, was eine liebevolle Beziehung bedeutet, wann eine Ernährung gesund ist, wie viele Schritte pro Tag gut tun oder wie viel Müll vertretbar ist, alles ist relativ. Wenn ich mein Leben nachhaltig verbessern möchte, dann muss ich meine Standards verändern, also das, was ich als *normal* erachte.

Hin und wieder Verdauungsprobleme zu haben, war in der Vergangenheit normal für mich. Seit dem Monat als *Frutarier* nehme ich das aber nicht mehr hin, da ich einen besseren Normalzustand kennengelernt hatte. Nackenschmerzen nach zwei Stunden Arbeit am Laptop hatte ich in der Vergangenheit kaum hinterfragt. Nach dem Training als *Muskelmann* ist aber auch das für mich nicht mehr akzeptabel. Meine Standards für Privatsphäre, Alleinzeiten, Altruismus, Müllvermeidung und vieles mehr haben sich im Jahr 2018 verschoben. Dafür hatte ein jeweils intensiver Monat im Selbstversuch ausgereicht. Heute messe ich mich an diesen neuen Standards. Sie sind aber immer noch relativ und gelten auch nur für mich.

Abhängig von diesen Standards ist auch mein Empfinden für Glück und Leid. Wenn etwa mein durchschnittliches Monatseinkommen 2.000 Euro beträgt, bin ich über einen Monat mit 3.000 Euro sehr glücklich. Sind es aber einmal nur 1.000 Euro, bin ich in etwa dem gleichen Maße frustriert, wie ich vorher glücklich war. Ähnliches gilt für mich bei Beziehungen: Je stärker ich verliebt bin, desto mehr leide ich nach der Trennung. Oder beim Blick auf die Waage, je nachdem ob die Anzeige über oder unter meinem angestrebten Idealgewicht liegt. Es ist immer wieder das Gleiche. Pauschal gesagt vergleiche ich stets die momentane Situation mit einem Zustand, den ich als *normal* erachte bzw. als erstrebenswert sehe. Liege ich über meinem Standard, fühle ich mich gut. Liege ich hingegen darunter, eher weniger gut. Dann versuche ich, die Lücke zwischen Ist und Soll zu schließen. Oder ich schraube meine Ansprüche herunter, um mich selbst nicht zu enttäuschen. Letzteres ist jedoch eher eine Selbstverarschung, mit der ich in meinem Leben zwar alles rechtfertigen kann, die aber eine Garantie für Stillstand beinhaltet.

Das Problem mit Standards ist, dass sie in der Regel antrainiert sind – und zwar durch andere Menschen, weniger durch meine eigene Meinung, die ich mir nach kritischem Hinterfragen gebildet hätte. Wenn ich aber Ideale und Normen unreflektiert von außen übernehme, vergleiche ich mich ständig mit den Standards anderer Menschen. Deshalb ist es so wichtig, eigene Erfahrungen zu machen und herauszufinden, was meine eigene Wahrheit ist.

Zudem gibt es eine große Falle mit diesen Standards. Wenn ich sie nicht erreiche, fühle ich mich schlecht. Die Meisterklasse liegt allerdings in etwas, was im Buddhismus als Nicht-Anhaften bezeichnet wird. Meine eigene Messlatte ist dementsprechend nur ein Wegweiser, kein in Stein gemeißeltes Prinzip. Ich kann jeden Tag mein Bestes geben. Manchmal ist das ziemlich gut, an anderen Tagen ist es halt Schokolade und Bratwurst. Und das ist okay, solange der Autopilot nicht für zu lange übernimmt. Genau das muss ich mir selbst immer wieder vor Augen halten, um nicht komplett verzweifelt den immer weiter ansteigenden Ansprüchen hinterherzurennen, um endlich glücklich zu sein.

Auch geht es überhaupt nicht darum, ständig glücklich zu sein und negative Gefühle gänzlich zu vermeiden. Es gibt so viele Glücksratgeber, aber die wenigsten sprechen in diesem Zusammenhang von Zufriedenheit. Glück ist ein kurzfristiges Gefühl, das kommt und geht. Zufriedenheit hingegen ist ein Zustand von innerlicher Ausgeglichenheit, in dem ich nicht nach mehr verlange. Und genau das ist erstrebenswert.

Leid ist ebenso wie Glück nur ein Gefühl, das vorübergeht. Wichtig dabei ist, dass das Leid einen Sinn hat. Bereits vor dem Selbstversuch als *Sinnsuchender* hat mich die Suche nach einem Sinn angetrieben und das tut sie nach wie vor. Echten Sinn im eigenen Leben zu empfinden, scheint auch für andere zunehmend wichtiger zu werden. Bei meinem Besuch im vergangenen Jahr bei Tatjana Schnell ging man noch davon aus, dass der Anteil von Menschen, die zu einem bestimmten Zeitpunkt Sinnkrisen erleben, im einstelligen Bereich liegt. Die neuesten Forschungsergebnisse zeigen allerdings, dass dieser bereits auf alarmierende achtzehn Prozent angestiegen ist.

Mich fasziniert es zutiefst, worin wir Menschen alles Sinn empfinden können. Mein Monat als *Sinnsuchender* hat mich darin bestärkt, auch mein eigenes Handeln noch stärker zu hinterfragen. Sowohl bei geschäftlichen als auch bei persönlichen Entscheidungen frage ich mich nun stets, welcher Sinn dabei für mich und andere entstehen könnte. In Momenten, in denen es mal nicht so rund läuft, frage ich mich, was das Leben mich gerade lehren will bzw. warum ich diese schmerzhafte Erfahrung gerade mache. Und vor allem was ich daraus lernen kann. Mein Glaube daran, dass das Leben grundsätzlich sinnvoll ist, lässt mich also aus jeder noch so leidvollen Erfahrung etwas mitnehmen.

AUFBRECHEN, UM ANZUKOMMEN

Das Leben ist eine kontinuierliche Reise, sowohl eine Reise um die Welt, als auch eine Reise ins Innere. Wenn ich einmal losgegangen bin, werde ich nie wieder zu der Person, die ich vorher war. Meine Erfahrung, die sich im vergangenen Jahr verstärkt hat, ist, dass diese Reise stets zum Ursprung zurückführt. Jedoch nicht zu der Person, die man einmal war, sondern zu unserem inneren Kind, der Verbindung zur Natur oder etwas Göttlichem. Genau das ist aber auch der anstrengende Weg, denn er führt zurück zur Quelle, gegen den Strom. Es mag einfacher sein, sich ohne Anstrengungen flussabwärts treiben zu lassen, aber damit würden wir unsere Selbstbestimmung aufgeben. Das wissen etwa auch Fische instinktiv, da sie stets gegen den Strom schwimmen, um zur Quelle zu kommen.

Es ist bequem, sich nie auf den Weg zu machen, aber es ist nicht richtig. Denn ohne jemals aufzubrechen, kann ich niemals ankommen. Jeder einzelne meiner Selbstversuche hat in mir einen anderen Lebensbereich aufgerüttelt. Jeweils zum Monatsende konnte ich mich neu sortieren, habe eine andere Sicht auf die Dinge bekommen. Es war weniger das angeeignete Wissen als vielmehr die gefühlsintensiven Erlebnisse, die tief eingesunken sind. Wissen kommt und geht, es hat nur eine kurze Halbwertszeit, sobald wir es einmal ernsthaft hinterfragen. Eine gefühlte Wahrheit hingegen, die in meinem Herzen wirklich angekommen ist, bleibt. Sie sorgt dafür, dass sich etwas in mir verändert, dass ich dem Ursprung ein Stückchen näher gekommen bin.

Das Jahr meiner Selbstversuche hat daneben viele neue Fragen aufgeworfen, die noch einer Antwort bedürfen.

Warum lernen wir in der Schule nichts über das globale Müllproblem, eine ausgewogene Ernährung oder den Schlaf?
Sind das nicht wichtigere Themen, als Gedichte auswendig zu lernen, die Fläche von gleichschenkeligen Dreiecken zu berechnen oder talentfrei Sonaten zu flöten?
Was wäre in unserer Welt alles möglich, wenn mehr Menschen ihren Autopiloten ausschalten? Was, wenn wir alles erreichen könnten, was wir uns vorstellen?

Menschen sind in der Lage, einen Monat lang zu fasten, können mit weniger als vier Stunden Schlaf pro Tag auskommen oder auch mal den Großteil des Jahres in sozialer Isolation verbringen. Vor dem letzten Jahr konnte ich mir nicht vorstellen, wie all diese Dinge überhaupt möglich wären, geschweige denn konnte ich die Motivation dahinter verstehen. Das alles hat sich nun geändert. Vieles, was für mich vorher unvorstellbar war, liegt jetzt im Bereich des Möglichen.

Ich möchte auch dich gerne dazu motivieren, ab und an mal einen verrückten Selbstversuch zu unternehmen. Mache es entweder nur für dich selbst, gemeinsam mit Freunden oder teile es sogar öffentlich. Suche dir etwas, das dir bis jetzt Angst einflößt oder dich noch den Kopf schütteln lässt. Dann bringe die Disziplin auf, diese neue Sache ein paar Wochen konsequent einzuhalten, und entscheide danach, ob du etwas daraus sogar als neue Gewohnheit übernehmen willst. Dann ziehst du ein Fazit und bildest dir im Rückblick eine echte und vor allem nachhaltige Meinung.

Was mich angeht, werde ich auch weiterhin experimentieren. Wahrscheinlich nicht so extrem wie 2018, aber hin und wieder möchte ich meine eingefahrenen Gewohnheiten unterbrechen. Letztendlich geht es mir dabei immer darum, bei mir selbst anzukommen, mich selbst besser kennenzulernen. All die Facetten meiner Persönlichkeit, die bisher aus Scham, Angst oder dem Wunsch nach Zugehörigkeit eine viel zu lange Zeit im Verborgenen gelegen haben, wertzuschätzen und zu leben. Im vergangenen Jahr durfte ich viele dieser Facetten wiederentdecken. Alles davon war eigentlich schon da, musste aber erst einmal ans Tageslicht gebracht werden. All diese Facetten gehören zu mir. Zu meiner Person und *meinem einen Leben.*

Was liegt in dir verborgen?

Ich klappe den Laptop zu und sehe mich in meiner Wohnung um. Nur wenig erinnert mehr daran, dass ich hier ein halbes Jahr gelebt habe. Die meisten Sachen sind schon gepackt. Morgen früh werde ich in den Flieger nach Thailand steigen, wo ich den kommenden Winter verbringen werde. Dieses Mal jedoch allein, denn Melanie und ich haben uns nach zwei Jahren getrennt. So schmerzhaft diese Trennung war, so dankbar bin ich für die gemeinsame Zeit, die ich mit einem für mich so bedeutenden Menschen verbringen durfte.

Alles hat stets einen Sinn. Ich muss ihn nur sehen wollen.

DANKBARKEIT

Am Ende sind es immer die Beziehungen zu anderen Menschen, die dem Leben seinen Wert geben. Manche Bekanntschaften haben nur kurze Auftritte, hinterlassen dafür aber einen bleibenden Eindruck. Andere bleiben für Jahrzehnte und erinnern uns daran, woher wir kommen.

Ich glaube fest daran, dass wir uns nicht zufällig treffen, sondern von jeder Begegnung etwas lernen und uns gegenseitig etwas geben dürfen. Für die Menschen, die mich in meinem Leben berührt haben, verspüre ich eine riesengroße Dankbarkeit. Letztendlich waren sie es, die die Seiten in diesem Buch mit Inhalt gefüllt haben.

Danke an die drei wunderbaren Frauen, durch die dieses Buch zur bestmöglichen Version geworden ist. Vera Ruttkowski, die mir während der Experimente den Rücken freigehalten und mich bei der Recherche unterstützt hat. Designerin Yvonne Rundio, die den Wörtern eine großartige Verpackung gegeben hat. Sandra Huber, die als Lektorin das Buch doppelt so gut gemacht hat, wie ich es hätte schreiben können.

Danke an alle Menschen, die ich im Jahr 2018 in so unterschiedlichen Situationen kennenlernen durfte. Andreas Büter und Markus Bremen, Carolina, Beate und Gerd aus Korsika, Pio, Mick und Jörg aus Montalivet und so viele mehr, die mich nachhaltig berührt haben. Danke auch an alle Leser, die mich auf dieser Reise durch Ideen, Zuspruch und kritische Fragen begleitet haben.

Danke an alte Freunde, die mir Halt gegeben und mich durch mehrere Lebensphasen hindurch begleitet haben. Ganz besonders Marcel Wiese und Svenja Kowalewski, Sven Arndt, Janko Braunstein, Kevin Küster und weitere Freundschaften, die selbst veränderte Interessen und große Distanzen überdauern.

Danke an neue Freunde, die mir in den letzten Jahren ein Zuhause gegeben haben. Kris Braun, Tim Chimoy und Dennis Hessenbruch, die gleichzeitig Freunde und die besten Geschäftspartner sind, die ich mir wünschen kann. Jenny Meyer, Theresa Lachner, Bastian Barami und viele mehr, die für mich da sind, mich fordern und mir immer wieder neue Impulse geben.

Danke an drei ganz besondere Frauen, die mir im letzten Jahrzehnt auf unterschiedliche Weise gezeigt haben, was es bedeutet, zu lieben, zu vertrauen und loszulassen. Alejandra, Anett und Melanie, auch wenn der gemeinsame Weg manchmal holprig war, habe ich durch euch mehr zu mir gefunden und dafür trage ich nichts als Liebe und Dankbarkeit in meinem Herzen.

Danke an meine Familie, die nicht immer genau versteht, was ich eigentlich so treibe, mich aber bedingungslos unterstützt. Oft denke ich an meinen Opa, mit dem ich zu gerne Gedanken aus diesem Buch diskutiert hätte. Der größte Dank aber gebührt meiner Mutter. Nachdem ich meine jugendliche Arroganz abgelegt hatte, konnte ich verstehen, wie sehr du deine eigenen Bedürfnisse zurückgestellt hast, um mir die Werte zu vermitteln, die mich auch heute noch leiten. Es ist schön, dass wir beide weiterhin voneinander lernen können.